목사의
독서법

목사의 독서법

© 생명의말씀사 2021

2021년 6월 30일 1판 1쇄 발행

펴낸이 | 김창영
펴낸곳 | 생명의말씀사

등록 | 1962. 1. 10. No.300-1962-1
주소 | 서울시 종로구 경희궁1길 6 (03176)
전화 | 02)738-6555(본사) · 02)3159-7979(영업)
팩스 | 02)739-3824(본사) · 080-022-8585(영업)

지은이 | 장대은

기획편집 | 서정희, 장주연
디자인 | 윤보람
인쇄 | 영진문원
제본 | 정문바인텍

ISBN 978-89-04-16766-1 (03230)

저작권자의 허락없이 이 책의 일부 또는 전체를
무단 복제, 전재, 발췌하면 저작권법에 의해 처벌을 받습니다.

장대은 지음

목사의 독서법

□ 교양 독서   제너럴 리딩 : 정보력

□ 학습 독서   프로페셔널 리딩 : 사고력

□ 연구 독서   마스터 리딩 : 예측력

생명의 말씀사

추천사

독서란 하나님을
알아가는 거룩한 행위이다

– 김영삼 **목사** (금광교회)

　목사의 길에 들어서면서 가지고 있던 고민은 '더 나은 목사'가 되는 것이었다. 아무것도 몰랐던 목회 초기에 더 나은 목사는 설교를 잘하는 목사라고 생각했다. 나 자신의 발전을 위한 가장 중요한 기도 제목은 설교자가 되게 해달라는 것이었다. 탁월하게 설교를 한다고 알려진 목사들의 설교를 분석하고 어쭙잖게 흉내를 내보기도 했다. 누군가 설교에 도움이 된다고 말하면 무작정 따라해 보기도 했다. 목사에게 독서는 설교를 잘하기 위한 수단 정도로 생각을 했다.

　저자는 독서란 하나님을 알아 가는 거룩한 행위라고 강조한다. 목회가 '하나님의 일'을 하는 것이라면 독서는 하나님 나라의 거룩을 확장시키는 통로임이 틀림없다. 저자는 목사의 독서는 선택이 아닌 필수요, 목회를 위한 기술 중 하나가 아닌 하나님이 선택하신 하나님의 도구라고 말한다.

'교인들은 담임목사의 수준만큼 성장한다'는 말이 있다. 흉내 내기는 성숙을 가져오지 못한다. 저자의 말처럼 '남의 것이 아닌 나의 것'으로 승부를 걸어야 한다. 담임목사의 수준을 높이는 좋은 방법이 독서다. '독서는 단순히 읽는 행위가 아니라 하나님과 나를 알아 가는 시간'이기 때문이다.

저자는 일반적으로 누구나 다 하는 독서를 말하지 않는다. 교양독서, 학습독서, 연구독서, 기획독서를 제시한다. 저자는 일반적이지 않은 목사다. 목회를 하는 목사이면서 책 읽기와 글쓰기를 가르치는 선생님이다. 수준급의 주짓수 실력을 갖추고, 홈스쿨링하는 두 딸들과 함께 패들보드와 라이딩을 즐긴다. 남들이 잠든 시간에 글을 쓰고, 새벽 2시에 짬뽕과 떡볶이를 즐긴다. 교회 이름도 '도서관교회'다. 이런 독특함이 이질적이지 않고 신선한 이유는 그의 통찰력과 연결되어 있기 때문이다.

저자는 이 책에 25년의 노하우를 담았다. 이 책은 단순히 독서에 관한 것이 아니다. 한 인간이요, 하나님의 사명자로서 자신만의 성숙의 색을 입히길 원한다면 이 책이 길잡이가 되어 줄 것이다. 여전히 현장에서 하나님의 큰일을 위해 분투하며 고민하는 모든 목사에게 이 책을 추천한다.

| 추천사

복음적 가치를 중심에 둔 독서법

– 이인호 목사 (더사랑의교회)

목회자로서 독서는 감당해야 하는 직분과 불가분의 관계에 있다고 생각했습니다. 더 나은 설교와 사역을 위한 '의무' 정도로 여겨졌습니다. 하지만 이 책은 목회자에게 독서란 '이 세상에서 빛과 소금의 역할을 감당하기 위한 사랑의 수고'라 말합니다. 그 말이 큰 감동을 주었습니다.

책의 제목만 놓고 보면 하나의 기술(skill)을 알린다고 오해할지도 모르겠습니다. 책장을 넘기면서 곧 오해는 풀릴 것입니다. 저자는 목사의 독서법이 예수 그리스도를 머리로 한 교회의 교회됨을 회복하는 정도(正道)임을 성경적 논거와 예리한 논지로 풀어 나갑니다.

자신을 표현하기 위한 훈련의 과정으로, 학문을 연마하기 위한 지침으로, 인생의 궁극적인 원리를 찾는 방법으로 책 읽기를 다루는 독서법은 많습니다. 그러나 『목사의 독서법』은 지적이고 아름다운 삶을 위한 독서를 넘어서서 창조주 하나님을 나타내고 사람들이 주님께로 돌아오는 복음적 가치를 중심에 둔 독서법입니다. 여타의 책과는 관점과 차원이 달라 목회자들에게 새로운 도전을 줄 것입니다.

율곡 이이는 "세상에 태어나 학문을 하지 않으면 사람답게 될 수 없다"라고 말했습니다. 독서법을 '목회자답게' 사역할 수 있도록 지켜 주는 길잡이로 삼는 데 이 책이 큰 도움을 줄 것입니다. 인간의 언어적 한계를 넘어 하나님의 언어로 사람들에게 다가가기를 소망하는 모든 이에게 좋은 지침서가 되리라 믿으며 기쁜 마음으로 추천합니다.

차례

추천사 • 4
프롤로그_ 독서는 목사의 기본기다 • 12

1부
목사의 교양독서
제너럴 리딩 : 정보력

Liberal Arts: Self-improvement & Discipline

1. 목사의 교양, 하나님과 이웃 사랑의 시작이다 • 23
2. 정보력 UP, 사고력 DOWN된 시대의 목회 • 30
3. 목사의 교양독서: 하나님의 큰일을 위한 오늘의 작은 일 • 41
4. 진리와 독서(Veritas & Reading): 질그릇에 담긴 진리를 구하라 • 48
5. 목사의 인문학독서: 3가지 선물 • 55
6. 세상의 로그 데이터 속에 하나님의 일하심이 보인다 • 64
7. 목사의 교양독서, 성경독서로 디자인하라 • 72

교양독서 워크숍 • 86

2부

목사의 학습독서

프로페셔널 리딩 : 사고력

Organize: Vast and Multifarious

1. 목사의 자리: 목사를 넘어(Beyond the pastor) • 97
2. 목사는 '최고의 학습자'여야 한다 • 107
3. 목사의 지성, 영성의 기초력이다 • 115
4. 학습독서, 목사의 루틴이어야 한다 • 124
5. 솔로몬의 지혜를 세운 천지창조 학습법 • 132
6. 목회에 색을 입히다: 딜레마에 빠지지 않기 • 146
7. 바울의 엔딩 크레딧: 믿음의 얼라이언스를 디자인하라 • 156

학습독서 워크숍 • 164

목사의 연구독서
마스터 리딩 : 예측력

Vision Research: Preaching and Worship

1. 목사의 기본기는 학자 됨이다 •173
2. 지혜의 총량을 늘려라: 인공지능의 솔루션과 인간지능의 통찰력 •183
3. 목사의 전문성을 세우는 5단계 연구독서 •193
4. 설교를 살리는 스페셜리스트의 교양독서: 피벗 플레이하라 •202
5. 임계점을 넘어서라: 하루 10시간 연구독서에 도전하라 •210
6. 글쓰기는 예배다: 설교를 살리는 목사의 글쓰기 •220
7. 자신의 책을 가져라: 목사의 책 쓰기 디자인 5단계 •228

연구독서 워크숍 •244

4부

목사의 기획독서
교회교육 디자인

Education Design: Back to the Bible

1. 교회교육 방법 디자인: 조금 가르치고 많이 배우기 • 255
2. 교회교육 내용 디자인: 프로그램 넘어 커리큘럼 • 263
3. 교회교육 학교 디자인: 주일학교 넘어 도서관(道序觀)학교 • 270
4. 교회교육 캠프 디자인: 성경학교, 성경이 중심이 되게 하라! • 279
5. 교회교육 교사 디자인: 영적 PTSD 극복하기 • 289
6. 교회교육 부모 디자인: 의무에서 원함으로 • 296
7. 교회교육 원리 디자인: 유대교육 넘어서기 • 304

교회교육 디자인 워크숍: 다음 세대 교육을 세우는 제언 • 312

에필로그_ 신앙인의 삶과 트로이 목마 • 320

프롤로그

독서는 목사의 기본기다

매해 3/4분기가 되면 다음 해의 트렌드를 예측하는 책들이 쏟아져 나온다. 그중 대표적인 책이 『트렌드 코리아』 시리즈다. 서울대학교 김난도 교수를 중심으로 여러 집필진이 써 내려가는 책이다. 매해 어김없이 『트렌드 코리아』 시리즈는 출간되고 각종 인터넷, 오프라인 서점에서 베스트셀러 1위를 차지한다.

이런 유의 책에 많은 이의 관심이 쏠리는 이유는 무엇일까? 성공을 바라기 때문이다. 사람들이 트렌드에 관심을 갖는 이유는 트렌드를 분석해서 자신들이 속한 분야의 변화를 예측하고 대비하기 위해서다. 변화가 가속화된 시기, 목표 달성을 위해 피할 수 없는 노력이다.

사람들은 목표를 세우고 그것을 달성해 내기 위해 최선을 다한다. 목표의 내용이 다를 뿐 목표 달성에 대한 바람은 동일하다. 시간이 지나 노력의 성과를 마주하게 되고 결과 여부에 따라 기뻐하고 슬퍼한다. 인간만사(人間萬事) 모든 일은 목표 성취를 지향한다. 교육도, 경영도, 꿈도 마찬가지다. 목표를 성취할 때 행복을 느낀다. 사랑이 목표라면 사랑이 이루어질 때 행복을 느낀다.

목사들의 고민도 다르지 않다. 교회를 위해 고민한다. 성도들의 삶을 위해 기도한다. 사명으로서의 전도, 복음 증거의 사명 감당을 위해 최선을 다한다. 믿음 안에서의 노력이 열매 맺기를 바란다. 무엇을 추구하며 어떤 결과를 성취라고 보는가에 대한 기준은 다르겠지만, 진리를 추구하는 목사들에게도 목표 성취는 행복의 중요한 조건이다.

『목사의 독서법』은 행복을 위해 기획된 책이다

『목사의 독서법』은 행복을 위해 기획된 책이다. 교회의 행복, 크리스천의 행복, 목사의 행복을 위해 필요한 것이 무엇일까 묻는 질문에 대한 나의 답변이다. "독서를 이야기하면서 무슨 행복이냐?" 말하는 이들이 있을 수도 있다. 행복은 인생을 사는 모든 사람이 추구하는 목표다. 누구도 예외 없이 행복을 원한다. 행복의 기준이 다를 뿐 행복을 향한 추구는 인간의 기본 욕구다.

사랑이 중요한 것도 행복을 가져다주기 때문이다. 물욕(物慾)을 품는 것도, 명예를 탐하는 것도 마찬가지다. 그것을 소유하고 이루었을 때 행복할 것이라 생각하기 때문이다. 복음이 복음인 것도, 구원의 은혜를 기뻐하며 감사하는 것도 그 무엇과도 비교할 수 없는 참된 행복을 가져다주기 때문이다.

나는 스스로에게 질문을 던졌다.

"교회가 행복하고 크리스천이 행복하기 위해 무엇이 필요할까?"

"무엇이 목사의 삶에 행복을 가져다주는 것일까?"

답은 멀리 있지 않았다. 행복을 위해 특별한 묘수가 필요한 것은 아니었다. 목사로서 하나님의 말씀을 믿음으로 받고, 그 말씀을 자신과 성도들의 삶에 가르쳐 지키게 하는 것이야말로 크리스천의 행복을 위한 첫걸음이라 생각했다.

그러기 위해 목사로서 해야 할 첫 번째 사명은 하나님의 말씀인 성경을 바로 보는 것이었고, 그것을 가능하게 하는 능력이 필요했다. 자연스럽게 목사의 공부에 대해 생각했다. 그중에서도 근본적이면서도 우선되어야 할 일로 목사의 책 읽기에 대해 고민하기 시작했다.

바둑에 '묘수'(妙手)라는 말이 있다. '생각해 내기 힘든 좋은 수'를 의미하는 단어다. 묘수라는 말속에는 해결해야 할 위기가 전제되어 있다. 묘수 없이는 해결할 수 없는 문제 말이다. 그래서인지 바둑계에는 "묘수 세 번 두면 바둑에 진다"라는 격언이 있다. 묘수를 추구하다 보면 꼼수를 부리게 되고, 결국 '자충수'(自充手)를 두어 더 큰 위기를 자초한다는 것이다. 자충수도 바둑에서 쓰는 말인데, '바둑판에서 비어 있어야 할 공간을 스스로 채워 넣음으로 상대방을 유리하게 만드는 수'를 의미한다. 스스로 한 행동이 결국 자신에게 불리한 결과를 가져오게 되었을 때를 비유적으로 표현한 말이다.

  목사에게 성경에 집중하는 것, 그것을 위한 독서의 훈련은 그 어떤 묘수가 아니다. 목사의 기본기에 대한 이야기다. 그럼에도 이러한 강조가 필요한 이유는 성경과 독서가 목사에게 충분하다 생각할 수 없는 상황에 놓여 있기 때문이다. 교회와 목사의 사역 속에 자충수가 가득하다.

  말씀의 자리를 차지한 수많은 방법과 기술이 교회 부흥의 묘수라는 이름으로 교회 안에 스며들기 시작했다. 묘수로 자리를 차지한 프로그램들로 인해 성경과 말씀은 자신의 자리를 내어줄 수밖에 없었다. 시간이 지나며 묘수라 생각했던 것들 중 많은 선택이 꼼수에 지나지 않은 것임을 알게 되었다. 그것은 자충수가 되어 교회를 힘들게 했고 세상 속에서 교회의 영향력을 약화시키는 중요 요인으로 작용하기 시작했다.

교회 앞에, 목사의 사명 감당의 자리 앞에 놓인 문제는 결코 단순하지 않다. 또다시 묘수가 필요할 정도로 시급한 문제들로 가득하다. 이때 우리에게 필요한 것은 묘수가 아닌 '정도'를 선택하는 지혜다. 세상의 프로그램이 아닌 하나님의 커리큘럼으로 근본부터 다시 세워야 한다.

『목사의 독서법』은 독서법에 대한 이야기만이 아니다. 세상 속의 크리스천으로 살기 위한 기도이며 목사의 사명 감당을 위한 자리 지킴이다. 빛과 소금의 역할을 감당해야 하는 교회의 교회 됨과 크리스천으로서의 정체성을 회복하기 위해 근본으로 돌아가려는 '사랑의 수고'다.

데드 헤딩

정원의 식물을 관리하는 가드닝 중 '데드 헤딩'(Dead heading) 과정이 있다. 시든 꽃과 가지, 불필요한 종자를 제거하는 과정이다. 이를 통해 식물은 더 건강해지고, 더 많은 꽃을 피운다. 더 많은 에너지를 꽃을 피우고 씨앗을 맺는 데 쓸 수 있기 때문이다. 병충해도 데드 헤딩을 통해 막을 수 있다고 하니 일석이조가 아닐 수 없다.

말씀으로 돌아가 말씀에 집중하는 선택 자체가 데드 헤딩의 과정을 포함한다. 자충수가 아닌 '신의 한 수'다. 예수 그리스도를 머리로 한 교회의 교회 됨을 회복하는 일은 모든 크리스천이 짊어져야 하는 멍에다. 그 시작은 목사의 목사 됨을 고민하고 갈등하며 추구하는 자리로부터 출발해야 한다. 『목사의 독서법』이 목사의 말씀 회복의 도구를 넘어 모든 크리스천의 영적 전쟁을 위한 소중한 무기가 되기를 기도한다.

분당 야탑동 호도애 서재에서
장대은 목사

1부

목사의 교양독서

Liberal Arts:
Self-improvement & Discipline

제너럴 리딩 : 정보력

교양독서의 출발은 관심이다. 의문을 풀어 가고 여백을 채워 가는 것이 교양독서의 즐거움이다. 나의 관심에서 너의 관심, 우리의 관심으로 확장되는 교양독서는 삶의 지평을 넓혀 가는 지혜의 마중물이다. 목사의 교양독서는 원함을 넘어 의무에 가깝다. 목회의 대상, 성도들은 다양한 세상 속 각기 다른 자리에서 살아가고 있기 때문이다. 아는 만큼 사랑한다고 했던가. 신앙에 있어서 '앎'은 사랑의 태도요, 사랑하기 위해 갖춰야 할 기본기다.

1

목사의 교양,
하나님과 이웃 사랑의 시작이다

장어젤리 딜레마

한 요리 프로그램에 영국인 부부가 초대되었다. 그날의 메인 요리는 한국의 대표적인 스태미나 요리인 장어구이였다. 영국인 부부는 당황한 기색을 보였다. 장어 요리에 거부 반응을 보였다.

영국에도 장어 요리가 없는 것은 아니다. '장어젤리'라는 음식인데, 영국인들이 즐겨 먹는 음식은 아니다. 비릿함의 대명사이고 TV 프로그램의 벌칙 음식으로 나올 정도로 비호감 음식이다. 산업화 시대, 먹을 것이 부족했던 영국인들이 강에서 장어를 잡아 젤리 형태로 만들어 먹었던 것을 유래로 한 메뉴다. 흔하게 잡히는 장어를 제철에 많이 잡아 보관 기간을 늘리기 위한 방편이었다. 맛을 위한 요리라기보다 식량이 부족할 때나 겨울에 생존을 위한 비상 음식이 장어젤리였으니, 영국인 부부가 정색을 한 것도 이해할 만하다.

식사 시간이 이어졌고 영국인 부부는 숯불에 구운 장어를 맛보았다. 그들은 장어구이의 맛에 감탄사를 내질렀다. 자신들이 알고 있던 장어 요리인 장어젤리와는 전혀 다른 맛이었기 때문이다. 그때 영국인 남편이 한마디 던졌다.

"영국에서 누구 하나라도 장어를 제대로 요리할 줄 아는 사람이 있었다면 내가 생선을 등질 일은 없었을 것이다."

목사이기에 그런 것일까? 그 말은 필자를 향한 하나님의 음성처럼 들렸다.

"한국에서 누구 하나라도 복음을 제대로 증거할 줄 아는 사람이 있었다면 내가 예수를 등질 일은 없었을 것이다."

우리 주변에 있는 믿음의 형제자매들 중 교회와 복음, 하나님과 예수 그리스도로부터 멀어진 이들이 적지 않다. '가나안 성도'를 자처하며 혼자라도 신앙의 길 걷기를 고민하는 이들은 그들에 비하면 그나마 나은 편이라고나 할까. 그들은 왜 복음을 등진 것일까? 개인의 죄악 때문일까? 그들이 하나님의 선택을 받지 못한 영혼이었기 때문일까? 불현듯 예수님의 책망이 떠올랐다.

"화 있을진저 외식하는 서기관들과 바리새인들이여 너희는 교인 한 사람을 얻기 위하여 바다와 육지를 두루 다니다가 생기면 너희보다 배나 더 지옥 자식이 되게 하는도다"(마 23:15).

예수님의 책망은 2,000년 전 서기관들과 바리새인들만의 문제는 아닌 듯하다. 오늘 이 시대를 사는 목사와 모든 크리스천이 두렵고 떨리는 마음으로 돌아봐야 하는 신앙의 과제다. 영혼 구원이 우리의 능력으로 말미암는 것은 아니다. 그럼에도 분명한 것은 하나님이 우리에게 맡겨 감당하게 하신 크리스천의 사명이라는 것이다.

'나는 복음 전도에 충실한 삶을 살아왔는가? 예수 그리스도의 복음을 전할 기회를 스스로 멀리한 적은 없는가? 먼저 된 자로 좀 더 믿음의 신실한 삶의 열매와 향기로 살아왔다면 나로 인해 믿음을 등지지 않고 믿음의 자녀로 살아갔을 이들이 하나라도 더 있지 않았을까?'

믿음 안에서 먼저 된 자인 나에게, 목사로 세움 받은 나에게 던지는 질문이다.

하마르티아의 함정을 조심하라

목사가 되기까지 수많은 고민과 선택의 과정을 지나게 된다. 목사가 된 이후라고 다르지 않다. 자신의 각오와 헌신을 넘어서는 순간을 매일 직면하게 된다. 목사가 되었다고는 하나 매일 나약함과 부족함을 확인할 뿐이다. 그러는 가운데 질문하게 된다.

"목사로서 잘 살아갈 수 있을까?"
"목사로 살아가는 데 필요한 것은 무엇인가?"
"내가 준비한 것 이상으로 채워 가야 할, 요구되는 것은 무엇인가?"
고린도전서 4장에서 사도 바울은 말한다.

"사람이 마땅히 우리를 그리스도의 일꾼이요 하나님의 비밀을 맡은 자로 여길지어다 그리고 맡은 자들에게 구할 것은 충성이니라"(고전 4:1-2).

목사만이 그리스도의 일꾼이요, 하나님의 비밀을 맡은 자는 아니다. 분명한 사실은 목사는 그 누구보다 하나님과 사람 앞에서 충성되고 신실한 일꾼으로 본을 보여야 하는 존재라는 것이다. 실상은 쉽지 않다. 매 순간이 좌절의 현장이다. 감당하려고 노력하면 할수록 큰 벽을 마주하게 된다. 그 가운데서도 우리를 넘어뜨리는 것이 바로 '하마르티아'(Hamartia)다.

'하마르티아'는 '죄'를 의미하는 헬라어다. '잘못을 저지르다'라는 뜻을 가진 단어 'hamartanein'에서 비롯한 말로, 문헌 중에서는 아리스토텔레스(Aristoteles)가 쓴 『시학』에서 처음 사용되었다. 죄라 하면 뭔가 큰 잘못을 떠올린다. 크리스천이 추구하는 삶에서 멀리 떨어진 타락의 어느 지점이라 여긴다. 그렇지 않다. 하마르티아는 큰 죄를 의미하지 않는다. 사람을 비극에 이르도록 하는 작은 단점과 결점, 판단 착오와 실수를 의미한다. 사람들에게 준비된 뛰어남과 장점에 비한다면 매우 작은 단점에 지나지 않는다. 그러나 하마르티아는 인생의 파국을 맞게 하는 결정적인 단초가 된다.

그리스 고전의 주인공인 오셀로와 햄릿을 비극에 이르게 한 것도 작은 결점, 하마르티아다. 오셀로는 질투에 눈이 멀었을 뿐이다. 햄릿에게는 우유부단함이 있었을 뿐이다. 크다고 할 수 없는 그들의 작은 부족으로 인해 주어진 결과는 하마르티아의 작은 부족과는 비교할 수 없을 정도였다. 그들은 인생으로 감당할 수 없는 큰 대가를 마주해야 했다.

목사로 살며 조심해야 하는 것도 하마르티아다. 매우 작은 틈새다. 쉽게 알아차릴 수 없는 요소로 우리 일상에 자리 잡는다. 작은 단점, 습관도 목사의 삶을 무너뜨리는 하마르티아에 속한다. 그것이 단초가 되어 우리가 죄라 말하는 결과에 이르거나 불행을 초래하게 된다. 에덴동산에서 아담과 하와에게 다가온 뱀의 속삭임은 이 작은 틈, 하마르티아를 향해 있었다. 목사에게 있어서 하마르티아로 작용하는 것이 많겠지만 그 가운데 하나가 '부족한 교양'이다.

목사의 교양은 양의 새벽이슬이다

누가 훌륭한 목사일까? '훌륭한'의 사전적 의미는 '썩 좋아서 나무랄 곳이 없는'이다. 그렇다면 질문부터 잘못 던져졌다. '썩 좋아서 나무랄 데 없는' 목사가 어디 있겠는가! 질문을 바꿔 보자. 누가 하나님의 마음을 시원하게 해드리는 목사인가? 답은 명확하다. 하나님의 비밀을 맡은 자로서 충성된 자세를 잃지 않는 자다. 부족한 가운데서도 주의 도우심을 구하고 노력하며 그 자리를 지키는 자다.

"사람이 마땅히 우리를 그리스도의 일꾼이요 하나님의 비밀을 맡은 자로 여길지어다 그리고 맡은 자들에게 구할 것은 충성이니라"(고전 4:1-2).

그중에서도 복음을 증거하는 일은 모든 크리스천에게 주어진 사명이요, 충성해야 할 핵심이다. 『목사의 독서법』은 복음 자체에 대한 이야기가 아니다. '복음을 들고 산을 넘어야 하는' 목사의 교양에 대한 이야기로부터 우리 배움의 자리를 살펴보는 고민과 갈등이다. 목사에게 복음에 대한 열정은 중요하다. 그와 동시에 그 열정을 전하고 나누는 태도와 방법, 기술도 중요하다. 장어 요리를 함에 있어서도 요리 환경과 태도, 방법에 의해 전혀 다른 결과가 나왔다. 복음을 증거하는 일에 있어서도 크게 다르지 않다.

"새벽이슬을 양(羊)이 먹으면 사람에게 유익한 우유가 되지만 뱀이 먹으면 생명을 죽이는 독(毒)이 된다"는 말이 있다. 진리와 복음도 마찬가지다. 누가 받아들였느냐에 따라 그 결과가 달라진다. 진리가 부족해서가 아니다. 진리는 우리와 상관없이 진리 그 자체다. 진리는 우리를 죄에서 자유하게 하고 믿음으로 구원에 이르게 한다. 다만 진리를 품은 사명자, 그를 둘러싸고 있는 환경, 그가 인생을 살며 쌓아 온 교양은 그에게 주어진 진리를 증거하는 일에 있어 중요한 요소로 작용한다.

목사의 교양은 하나님과 이웃 사랑의 출발이다! 세상이 말하는 교양 넘어 복음을 증거하는 이들에게 자리 잡아야 하는 교양에 대해 고민해 보자. 사람의 마음을 얻는 교양 넘어 생명을 얻는 교양을 목사의 삶에 세워 가 보자.

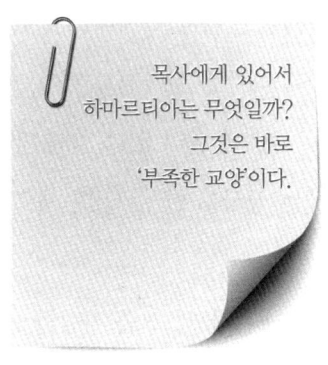

목사에게 있어서 하마르티아는 무엇일까? 그것은 바로 '부족한 교양'이다.

2

정보력 UP, 사고력 DOWN된 시대의 목회

소수의 사람과 집단이 정보를 독점했던 시기가 있었다. 정보가 돈이었고, 권력이었으며, 명예의 마중물이었다. 제한된 정보만 대중에게 제공되었다. 원하는 정보를 얻기 위해서는 대가를 지불해야 했다. 말 그대로 '아는 것'이 힘인 시대였다.

세월은 흘렀고 시대는 변했다. 정보의 홍수 시대를 넘어 정보의 쓰나미 시대를 살아가고 있다. 예전이라면 돈 주고도 살 수 없는 정보들이 사방에 널려 있다. 마음만 먹으면 구하지 못할 정보가 없다. 예전에는 상상도 할 수 없던 새로운 시대, 새로운 삶이 우리 앞에 펼쳐져 있다.

그래서일까? 요즘 사람들, 똑똑하다. 모르는 것이 없다. 집 안에 머무는 시간이 많은 가정주부, 나이 많은 노인들과 아이들도 예외는 아니다. 정치, 사회, 경제, 문화 정보에 대한 상식의 수준이 높아졌다. 말 그대로 모르는 것 빼놓고 다 안다.

성도들도 마찬가지다. 똑소리 난다. 성경에 대해 박식하다는 차원과는 또 다르다. 예전이라면 그냥 참고 넘어갈 일들, 목사를 신뢰하고 맡겼던 일들에 대해서 자신들의 목소리 내기를 두려워하지 않는다. 교회 내외적인 정보가 늘며 동시에 생각도 많아졌다. 교회 안에서도 자신들의 권리와 자리, 역할을 더 구체적으로 논한다. 이러한 변화를 부정적인 시각에서만 바라보는 것은 아니다. 목사에게 집중되어 있던 역할, 책임이 분산된다는 측면에서 긍정적인 부분도 적지 않다. 그러한 가운데 부인할 수 없는 사실, 요즘의 목회 쉽지 않다.

아이러니한 것은 똑똑해진 것처럼 보이는 그들에게 보이는 부족함, 바로 사고력이다. 쏟아지는 정보에 '아는 힘'은 자랐지만 '스스로 사고하는 능력'은 현저히 떨어졌음을 많은 전문가가 이야기한다.

필자는 2018년 5월, 작가로서의 사역을 본격적으로 시작했다. 이후로 3년이 지난 지금까지 여섯 군데 출판사와 10권의 책을 계약, 7권의 책이 출간되었다.

책을 기획하고 집필하는 과정 가운데 출판사의 편집자들이 하나같이 요구하는 내용이 있다. 글을 쉽게 써 달라는 것이다. 성인을 대상으로 한 책이지만 중2 수준에서 읽을 수 있게 써 달라고 요구한다. 요즘 10대는 물론 20-30대의 독해력이 현저하게 떨어졌다 걱정한다.

40대 중반 이전 성인의 평균 독해력은 예전만 못하다 말한다.

어떤 편집자는 "독자는 생각하기를 싫어한다. 저자는 주제를 친절하게 생각하고 요리하여 독자가 생각 없이도 감동할 수 있는 글을 제공해야 한다. 그것이 대중서이고 베스트셀러의 제일 조건이다"라고까지 표현했다. 대중을 어리석은 존재로 보는 것과는 다른 차원의 문제다. 지도자의 자리에 선 이들이 인식해야 할 오늘 목회 사역의 현장, 기억해야 할 초기값에 대한 문제다.

크리스천이 세상 속의 빛과 소금의 역할을 감당한다는 것이 구호로 끝나서는 안 된다. 은혜로 구원받은 우리에게 부여된 사명이 있다. 사명을 감당함에 있어서 구할 은혜가 있지만, 우리가 해결해야 할 과제 또한 존재함을 기억하자. 크리스천으로 하나님의 형상을 회복한 파워 크리스천이 되도록 돕는 일이다.

기억해야 할 또 한 가지가 있다. 이 문제 앞에서 목사도 결코 자유롭지 않다는 사실이다. 정보력 UP, 사고력 DOWN된 상태는 성도들만의 문제가 아니다. 시대의 사명자로 부름 받은 목사들은 여호와를 깊이 생각하고, 세상을 깊이 생각하고, 인간을 깊이 생각하는 존재여야 한다. 쏟아지는 정보를 자신의 것인 양 읊조리는 똑똑함을 넘어 지혜의 통찰자로 서는 것, 그것이 바로 이 시대 목사의 자리다.

독서의 아이러니: 말과 선택은 다르다

'고전'이라 불리는 책들이 있다. 시대를 넘나들며 사랑받아 온 책들이다. 고전독서에 대한 의견도 찬반양론으로 나뉜다. 좋은 책이 넘쳐나는 시대에 예전만큼 고전독서의 가치를 강조할 필요가 없다는 이들도 있다. 물론 대세는, 고전 읽기는 여전히 필요하다는 의견이다. 이야기의 초점은 고전독서가 우리에게 필요하냐 아니냐가 아니다. 고전독서의 아이러니에 관해서다. 고전독서만이 아닌 '독서의 아이러니'라 해도 관계없다.

'모두가 중요하다 하면서도 가장 읽히지 않는 책이 고전'이라는 말이 있다. 고전독서에 대해서야 의견이 분분하지만 독서 행위 자체는 어떠한가? 독서의 중요성을 인정하지 않는 이들은 없다. 그러나 우리나라의 독서 인구는 점점 줄어 가고 있다. 성인 10명 중 4명이 1년에 책을 1권도 읽지 않는다는 통계 자료도 이를 반증해 준다. 정보사회를 지나 '4차 산업혁명'이라 불리는 시대를 맞이하며 그 변화는 더욱 빨라지고 있다. 책보다는 스마트 기기를 통해 정보를 수용하고 표현한다. 아날로그적인 소통이 디지털 플랫폼을 중심으로 한 소통으로 변한 지 오래다.

교회라고 다르지 않다. 성경은 하나님의 말씀이라 강조한다. 기독교는 말씀의 종교라 이야기한다. 세상의 변화에 영향을 받은 이들이 모인 교회도 빠르게 변화하기 때문일까? 크리스천들이 성경을 읽지 않는다. 읽더라도 충분히 읽지 않는다. '성경을 제대로 읽고 있는가?' 하는 문제에 있어서도 자신할 수 없다.

현대 교회에 있어 거의 유일한 성경의 통로는 설교인 듯하다. 목사가 준비한 설교를 통해 성경을 마주한다. 큐티를 하고 성경공부를 한다지만 그것이 교회 문화의 중심이 아닌 개인의 선택, 소수 크리스천의 관심임을 우리는 잘 알고 있다.

엎친 데 덮친 격으로 코로나19 사태를 거치며 교회 문화에 큰 변화의 바람이 불었다. 그나마 남아 있던 아날로그 문화는 디지털 문화로 빠르게 대체되어 가고 있다. 대면 중심의 교회 공동체는 비대면 상황 속의 교회 공동체에 대해 고민하며 준비해야만 하는 현실을 마주하고 있다. 지금까지의 변화도 낯선 것이지만 이후의 변화는 지금과는 비교할 수 없는 변화임을 어렵지 않게 짐작할 수 있다. 이렇듯 빠르게 변화하는 세상과 교회의 현실 속에서 목사는 무엇을 준비할 것인가?

독서의 문법이 바뀌고 있다

세상의 문법이 바뀌고 있는 현상에 주목하라. 우리가 살며 마주했던 변화와는 다른 변화의 흐름이 일고 있다. 어느 한 분야만이 아니다. 분야를 막론하고 문법 자체가 바뀌는 현상이 목격된다. 문법이 바뀌고 있다는 것은 분위기가 바뀌었다는 의미다. 작은 변화가 아닌 판도 자체가 바뀌고 있음을 의미한다. 외면의 변화가 아닌 '근본'에 변화가 일고 있다는 것이다.

정치권에서도 그 변화는 발견된다. 주류와 비주류가 전환되고 있다. 예전의 정치에서 볼 수 없던 시민의 정치 참여가 늘어나고 있다. 일상적인 참여를 넘어선, 지금까지 볼 수 없던 영향력을 행사하고 있다. 예전과는 다른 정치판이 짜이고 있음을 정치인도, 시민도 모두 알고 있다.

독서의 세계도 예외는 아니다. 시간이 갈수록 책 읽는 인구가 줄고 있다는 사실은 더 이상 놀라운 뉴스도 아니다. 그러한 가운데 특이한 현상 한 가지가 나타나고 있다. 독서인구와 독서량은 점점 줄어 가는 반면, 텍스트 읽기의 양(量)은 전과 비교할 수 없을 만큼 늘고 있다는 사실이다. 인터넷과 스마트폰의 보급 때문이다.

인터넷이 보급되기 전 글을 접할 수 있는 통로는 책이었다. 누군가의 편지나 광고 문구, 학창 시절 교과서 이외에 텍스트를 접할 수 있는 기회는 그리 많지 않았다. 인터넷 시대를 넘어 스마트 시대를 살아가며 우리 삶에 많은 변화가 일어나고 있다. 그중 한 가지가 스마트 시대 텍스트 사용량의 증가다. 요즘 사람들에게 소셜네트워크서비스(SNS)를 통해 쏟아져 오는 수많은 글로 된 정보는 낯선 것이 아니다. 어린이, 노인 할 것 없이 글을 읽을 수만 있다면, 손에 스마트폰만 들고 있다면 그 이유만으로도 예전과는 비교할 수 없을 만큼 쉽게 글로 된 정보를 접할 수 있는 시대가 되었다.

텍스트 읽기만 늘어난 것이 아니다. 글쓰기도 어느 때보다 늘고 있다. 문자 메시지나 카카오톡과 같은 SNS 메신저를 통한 소통이 점점 늘어 가고 있다. 다양한 소통 플랫폼에 자신의 채널을 개설하고 있다. 글과 사진, 영상을 통해 일상의 소소한 이야기를 나누는 것이 우리 삶의 중요한 문화로 자리 잡았다. 그렇다 보니 평생 편지 한 통 쓰지 않고 독서감상문도 써 본 적 없는 이들도 부담 없이 글을 끄적이는 시대가 되었다.

연세가 90세 가까이 되신 필자의 아버지도 비대면 상황 속에서 문자 메시지와 카카오톡 사용법을 배워 텍스트로 자녀 및 손주들과 소통하기 시작하셨다. 새로운 문화를 배우고 받아들이는 과정이 어렵지, 그것에 익숙해지면 새로운 세계에 푹 빠져들게 되는 법이다. 8명의 자녀 부부와 11명의 손주들의 생일 문자를 항상 챙기신다. 가끔씩 스크롤 압박이 느껴질 정도로 장문의 편지를 보내기도 하신다.

"기도하는 인생을 살아라."

"하나님을 두려워하는 존재가 되라."

88세가 되시기까지 부모님의 편지 한 통 받아 본 적이 없었지만 이제 텍스트로 부모님과 소통하는 시대를 살고 있다.

스마트폰이 인간에게 미치는 부정적인 영향은 결코 간과할 수 없는 문제다. 자녀 교육과 기독교 신앙의 관점에서 가볍게 넘겨서는 안 되는 주제이기도 하다. 다만, 우리가 잊지 말아야 하는 것은 오늘 우리가 바라보는 사회 변화를 부정하고 금지, 차단함으로 해결할 수 있는 문제가 아니라는 사실이다. 나 혼자 운전을 잘해서는 안 된다. 갑자기

치고 들어오는 차를 조심하며 방어 운전에도 신경 써야 한다.

오늘 우리가 직면한 변화 상황이 그렇다. 현상의 변화가 아닌, 문화 자체에 일어난 변혁이다. 우리 삶의 문법이 바뀌고 있다는 사실을 받아들여야 한다. 한두 사람의 선택이 아닌 모두에게 선택되고 문화, 일상의 문법으로 자리 잡았다. 이것을 인정하는 것으로부터 우리의 문제 해결 시도는 진행되어야 한다.

코로나19 사태를 거치며 기독교 지도자들 사이에도 인식의 큰 바람이 불고 있다. 부정적으로만 보던 스마트 기기를 적극적으로 활용하기 시작했다. 비대면 사회 속 어쩔 수 없는 선택이기도 했지만 그간 관심 밖에 있던 문명의 혁신적인 도구들을 적극 활용하기 시작했다.

크리스천들이 성경을 읽지 않는 것을 비판만 하기보다 SNS를 통해 짧은 성경 구절을 나누는 일을 통해 조금이나마 아쉬움을 달래기 시작했다. 대면 예배가 불가능할 때 시작된 온라인 예배는 대면 예배가 진행되고 나서도 멈추지 않고 있다. 매일 기도 영상, 예배 영상, 찬양 영상을 채널에 올리며 일상 속에서 신앙적인 소통을 시도하는 교회와 목사들이 늘어 가고 있다.

목사의 공부 시간을 확보하라

학창 시절 한두 살 차이의 학년별 수준은 결코 작지 않았다. 중3과 고3의 수준 차이는 모든 면에서 비교할 수 있는 수준의 것이 아니었다. 그러나 성인이 되면 나이가 주는 차이가 점점 줄어 간다. 도리어 나이와 실력은 관계없는 것임을 직면하며 분야의 전문성을 가진 이들이 의결권을 갖고 영향력을 행사하게 된다.

목사는 교회의 지도자다. 주 안에서 성도요, 교회의 한 지체이지만 목사로서의 부르심에 따른 특별한 책임을 부여받은 자다. 그렇기에 목사의 자기 관리는 중요하다. 기도와 전도, 말씀 증거하는 일이 사명이라면 그것을 위한 준비, 목사의 공부 시간, 자기 관리도 사명의 일부다.

목사는 어제의 나로 머물러 있어서는 안 된다. 믿음과 부르심의 소명 의식은 첫사랑을 잃지 않되 목사로서의 역량, 실력을 세우고 발전하는 일에 있어서는 변화를 추구하는 전문가가 되어야 한다.

조심해야 하는 것은 시대의 문법, 교회 문화의 문법이 바뀌고 독서의 문법이 바뀌었다고 해서 그 변화 자체를 우리의 기준으로 인정해서는 안 된다는 사실이다. 현실을 인정하는 것과 목표를 세우는 것은 차원이 다른 문제다. 텍스트 읽기의 양이 늘며 정보력이 향상된 것은 사실이지만, 독서력의 약화로 인한 사고력의 저하는 이전보다 더욱 심화되고 있다. SNS를 통한 말씀 나눔, 영상 큐티가 신앙생활에 도움이 된다고는 하나 성경 말씀을 읽고 연구하며 묵상하는 것의 자리를 대신할 수는 없는 법이다.

"베뢰아 사람은 데살로니가에 있는 사람보다 더 신사적이어서 간절한 마음으로 말씀을 받고 이것이 그러한가 하여 날마다 성경을 상고하므로 그중에 믿는 사람이 많고"(행 17:11-12상, 개역한글).

목사는 성도들이 베뢰아 사람들과 같은 태도로 신앙생활을 할 수 있도록 도와주어야 한다. 간절한 마음으로 말씀을 받고 이것이 그러한가 하여 날마다 성경을 상고하는 자세야말로 신사적인 크리스천의 기본자세다. 이 일을 감당하기 위해 목사의 독서 실력을 높여 가는 공부가 필요하다. 목사의 자기 계발은 자신 한 사람의 변화로 멈추지 않는다. 자녀들에게는 물론이요, 교회의 변화로 이어지게 된다.

목사의 독서 수준을 올리는 것은 교회의 수준을 높이는 요소 중 한 가지다. 목사의 초기값을 확인하고 초기값을 재설정해야 할 때다. 독서 능력의 레벨 업, 그레이드 업이 이뤄질 때 책 내용만 새롭게 다가오는 것이 아니다. 하나님이 창조하신 세상이 다르게 보인다. 그동안 보이지 않던 교회의 행간이 보이고 하나님의 음성이 들리기 시작한다.

독서 기술에 대한 이야기가 아니다. 세상의 독서에 대한 추구는 개인의 욕망으로 열매 맺을 수 있지만 우리의 전제는 '사명자로서의 목사'의 자기 계발이다. 사명 감당을 위한 몸부림에 대한 이야기다. 다른 모든 것이 준비되어 있음에도 독서 능력을 준비하지 못함으로 쓰임 받지 못할 수 있는 자가 목사임을 인정해야 한다. 목사는 하나님의 말씀을 읽고 연구해 가르쳐 지키게 해야 할 사명을 받은 자이기 때문이다.

세상의 문법이 바뀌고 독서의 문법이 바뀌며 모두가 하향 평준화되어 가고 있다. 교회가 그 흐름을 따라서는 안 된다. 오늘의 위기를 기회로 삼기 위한 기도, 노력이 필요하다. 목사의 공부, 목사의 독서는 목회를 세워 가는 작지만 결코 사소하지 않은 소중한 선택임을 기억하고 실천하는 것으로 시작하자. 첫 시작은 그것으로 족하다.

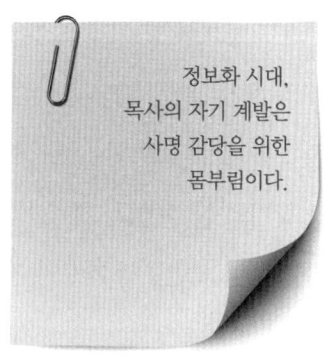

정보화 시대,
목사의 자기 계발은
사명 감당을 위한
몸부림이다.

3

목사의 교양독서,
하나님의 큰일을 위한 오늘의 작은 일

독서는 크게 3단계로 나뉜다. 교양독서, 학습독서, 그리고 연구독서다. 생애 주기별 순차적으로 진행된다. 나이를 먹고 독서력이 세워져 가는 정도에 따라 비율을 달리하며 진행된다. 3단계 전 과정은 개별적이기보다는 동시에 진행되는 구성요소적 독서이기도 하다.

1단계, 교양독서다. 말 그대로 교양을 세우는 독서. 밭을 갈고 씨를 뿌리는 독서요, 삶의 기초를 다지는 독서다. 성숙을 지향하는 미성숙한 상태의 독서인 동시에 완성을 향해 나아가는 성장 독서다. 어느 특정 기간의 독서 방법이 아닌 지속성을 생명으로 한 평생 과정 독서다.

교양독서의 출발은 관심이다. 의문을 풀어 가고 여백을 채워 가는 것이 교양독서의 즐거움이다. 시간의 흐름 속에 자연스럽게, 때로는 계획적으로 관심은 이동된다. 나의 관심에서 너의 관심, 우리의 관심으로 확장되는 교양독서는 삶의 지평을 넓혀 가는 지혜의 마중물이다.

자녀의 독서교육에 있어 부모의 실수는 이 지점에서 나타난다. 즐거움의 추구와 성장을 추구하는 독서의 대립이라고나 할까! 독서에 있어서 아이들은 즐거움을 먼저 추구한다. 부모는 좋음, 탁월함, 훌륭함을 추구한다. 아이들의 원함과 부모의 원함, 그 어느 것도 잘못된 것이 아니다. 주어진 자리에서의 자연스러움이다. 다만 중요함을 이루기 위해 질서를 따라야 한다.

자녀들의 훌륭한 독서 습관과 태도는 성장을 목표로 해야 한다. 그렇다고 출발 지점에서의 강요여서는 안 된다. 조금 마음에 들지 않더라도, 교양독서의 출발은 자녀들의 관심에 양보해야 한다. 진중함도 좋지만 가벼움도 허하라. 교육은 신중해야 하나 조급함은 피해야 한다. 자녀들에게 강요에 의한 의무가 아닌 권리의 누림이 되는 즐거운 교양독서를 선물해 줘야 한다.

목사의 교양독서는 더욱 중요하다. 원함을 넘어 의무에 가깝다. 목회의 대상, 성도들은 다양한 세상 속 각기 다른 자리에서 살아가고 있기 때문이다. 이 하나의 이유만으로도 교양독서를 통한 다양한 주제에 대한 앎의 추구는 사명의 일부다. 아는 만큼 사랑한다고 했던가. 신앙에 있어서 '앎'은 인간의 지적 욕망에 대한 이야기가 아니다. 사랑의 태도요, 사랑하기 위해 갖춰야 할 기본기다.

네이버 지식인과 설교 CD

네이버에 지식인 열풍이 불던 시절이 있었다. 지금은 또 다른 상황이 펼쳐져 가고 있지만, 당시 네이버 지식인의 지식 나눔은 놀라운 것이었다. 누군가 질문하면 어디에선가 정성껏 답을 달아 주었다. 초등학생의 숙제와 관련한 질문부터 누구에게 물어야 하나 고민하던 심각한 질문까지 수많은 물음표가 넘쳐 났다. 지식의 창고요 은행과도 같았다. 전 국민 지식 소통의 창구였고 문제 해결의 통로였다. 쉽게 자문받을 수 없는 전문가들의 조언도 무료로 받을 수 있는 거의 유일한 통로가 되어 주었다. 사람들의 교양을 높여 가는 일에 한몫을 감당했음은 분명하다.

시간이 지나며 네이버 지식인의 영향력도 점차 줄어들게 되었다. 요즘 네이버 지식인의 이미지는 예전과는 많이 다르다. 모두가 그런 것은 아니지만, 성의 없는 답변, 엉터리 답변, 잘못된 상식의 나눔과 확산 등의 부정적 이미지로 고착화되고 있는 듯하다. 자연스럽게 이전의 영광은 새로운 검색 플랫폼과 채널들에게 넘어가고 있는 추세다.

신학대학원 시절 교내에서 설교와 성경공부 교재 CD를 파는 노점상 집사님이 계셨다. 여행용 가방과 차 트렁크에 CD를 가득 전시해 놓고 수록된 자료 목록이 빼곡하게 적혀 있는 홍보 전단지를 신학생들에게 나눠 주곤 하셨다. CD 한 장에 수천 편의 설교 자료와 다양한 성경 주석, 성경공부 교재가 담겨 있다며 신학생들의 발걸음을 붙잡

으셨다. 관심 있는 몇몇 신학생들은 전단지를 살펴보다가 몇만 원을 주고 구입하기도 했다.

지금도 심심치 않게 인터넷과 SNS에 떠도는 목회 및 설교 자료 홍보 광고들을 볼 때면 신학생 시절 그 장면이 떠오른다. 그러고는 예전이나 지금이나 질문을 던져 보게 된다.

'그 자료는 신학생들의 설교 준비와 성경공부를 준비하는 과정에 많은 도움이 되었을까? 그 자료는 잘 활용되어 성장의 계기가 되었을까, 그 자리에 머물게 한 족쇄가 되었을까?'

요즘도 목사들의 설교를 돕는 도구와 채널들이 가득하다. 인터넷에는 세상 모든 목사의 설교 영상이 넘쳐 난다.

신학생 시절, 서울의 유명 교회를 돌며 목회자들의 설교 테이프, 신학 및 신앙 강좌 테이프를 구입하여 듣던 때가 생각난다. 시대는 변했고 유튜브를 채운 수많은 성경 관련 콘텐츠들, 예전이라면 상상도 할 수 없던 정보들이 쓰나미처럼 밀려들고 있다. 이제는 자료가 없어 공부하지 못하는 시대는 분명 아닌 듯하다. 목회자로 공부하게 만드는 교양지식이요, 그 자체로 훌륭한 학습 도구가 되어 주고 있다.

그러나 넘쳐 나는 정보와 자료는 오늘날의 선악과가 되어 목사로 실족하게 만든다. 공부하지 않고 카피에 익숙한 자로 살아가게 만든다. 자신이 지은 밥으로 성도를 먹여 살리는 데 힘쓰지 않는다. 세상에 떠도는 재료들을 버무려, 요리의 과정도 거치지 않은, 그것도 다 식은 밥을 밥상에 내어놓는 일이 비일비재하다. 넘쳐 나는 정보와 자료가

'목사의 올무'가 되어 버렸다.

교양독서의 방향성

방송국에서 정규 방송을 편성하기 전 시험적으로 제작하여 방영하는 프로그램을 '파일럿(pilot) 프로그램'이라 말한다. 시청자들에게 호응을 받을 수 있는지를 가늠해 보는 마중물 프로그램이다. 먼저 내보낸 파일럿 프로그램의 반응 여부를 보며 후속 프로그램의 방영 여부를 확정한다.

파일럿은 무엇을 하는 사람인가? 항공기를 조종한다. 비행기가 원하는 목표에 도달할 수 있도록 방향을 정하고, 항로를 설정하며, 속도를 조절해 가며 인도하는 역할을 담당한다. 봅슬레이 경기 시 맨 앞자리에서 썰매를 운전하는 사람도 파일럿이라 한다. 얼음길을 이탈하지 않도록 조작하는 일이 그의 임무다.

교양독서는 진정한 독서를 위한 파일럿 프로그램이다. 우리가 추구해야 하는 교양은 목표로서의 교양이 아니다. 독서의 방향성은 누가 뭐래도 사고력 향상과 관(觀)의 정립에 있다. 교양지식은 우리의 사고력을 세우고 지혜롭게 만드는 마중물로서의 도구다.

교양독서라고 가볍지만은 않다. 사고력과 정보력, 두 마리 토끼를 좇는 독서이기 때문이다. 다만 무게 중심은 정보력 향상에 쏠려 있다. 독서 과정 속에서 사고의 역량도 세워져 가나, 정보력을 세워 가며 과정의 진보를 천천히 이뤄 가는 초보 단계의 독서다. 학습자의 수고를 줄여 가는 도구가 아니다. 더 많은 이에게 사랑을 나눌 수 있는 존재로 자신을 세워 가는 수고로운 과정이다.

누구나 한순간도 쉬지 않고 호흡하고, 하루 삼시 세끼 밥을 먹고 살아가듯 매우 중요하면서도 일상적인 자연스러움이어야 하는 것, 그것이 목사의 교양독서다.

목사의 교양을 세우자

사고력은 약화되고 정보력이 강화된 시대, 목사의 교양은 더욱 중요하다. 오늘 목회 사역의 침체가 진리를 알지 못하는 가운데 주어진 부자유함이라고만 생각해서는 안 된다. 교리에 대한 몰이해일 수도 있지만, 교양의 부족 때문일 수도 있다. 기도의 부족일 수도 있지만, 상식의 앎과 실천의 부족 때문일 수도 있다.

한 사람의 성도는 지식이 부족해도 예수로 인해 구원을 선물 받을 수 있다. 그것이 은혜다. 구원에 있어 목사도 다르지 않다. 그러나 역할과 사명은 또 다른 차원의 문제다. 은혜와 권리를 넘어 감당해야 할 의무, 책임이 뒤따른다. 모든 지식인, 독서가가 모두 영성의 사람은 아니지만, 모든 영성의 사람은 탁월한 지식인이요 교양인이어야 함을 잊지 말아야 한다. 그것도 수준 높은 교양인 말이다.

목사의 교양독서는 일상이어야 한다. 즐거움을 넘어 거룩함의 추구여야 한다. 맡겨진 사명 감당을 위해 힘쓰는 모든 목회자의 교양독서, 하나님의 큰일을 위한 오늘의 작은 일이다.

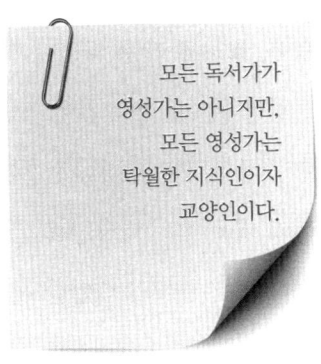

모든 독서가가
영성가는 아니지만,
모든 영성가는
탁월한 지식인이자
교양인이다.

4

진리와 독서(Veritas & Reading):
질그릇에 담긴 진리를 구하라

인생을 세우는 독서 경험

인생에 있어 경험은 중요하다. 경험의 폭과 깊이가 이후의 삶을 결정하는 중요 요인이 된다. 목회도 마찬가지다. 다양한 경험이 필요하다. 교회학교 교사, 교육전도사. 부목사 등의 역할 수행과 전도, 제자양육, 교구 관리 등 다양한 경험은 목회의 큰 자산이 된다.

경험에는 두 가지 길이 있다. 직접 경험과 간접 경험이다. 직접 경험만큼 좋은 것은 없다. 지식을 넘어 삶에 체화된 깨달음을 얻는 계기가 되기 때문이다. 다양한 경험 속 크고 작은 성공, 고난의 경험이 필요하다. 인간관계의 다양한 문제를 직면하고 해결해 가는 과정의 경험도 목사에게 요구되는 경험이다.

　사람들이 여행을 강조하는 이유도 직접 경험의 중요성 차원에서다. 필자가 지난 20여 년간 어려운 상황 속에서도 4개 대륙 35개국 이상을 방문한 것도 이 때문이다. 하나님이 창조하신 세계를 직접 밟으며 확인해 가며 누리는 은혜와 깨달음은 결코 작지 않다. 일상을 벗어난 색다른 경험은 여행의 즐거움을 넘어 믿음의 여백을 채워 주는 축복의 시간이었다.

　그럼에도 직접 경험의 한계는 분명하다. 시공간의 제약이 크다는 것이다. 재정적인 문제도 무시할 수 없다. 가장 중요한 것은 내 수준만큼 볼 수밖에 없다는 것이다. 당연한 사실이지만 이 한계가 우리에게 주어진 기회를 기회 되지 못하게 하는 중요한 요인이라는 점을 알아야 한다. 이때 필요한 것이 간접 경험이다.

　간접 경험을 통한 준비는 직접 경험을 통한 배움의 한계를 넘도록 도와준다. 효율적인 시간 관리가 가능하고, 타인의 경험 속 성공과 실패를 자신의 자산으로 삼아 갈 수 있다. 만남과 대화에서 보이는 모습은 직접 경험이지만, 오고 가는 내용 자체는 인생의 간접 경험이 대부분이다. 학교교육도 마찬가지다. 과학 실험이나 체육처럼 직접 경험해 보는 과정이 없는 것은 아니지만, 대부분의 학교교육은 사회인으로 준비되어 가는 과정 속 간접 경험이다.

　간접 경험 중 최고의 수단과 방법은 누가 뭐라 해도 독서다. 독서를 통한 간접 경험은 직접 경험의 부족과 한계를 보완해 가며 자신의 수

준과 한계를 뛰어넘는 계기가 되어 준다.

독서는 수단이 아니라 목적이다

하버드대학(Harvard College)은 1636년 매사추세츠주 케임브리지에 설립되었다. 설립 당시의 학교명은 뉴칼리지(New College)였으나 3년 뒤인 1639년부터 하버드대학이라 불리기 시작했다. 케임브리지 지역으로 이주해 온 영국 출신 청교도 목사 존 하버드(John Harvard)가 죽으며 뉴칼리지에 전 재산과 장서를 기증한 일을 기념하는 차원에서였다.

하버드대학은 지금이야 미국 대학을 넘어 전 세계 대학을 대표하는 학교 중 하나이지만, 그 출발은 청교도 목사를 양성하는 신학교였다. 1941년 첫 졸업생으로 이름을 올린 9명도 모두 목사가 되기 위해 신학을 공부한 학생들이었다. 그 때문일까? 하버드대학의 상징 문장(coat of arms, 紋章)에는 '베리타스'(VERITAS)라는 단어가 중심에 새겨져 있다. 라틴어로 '진리'와 '진실'을 뜻하는 베리타스는 학문의 추구는 진리 탐구, 진실을 향한 것이어야 한다는 하버드대학의 정신을 담고 있다.

학문을 통한 진리 추구는 하버드대학만의 것은 아니다. 세계에서 두 번째로 오래된 학교인 영국의 옥스퍼드대학의 문장에는 라틴어로 'Dominus illuminatio mea'(도미누스 일루미나티오 메아)가 새겨져 있다. '주님은 나의 빛'(the Lord is my light)을 의미한다. 그들에게 있어서도 학문의 탐구는 종교적인 진리 추구와 별개의 것이 아니었다. 이후 설립된 수

많은 대학의 문장에도 이러한 진리 탐구의 정신이 담겼다. 이들의 영향을 받아서인지 서울대학교의 문장에도 'Veritas lux mea'(베리타스 럭스 메아), 즉 '진리는 나의 빛'이라는 표어가 크게 새겨져 있다.

오늘날의 대학이 '진리 탐구'의 정신을 계승하고 있느냐는 질문은 논외로 하자. 우리의 관심을 교회에 집중해 보자. 주님을 나의 빛으로 삼는 교회는 어떠한가? 주님이 친히 세우신, 예수 그리스도를 머리로 한, 살아 숨 쉬는 진리 공동체로 주님이 친히 세우신 교회의 진리 추구는 어떠한가? 하나님이 주신 선물, 특별계시를 소유한 크리스천들에게 있어 진리 추구는 무엇이며 어떻게 진행되고 있는가?

크리스천에게 독서는 수단이 아니라 목적에 가깝다. 성경을 대하는 크리스천의 태도는 일반 독서가와 같을 수 없다. 대다수 사람들에게 독서는 학습활동이며 지적 추구의 수단이다. 인생의 꿈을 이루어 가기 위한 간접적 배움의 과정이며 중요한 도구일 수 있다. 성경을 대함에 있어서 그들의 태도는 고전독서 그 이상도, 이하도 아니다. 크리스천의 독서는 여기서 한 걸음 더 나아가야 한다. 크리스천에게 독서는 그 이상의 의미가 있기 때문이다. 성경의 사람이어야 하는 목사에게는 더욱 그렇다. 우리는 스스로에게 질문을 던지고 자신의 답을 가져야 한다.

"크리스천에게 독서는 무엇인가?"

"목사에게 독서는 무엇인가?"

이 책은 이 질문들로부터 시작되었다.

독서의 거룩성

크리스천에게 독서는 거룩한 행위일 수밖에 없다. 하나님이 자신을 글로 나타내셨고, 그분을 알아 가는 거의 유일한 통로가 성경을 읽는 '독서' 행위이기 때문이다. 안타까운 것은 한국 교회가 독서와 독서력을 세워 가는 일에 대해 관심을 갖지 않는다는 것이다. 하나님의 거룩과 존귀를 담아내는 영적 도구라기보다 인간의 수많은 활동 중 하나요 수단으로 독서를 보기 때문이다. 그런 가운데 하나님을 알아 가는 독서는 뒷전으로 밀려나고 다른 수많은 종교적 행위가 자리를 대신하기 시작했다. 하나님이 선택하신 도구와 방법은 도외시한 채 말이다.

기독교 내의 종교적인 활동의 세속성을 강조하는 것이 아니다. 다만, 하나님의 말씀이 결여된 그 무엇도 결코 하나님을 예배하는 거룩한 도구가 될 수 없다는 사실을 기억해야 한다. 하나님의 말씀이 빠진 기도와 찬양, 전도와 교제가 가능할까? 물론 가능하다. 그러나 더 이상 예배는 아니다. 기도와 찬양을 드리는 장소가 예배당이라고 하나님의 이름을 부르고 기독교적 색채를 띤 모든 것이 예배는 아니다. 그것은 자신의 유익을 구하는 주문과 노래이며 수의 확장을 도모하는 경영적인 추구요, 커뮤니티 센터의 모임에 지나지 않는다.

목사는 교회 안의 '거룩한 독서'에 대해 분명한 정의를 내려야 한다. 믿음의 가정과 교회 공동체 가운데 독서의 거룩성을 회복해 가는 일에 힘써야 한다. 크리스천 한 사람, 한 사람의 삶 속에 'Dominus illuminatio mea'(주님은 나의 빛)와 'VERITAS'(진리와 진실)를 추구하는 말씀 중심의 삶이 회복되어 가도록 지원해야 한다.

"풀리지 않는 의문들 정답이 없는 질문들
나를 채워 줄 그 무엇이 있을까
이유도 없는 외로움 살아 있다는 괴로움
나를 안아 줄 사람이 있을까."

한국의 인디밴드 자우림의 곡 "샤이닝"의 가사 중 일부다. 대중이 가요나 노래에 반응하는 이유는 그 속에서 인생을 마주하기 때문이다. 곡과 가사에 사랑, 미움, 그리움, 꿈과 희망을 담아낸다. "샤이닝"에서처럼 인생의 고뇌를 표현하기도 한다. 노래를 통해 오늘의 현실을 새롭게 바라보며 위로를 받는다. 노래 한 곡을 통해 사람을 살리기도, 죽이기도 한다. 예술의 힘이 바로 여기에 있다.

크리스천의 독서, 목사의 독서는 예술 그 이상이 되어야 한다. 하나님의 마음이 언어가 되어 우리에게 전해졌고 거룩한 독서는 그것을 누리는 축복의 통로다. 하나님의 마음을 우리 삶에 담아내는 사랑의 통로가 되어야 한다.

목사는 독서의 사람이 되어야 한다. 하는 것을 넘어 잘해야 한다. 바르게 해야 한다. 선택이 아닌 필수 요소다. 하나님을 알아 가는 발걸음으로서의 독서여야 한다. 목회 현장에서 만나는 다양한 성도들의 삶의 문제, 고민과 갈등, 세상을 알아 가는 깊이 있는 노력의 과정이어야 한다. 크리스천에게 독서는 지적 욕망의 도구가 아니다. 하나님을 알고 세상과 사람을 알아 가는 과정이요, 사랑을 위한 첫걸음이다.

목사로서 교회를 위한 수많은 계획과 기도의 제목을 마음에 품고 살아갈 것이다. 그 첫걸음은 하나님의 말씀을 읽는 일로부터 시작해야 한다. 나아가 세상과 그 세계를 살아가는 크리스천들의 삶을 알아 가기 위한 독서의 강화로 이어져야 한다. 인간 존재를 이해하고 하나님의 사람으로 나와 성도들을 준비시켜 가기 위한 독서가 필요하다.

너무도 빠르게 변화하는 세상 속에서 교회의 가치가 회복되어야 한다. 크리스천의 세상 속 영향력이 확대되어야 한다. 그러기 위해 기독교 가정과 교회 가운데 잃어버린 기독교교육 읽기가 회복되어야 한다. 목사의 주도적인 지도 가운데 거룩한 독서가 교회 가운데 회복되고 자리 잡아야 한다. 글과 언어라는 질그릇에 담긴 진리를 우리 삶에 소유하기 위해 우리는 힘써야 한다. 세상의 지식 탐구를 넘어 진리를 구하는 목사의 거룩한 독서의 강화야말로 교회 개혁의 진정한 마중물이 될 것이다.

> 크리스천에게 독서는 거룩한 행위다. 하나님이 자신을 글로 나타내셨고, 그분을 알아가는 거의 유일한 통로가 성경을 읽는 '독서' 행위이기 때문이다.

5

목사의 인문학독서:
3가지 선물

다윗의 별

'다윗의 별'은 유대인을 가리키는 대표적인 상징이다. 히브리어로 '마겐 다비드'(מגן דוד)인 다윗의 방패, 다윗의 별의 의미에 대해서는 여러 가지 해석이 있다. 별의 6개 꼭짓점이 동서남북과 하늘, 땅을 각각 의미하며 인생을 향한 하나님의 절대적인 통치를 뜻한다는 것이 첫 번째 해석이다. 두 삼각형의 의미를 선과 악이라는 차원에서 이해하기도 한다. 하나님이 다윗을 보호하셨듯이 이스라엘 백성도 보호하시리라는 믿음과 소망이 투영된 해석이다. 또 다른 해석도 있다. 바로 선 삼각형은 토라를 중심으로 한, 변하지 않는 진리를 의미하고, 거꾸로 선 삼각형은 변화하는 세상의 지식을 상징하는 것으로 유대인의 『탈무드』를 의미한다는 해석이다.

이처럼 다윗의 별에 대한 해석은 다양하나, 방향성은 같은 곳을 향한다. 전지전능하신 하나님을 향한 믿음과 세상 속에서 하나님의 인도하심을 기대하는 유대 민족의 바람이 투영되어 있다.

유대인들에게 다윗의 별이 가지는 의미는 현대 신앙인들의 앞에 주어진 과제와도 연결된다. 하나님과 인간, 하나님 나라와 세상, 믿음과 삶의 균형에 관해서다. '변하지 않는 진리를 어떻게 변화하는 세상의 지식, 언어, 우리의 삶에 담아 표현하며 살아갈 것인가?'라는 문제야말로 신앙인인 우리의 지속된 과제다.

신본주의 vs 인본주의

참으로 민감한 문제다. 동시에 우문일 수 있다. 믿음의 삶을 하나님 중심으로 살 것인지, 인간 중심으로 살 것인지에 대한 답은 이미 정해져 있기 때문이다. 문제는 하나님 중심의 신본주의적 삶과 인간 중심의 인본주의적 삶을 가르는 기준, 판단의 근거가 무엇이냐는 것이다. 그 경계의 모호함은 인간의 연약성만큼이나 불분명하다.

교회에 출석하는 크리스천이면, 교회에서 반주하고 찬양팀에서 찬양 인도를 하는 사람이면 신본주의자인가? 우리의 어떤 신앙적인 행위 자체가 하나님 중심의 신본주의적 신앙을 보증해 주는 것은 아님을 우리는 알고 있다. 나아가 "나는 목사다", "나는 신본주의 사역자다"라고 고백한다 하여 그것이 하나님의 사람의 근거가 되는 것이 아님 또한 우리는 알고 있다. 신본주의자로 하나님의 일을 이루는 것과 인본주의자로 자신의 뜻을 추구하는 삶의 자리는 결코 쉽게 가름할 수 있는 영역의 문제가 아니다.

딸이 초등학교 저학년이던 시절, 주일에 모든 일정을 마치고 집에 돌아온 필자에게 질문을 던졌다.

"아빠! 예배 시간에 하나님께 드린 헌금은 하나님이 어떻게 가지고 가시나요? 제가 예배당에 남아 지켜봤는데 가져가시는 것을 보지 못했어요."

우리는 찬양과 헌금, 기도를 할 때 '하나님께 드린다'라고 표현한다. 눈에 보이는 실상은 인간들의 공동체 가운데서 행해지는 예배 의식이기에, 순수한 아이들의 생각처럼 하나님께 드린다는 것에 대해 궁금해하거나 의문을 가지는 것은 그리 이상한 일이 아니다. 어린아이의 질문이지만 우리 삶 속에 가득한 하나님의 일과 인간의 일, 신본주의와 인본주의, 그리고 그 경계에 대해 고민하고 갈등하며 하나님의 기준을 우리 삶에 세워 가는 노력을 계속해 나가야 한다.

그런 우리에게 존 칼빈(John Calvin)이 던진 질문은 우리가 품은 의문을 풀어 갈 수 있는 마중물 질문과도 같다. 칼빈은 『기독교 강요』 제1부에서 "창조주 하나님에 관한 지식"에 대해 논한다.

"하나님에 관한 지식과 우리 자신에 관한 지식은 서로 연결되어 있다.
그러면 이 둘은 어떻게 서로 관련되어 있는가?"

그는 본문 1장 1절과 2절에서 이 질문에 대해 단순하면서도 명료하게 답하기 시작한다.

"자신을 알지 못하고는 하나님을 알지 못한다.
하나님을 알지 못하고는 자신을 알지 못한다."

"우리가 갖고 있는 거의 모든 지혜, 곧 참되며 건전한 지혜는 두 부분으로 되어 있다. 그 하나는 하나님에 관한 지식이요, 다른 하나는 우리 자신에 관한 지식이다. 그러나 이 두 지식은 여러 줄로 연결되어 있기 때문에 어느 쪽이 먼저이며, 어느 쪽의 지식이 다른 쪽의 지식을 산출해 내는가를 알아내는 것은 그리 쉬운 일이 아니다."

"우리 자신에 관한 지식은 우리를 일깨워서 하나님을 찾게 한다. 마치 손으로 끄는 것처럼 우리를 인도하여 하나님을 발견하게 하는 것이다."

바로 이 지점에 신본주의자로서 관심을 가져야 할 인문학이 위치해 있다. 크리스천이 바라보는 인간 이해가 신학적인 해석만이어서는 안 된다. 세상 속의 크리스천, 인간 존재 자체에 대한 앎은 어떤 대상을 향한 것이 아닌 나 자신을 알아 가는 노력이기 때문이다.

그런 측면에서 신학과 인문학은 맞닿아 있다. 하나님을 알지 못하는 이들에게 인문학은 인간에 관한 학문에 그치지만, 크리스천에게 있어서 그것은 하나님을 알아 가기 위한 또 다른 발걸음이다. 인문학은 우리가 활용할 트로이 목마다. 적의 트로이 목마는 우리 삶을 무너뜨리지만, 우리가 트로이 목마를 활용하면 적을 괴멸(壞滅)시킬 수 있다.

하나님의 영광을 위한다는 것과 하나님의 형상으로 창조된 인간으로 살아가는 것, 이웃을 사랑하는 것은 결코 분리될 수 없다. 진정한 신본주의적 삶은 인간 중심의 사역 안에서 하나님의 뜻을 이뤄 가며 열매 맺는 삶이지, 인간 세상을 떠나 분리된 어떤 지점에서 맺히는 열매가 아니다. 예수님이 신본(神本)을 위해 인본(人本)을 택하신 성육신의 방법으로 하나님의 뜻을 이루셨다면, 오늘 우리의 선택에 또 다른 선택지는 있을 수 없다.

인문학이 주는 3가지 선물

인문학은 인간에 대한 학문이다. 문학과 역사, 예술과 철학, 언어를 비롯하여 인간을 내용으로 하는 모든 것을 포괄한다. 인문학에서는 성경도 하나의 신화, 문학 작품의 관점으로 바라본다. 크리스천에게 인문학은 또 다른 길을 향한 마중물이다. 나를 깨달아 가고 세상을 더 깊이 알며 하나님이 창조하신 세상, 그 세계를 살아온 인간에 대해 더 깊은 이해로 나아가는 것도 인문학이 주는 선물이다.

사람들은 책의 중요성에 대해 말한다. 인문학을 함에 있어서도 마찬가지다. 책을 통해 지난 역사를 살피며 인간 존재의 심연 깊은 곳을 들여다볼 수 있다. 그런 책이 나에게 의미 있는 것이 되기 위해서는 필수 전제가 있다. 책을 읽어야 한다는 것이다. 책은 읽지 않는 자에게는 아무것도 선물하지 않는다. 도서관이 집이라도 읽지 않는 책은 장식 그 이상도, 이하도 아니다. 오히려 짐이 될 뿐이다.

그렇다고 인문학이 책을 읽는 행위 자체에 의미를 두고 있지는 않다. 지식이 많아도 지혜가 없다면, 그것은 인문학이 추구하는 바가 아니다. 『탈무드』는 지식만 있고 지혜가 없는 사람을 '많은 책을 등에 짊어지고 가는 당나귀'로 비유한다. 독서를 통해 얻은 지식보다 중요한 것은 지식을 마중물로 하여 얻게 되는 지혜다. 지혜는 질문을 통해 우리 삶에 스며든다.

목사에게 인문학이 소중한 이유도 여기에 있다. 세상의 역사와 철학, 문학적 지식을 얻는다는 것이 목표일 수 없다. 인문학을 통해 얻으려고 하는 것은 답이 아닌 질문이다. 이미 주어진 명료한 답으로서의 진리, 그러나 아직 나의 삶에 완성되지 못한 하나님의 나라와 그 뜻을 이루어 가기 위해 던져야만 하는 무수한 질문을 성경 넘어 인문학의 발자취를 통해서도 얻게 된다. 이 또한 일반은총을 통해 하나님께로 나아가는 우리 신앙의 삶이다.

인문학독서는 우리에게 3가지 선물을 가져다준다.

첫째, 인생의 목적과 방향성, 그 가치에 대한 교육이다.

크리스천에게 인문학은 세상의 도구가 아닌 하나님의 도구다. 성경을 통해 하나님의 뜻을 깨닫고 인생의 목적을 알게 된다. 인문학을 통해서도 마찬가지다. 먹고 살기 위한 실용적인 지식의 추구가 아닌 본질적인 질문을 통해 인간 존재의 연약함을 직면하게 되고, 하나님의 전지전능하심을 향해 나아가게 된다.

"인생이란 무엇인가? 하나님은 누구신가? 생명이란 무엇이며, 죽음이란 무엇인가? 사랑은 무엇이며, 믿음은 무엇인가?"

역사와 철학, 문학은 이러한 질문에 대한 몸부림으로서의 서술이다.

인문학을 통해 인생의 꿈과 비전에 대해서도 고민하게 된다. 꿈과 비전, 생(生)의 기대는 인생의 방향성에 대한 고민이다. 인생의 꿈을 넘어 하나님의 꿈을 꾸고 나아가는 것도 인생의 여정을 통해서다. 꿈과 비전을 향해 나아가는 과정 속에 주어지는 것은 기쁨과 즐거움만이 아니다. 고난과 슬픔이 항상 동반한다.

시편에 기록된 다윗의 고백과 울부짖음, 하박국의 외침은 하나님 나라를 향해 가는 인간의 자연스러운 고백이다. 예수님이 우리에게 답이시기에, 고난은 결과가 아닌 과정임을 깨닫는다. 고난의 여정이 힘들고 견디 내기 어려운 과정임에도 인간 역사의 수많은 믿음의 선조는 그것을 참고 견디어 이겨 낸 승리자로 남게 된다. 그것이 사실이고, 믿어지니 감사할 뿐이다. 그것이 나의 나아갈 방향이며 성경을 넘어 내 삶에서도 누림 되게 하시니 찬송할 뿐이다.

둘째, 인문학을 통해 인생의 개념을 세워 간다.

개념을 세운다는 것은 초기값의 재설정을 뜻한다. 인생의 방향과 목적, 수많은 질문을 통해 주어진 지혜의 선물이다. 사람과 세상의 수많은 주제에 대한 나의 정의가 새로워진다는 것을 의미한다. 인생의 성장은 '정의'(定義, definition)가 새로워지는 과정 속에서 일어나는 변화다. 하나님의 존재는 변함이 없으나 신앙의 성숙에 따라 '하나님은 누구신가?'에 대한 나의 정의가 변화된다.

책과 독서에 대해서도 마찬가지다. 누군가에게는 지적인 추구의 대상이며 도구에 지나지 않는다. 하나님의 사람들에게는 또 다른 그리스도의 편지요, 하나님을 알아 가는 마중물로 작용한다. 찬양 가사, "사람을 보며 세상을 볼 땐 만족함이 없었네 나의 하나님 그분을 뵐 땐 나는 만족하였네"라는 고백도 인생의 개념이 재정의되고 변화된 이들에게 나타나는 열매다.

셋째, 하나님의 사람으로의 능력을 회복하는 과정이다.

인문학은 내용의 소유가 아닌 과정의 진보를 지향한다. 지식의 추구가 아닌 지혜로 나아가는 통로가 되어 준다. 구원은 하나님의 선물로 우리에게 주어진 것이지만, 하나님의 사람으로 나를 세워 가는 과정은 인생에 주어진 과제다. 인문학을 통해 나를 알아 가고 하나님을 알아 간다는 것은 하나님의 형상으로 창조된 본래의 모습을 회복해 가는 과정으로서의 의미를 가진다. 크리스천의 인문학, 목사의 인문학 독서는 인생의 바벨탑을 쌓는 욕망이 아닌 하나님 나라를 향해 가는 크리스천의 여정이다.

  오랜 시간 신학을 통해 하나님을 추구한다는 명목 아래 크리스천의 인문학적 탐구 과정은 배제되어 왔다. 진리를 추구한다는 지혜로움의 가치 추구가 상식을 등한시하는 어리석음으로 자리 잡았다. 교회의 일꾼으로 세움 받은 목사의 사명 중 하나는 교회 안에 자리 잡고 있는 잘못된 전통과 인식을 바로잡는 것이다. 상식 넘어 참을 추구하는 목사의 인문학독서, 교회 개혁을 향한 진일보(進一步)요, 하나님을 향한 신앙의 고백이다.

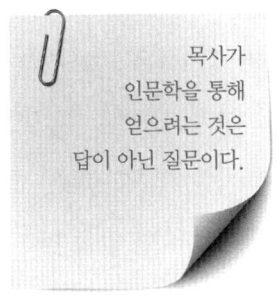

목사가 인문학을 통해 얻으려는 것은 답이 아닌 질문이다.

6

세상의 로그 데이터 속에
하나님의 일하심이 보인다

비상(非常)! **비상**(非常)!

지구가 점점 뜨거워지고 있다. 사람들은 무너지는 자연, 지구의 위기 앞에 경각심을 갖기 시작했다. 세계 모든 국가가 문제를 인식하고 해결을 위한 대비책을 마련하기 위해 분주하다. "탄소 제로!"를 외치며 그린 에너지 정책을 펼쳐 간다. 노르웨이와 네덜란드를 비롯한 여러 국가들은 2025년과 2040년부터 자국 내 디젤차의 판매를 금지한다고 선포했다. 기업들은 이에 발맞춰 전기차, 수소차 개발과 보급에 박차를 가하고 있다.

여기서 한 걸음 더 나아가 지구의 황폐화, 인구 팽창 위기의 대안으로 눈을 우주로 돌리고 있다. 국가가 주도하던 우주 프로젝트에 민간 기업도 가세하기 시작했다. 테슬라의 CEO 일론 머스크(Elon Musk)는 우주 기업 '스페이스 X'를 설립하고 인간의 화성 이주를 실행에 옮기기 위한 구체적인 노력을 경주 중이다. 그가 보여 준 과정의 진보는 놀라운 것이었다. 국가 단위의 기관도 달성하지 못한 재활용 로켓의 개발과 실험 성공은 많은 사람의 마음에 '우주 여행과 화성 이주 계획이 꿈만은 아닐 수 있다'는 기대감을 불어넣어 주고 있다. 아마존의 CEO 제프 베이조스(Jeff Bezos)도 '블루 오리진'을 창업하고 인간의 우주 진출을 위한 행보를 진행 중이며, 다른 많은 기업이 이 대열에 합류하고 있다.

자연만이 위기는 아니다. 지구촌 여기저기서 "비상(非常)!"을 외치고 있다. 교육의 위기는 어제 오늘의 일이 아니다. 경제적 위기로 가정과 국가 모두 힘들어한다. 부동산 가격이 요동치고 경제적 위기를 벗어나려는 이들의 몸부림으로 시장이 뜨겁다. 남녀노소 할 것 없이 주식 시장으로 몰려들고 있다. 어떻게든 생존해 나가고, 이를 넘어 경제적 자유에 이르려는 이들의 갈급한 행보다.

이러한 상황 속에 기독교는 예외일까? 그렇지 않다. "기독교에 위기가 없던 때가 있었는가?"라고 물을 만큼 기독교의 역사는 위기의 연속이었다. 그러나 오늘 우리에게 던져진 위기는 지난날의 위기와는 분명히 다른 차원의 것이다. 목사 개인의 일탈이나 성도 수의 감소 차원, 한두 지역교회의 문제가 아니다. 내부의 해결할 문제도 산적해 있지만 그것이 곪아 터진 이유일까? 세상이 기독교를 외면하기 시작했다. 세상을 선도하던 교회가 세상의 선도를 받아야 하는 상황이 곳곳에서 발생하고 있다. "비상(非常)!"을 외쳐야 할 때다.

비상(飛上)! 비상(飛上)!

필자는 '위기가 기회'라는 말을 좋아하지 않는다. '실패는 성공의 어머니'라는 말도 마찬가지다. 대다수의 사람들에게 그것은 사실이 아니기 때문이다. 물론 기회가 되는 위기가 있다. 위기를 기회 삼아 예전과는 비교할 수 없는 성취와 성공을 이룬 이들이 있다. 그러한 일은 누구에게나 일어날 수는 있어도, 일반적인 일은 아니다.

여기서 말하는 위기는 어린 시절의 실수를 이야기하는 것이 아니다. '절체절명(絕體絕命)'이라는 말이 어울리는 절박한 상황 앞에서의 위기다. 몸도 마음도 내 마음대로 어찌할 수 없는 위기 앞에 "위기는 기회다"라고 쉽게 말할 수 있는가? 우리의 의식은 미래의 비전과 소망을 향하되, 그것이 현실 인식을 흐리는 요인이어서는 안 된다. 그것은 믿음이 아니다.

'역사의 기록은 승자의 논리'라는 말이 있다. 일면 맞는 말이다. '위기가 기회'라는 말도 대부분 승자의 레토릭이다. 살아남은 자의 자기고백이다. 대다수의 사람들은 위기 앞에서 사라져 갔다. 실패 뒤에 따르는 현실은 고난과 역경의 순간들이지만 참아 내야만 한다. 참아 낸다고 다른 기회가 주어지는 것도 아니다. 이것이 현실이다.

'위기의 기회 됨'을 이야기하기 전에 '위기의 절망'에 대한 두려움을 가져야 한다. 우리의 첫 번째 목표는 위기를 기회로 만드는 것이 아니다. 절체절명의 위기 앞에 서지 않는 것이어야 한다. "하나님! 저를 시험에서 구하여 주옵소서!"가 우리의 먼저 구할 기도가 아니다. "하나님! 저로 하여금 시험에 빠지지 않게 하소서!"가 우리의 간구여야 한다.

그럼에도 찾아드는 위기의 순간이 있다. 나로 인하여 초래된 위기, 나와는 상관없이 시대와 상황이 준 위기가 있다. 다시 말하지만, 위기는 기회가 아니기에 이 순간은 두려워야 할 순간이요, 절망의 시간이다. 대다수의 사람들이 나락으로 떨어지는 순간이다. 그렇기에 위기 앞에 우리가 구할 것은 은혜다. 아무리 발버둥 쳐도 문제를 해결할 수 없는 절박한 상황 속에서 벗어날 길은 은혜뿐이다.

은혜는 나로 말미암는 것이 아니다. 성경의 사람들은 위기 앞에 자기를 의지하지 않았다. 하나님 앞에 부복(俯伏)하여 은혜를 구했다. 은혜가 임하면 아무 의미 없던 우리의 발버둥이 의미 있는 것이 된다. 위기를 기회 되게 하시고 비상(非常)의 순간, 비상(飛上)을 이루시는 하나님의 은혜, 하나님의 논리를 목도하게 된다. 하박국은 위기 앞에 하나님의 은혜를 마주한다. 그리고 노래한다.

"비록 무화과나무가 무성하지 못하며 포도나무에 열매가 없으며 감람

나무에 소출이 없으며 밭에 먹을 것이 없으며 우리에 양이 없으며 외양간에 소가 없을지라도 나는 여호와로 말미암아 즐거워하며 나의 구원의 하나님으로 말미암아 기뻐하리로다 주 여호와는 나의 힘이시라 나의 발을 사슴과 같게 하사 나를 나의 높은 곳으로 다니게 하시리로다"(합 3:17-19).

왜 독서에 집중하는가: 책 속 로그 데이터를 살펴라

필자가 기독교교육 안에서의 독서를 강조하는 것은 은혜를 구하는 나의 몸부림이기 때문이다. 지식에 대한 공부로 시작하지만 그 방향성은 존 칼빈의 고백과 다르지 않다. 하나님을 알고, 나를 알며, 세상을 알아 가는 과정의 노력이다. 독서는 세상 속의 크리스천으로 나를 세우신 하나님의 마음에 합한 자가 되기 위한 몸부림이다.

비상(非常)의 순간, 비상(飛上)의 은혜를 꿈꾸는 이들의 근본적인 노력이 바로 독서다. 목사에게 있어 독서는 더욱 그러하다. 하나님과 나를 알아 가는 여정인 동시에 하나님의 형상으로서의 능력을 회복해 가는 노력이기 때문이다.

책 속 정보와 지식들은 천지창조 세계의 '로그 데이터'(log data)다. 로그 데이터는 흔적의 기록이다. 사람들의 숨결이며, 자신도 모르는 사이 남겨진 발자취다. 책에는 오늘을 사는 사람들의 흔적이 녹아 있다. 역사 속 인간의 발자취와 흔적은 책 속에 기록으로 남겨져 있다. '책은 나를 보는 거울'이라는 말이 있다. 역사와 철학, 문학을 포함해 다양한 책을 보다 보면 결국 나를 마주하게 된다. 놀라운 것은 신앙인이기 때문인지, 목사로 부름 받은 자라서인지 어떤 주제의 책을 보더라도 하나님의 일하심이 보인다는 것이다. 이 땅에 세움 받은 크리스천으로서의 소명과 사명에 대해 생각하게 된다.

목사로서 필자의 독서는 세상의 주제들에 대해 나만의 정의를 내리고 개념을 잡아 가는 과정의 출발점이다. 창세기 1장을 보면, 천지를 창조하신 여호와 하나님이 흙으로 각종 들짐승과 공중의 각종 새를 지으시고 아담이 무엇이라고 부르나 보시려고 그것들을 그에게로 이끌어 가시는 모습을 보게 된다(창 2:19). 그리고 아담은 하나님이 이끌어 오신 생물을 부르기 시작한다. 그리고 그 부른 것이 그 생물의 이름이 되었음을 성경은 전해 준다.

독서는 필자에게 그와 같은 과정이다. 책은 하나님이 이끌어 내게 주신 선물이다. 세상의 무수한 주제들에 대해 '내가 어떻게 부르는가'를 보시기 위해 하나님이 던져 주신 과제라 생각한다. 김춘수 시인이 "꽃"에서 고백하지 않았던가.

"내가 그의 이름을 불러 주기 전에는

그는 다만 하나의 몸짓에 지나지 않았다."

세상에 대하여 나만의 정의로 그들을 부를 때라야 그들은 '바로 그

1부 목사의 교양독서

존재'가 되는 것이다. 나의 성숙은 정의의 질을 높여 가는 과정이라고 보아도 좋다.

목사가 세상 모든 주제에 대해 전문가일 필요는 없다. 성경의 사람이면서 그럴 수 있다면 좋겠지만, 그럴 수도 없다. 다만, 우리가 품고 살아가야 하는 성도들에 대한 관심과 사랑의 마음으로 세상을 돌아볼 필요는 있다. 그들과 일상을 항상 같이 살아갈 수는 없어도 크리스천으로 성도들이 몸담고 살아가는 세상의 흔적들, 로그 데이터를 살펴볼 수는 있다. 아는 만큼 사랑할 수 있기 때문이다. 알아도 사랑하지 못하고, 모르는 가운데 미치는 사랑의 영향도 있다. 우리가 추구할 사랑은 우연히 이루어지는 그런 사랑이 아니다. 적극적으로 상대를 알고 필요를 채워 주기 위한 노력이 동반된 사랑이어야 한다.

어떤 이들은 사도행전 6장 4절을 근거로 목사는 "오로지 기도하는 일과 말씀 사역에 힘써야 한다"며 독서를 목회와는 상관없는 것으로 치부해 버린다. 이는 목회자로서의 소명과 사명의 자리를 되돌아보게 하는 구절임은 분명하다. 우리가 생각해 보아야 하는 것은 '기도와 말씀 사역에 전무한다는 것'의 진정한 의미다.

성경 본문에서 이야기하는 기도는 골방이라는 공간에서 드려지는 기도만을 의미하지 않는다. 목사의 말씀 사역이라는 것이 오늘 우리에게 이미지화되어 버린 교회 출석을 위한 전도와 예배 시간에 전하는 설교만을 의미하지 않는다. 아는 만큼 사랑할 수 있을 뿐 아니라 아는 만큼 기도하며 간구할 수 있다. 말씀 사역도 마찬가지다. 하나님의 말씀은 성경으로 시작해 우리의 삶에서 마무리되어야 한다. 하나님을 향한 사랑은 이웃 사랑으로 열매 맺어야 한다.

목사의 독서는 기도하는 것과 말씀 전하는 사역과 동떨어진 개인적인 선택이 아니다. 하나님이 창조하신 세계로 행진해 나아가는 열심이며 사랑의 마중물이다.

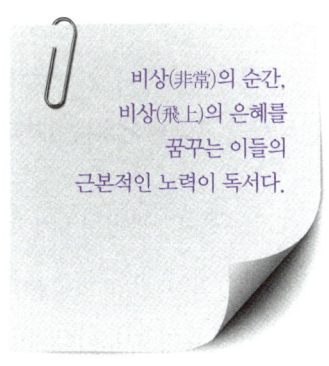

비상(非常)의 순간,
비상(飛上)의 은혜를
꿈꾸는 이들의
근본적인 노력이 독서다.

7

목사의 교양독서,
성경독서로 디자인하라

목사의 자기 계발은 일상에서 진행되어야 한다. 세상 속 크리스천으로 살아가며 자신의 변화를 이루기 위한 일상은 주어진 일상을 넘어 디자인된 일상이어야 한다. 무엇보다 지도자로 살아가는 목사의 교양을 세우기 위해 지속 가능한 3가지 배움의 환경 디자인이 필요하다.

목사의 교양을 세우는 3가지 환경 디자인

첫째, 만남이 관리되어야 한다.

먼저 자신이 속한 공동체를 확인해야 한다. 공동체는 만남의 인프라가 되어 주기 때문이다. '사람은 책을 만들고 책은 사람을 만든다'는 말이 있다. 마찬가지다. 사람이 공동체를 만들지만 공동체는 사람을 만든다. 공동체가 세워지는 과정은 지난한 과정이지만, 만들어진 공동체는 하나의 생명체로 구성원들에게 영향력을 행사한다.

평생 동반자로 살아갈 배우자와의 만남은 관리되어야 한다. 목사들에게 배우자는 삶의 동반자 그 이상의 의미를 지닌 존재다. 나와 가장 지근거리에 있는 사랑의 반려자요, 사역의 동반자요, 인생의 친구이기에 더 관계를 등한시할 수 있다. 간혹 목사들이 하나님의 일을 한다며 배우자와의 관계를 사소한 인간의 일로 여기며 사는 실수를 범하곤 한다. 그것은 어리석음이며 죄다.

사랑의 대상은 멀리 있지 않다. 친구와의 만남도 관리되어야 하고, 성도 및 제자들과의 만남도 관리되어야 한다. 그중에 무엇보다 관리되어야 하는 만남은 스승과의 만남이다. 목사가 되는 순간, 더 이상 누구의 제자이기를 포기하는 이들이 있다. '엄마에게 가장 필요한 사람은 엄마'라는 말이 있다. 목사에게도 목사가 필요하다! 목사가 되는 순간, 목사는 모든 것을 혼자 해결해 내야 한다. 물론 친구 목사도 있다. 선배 목사도 주변에 많다. 친구도, 동료도, 선배도 필요하지만 진정한 목사, 목사의 목사가 필요하다.

둘째, 학습이 관리되어야 한다.

교육과정의 학습을 넘어 평생 학습 계획이 수립되어야 한다. 목사의 학습 계획에 있어서 독서에 대한 구체적인 계획은 무엇보다 우선되어야 한다. 취미독서를 넘어 학습독서, 연구독서 차원의 계획 독서가 진행되어야 한다.

셋째, 생각이 훈련되어야 한다.

생각은 훈련의 대상이다. 사람은 누구나 생각을 하며 살아간다. 우리에게 필요한 생각은 누구나 다 하는 생각을 넘어선 훈련된 사고다. 누구나 노래할 수 있고, 축구를 할 수 있으며, 춤을 출 수 있지만 훈련된 가수, 축구선수, 댄서의 그것과는 차원이 다르다. 생각도 마찬가지다. 누구나 생각을 하지만 목사의 생각은 훈련된 생각이어야 한다. 하나님의 말씀을 증거함에 있어서도 훈련된 생각이 필요하다.

독서도 생각을 훈련하고 사고의 깊이를 더해 가는 데 필요하지만, 최고의 생각 훈련 과정은 글쓰기다. 묵상 글쓰기, 설교 원고 쓰기를 넘어 책을 쓰기 위한 구조적인 글쓰기는 우리의 생각을 더욱 날카롭고 수려하게 다듬어 간다.

목사의 교양독서, 성경독서를 디자인하라

목사의 교양독서를 이야기함에 있어 가장 먼저 짚고 넘어가야 할 문제는 성경 읽기에 관해서다. 성경을 교양을 위한 책 차원으로 바라보자는 이야기가 아니다. 아무리 세상의 지식으로 무장되었다 할지라도 목사의 목사 됨, 그 기본기는 성경을 통해 확인되어야 한다는 사실에 대한 강조다.

크리스천이라면 누구나 1년에 몇 번씩 성경 일독의 각오를 다져 보곤 한다. 동시에 그만큼의 실패를 경험하는 것도 성경 읽기다. 성도들이 성경을 일독했다고 하면 "대단하다"며 감탄사를 연발한다. 오늘날 교회교육의 문제는 1년 성경 일독이 성도들의 비전이 되도록 방치했다는 것이다. 그나마 목표를 이룬 성도들도 많지 않은 형국이다.

성경 100독 하면 훌륭한 크리스천이 된다는 말이 아니다. 성경 지식이 많은 비신자도 있는 판국에 성경 읽기의 중요성만을 강조하는 것이 아니다. 다만, 교회교육의 초기값 설정이 다시 이루어져야 한다는 생각에는 변함이 없다. 성경 일독의 비전이 아닌 성경은 당연히 읽는 문화가 자리 잡게 해야 한다.

교회 안에는 많은 성경 프로그램이 운영되고 있다. 성경암송, 그룹별 성경연구, 일대일 성경공부, 성경 하브루타 등 다양한 콘텐츠로 운영된다. 현대 교회의 주요 콘텐츠는 누가 뭐라 해도 설교다. 목사는 설교 준비에 많은 시간을 할애하고, 설교를 통해 성도들을 성경의 깊은 세계로 인도하기 위해 힘쓴다. 설교 계획을 통해 성경 전체 내용을 몇 년에 걸쳐 강해하는 목사들도 적지 않다. 무엇 하나 필요 없는 프로그램은 없다. 아쉬움이 있다면, 현재 교회교육의 현장은 기초를 다지지 않고 부실한 터전 위에 집을 짓는 형국과 비슷하다고 할 수 있다.

성경공부가 중요하다면 성경 읽기는 먼저 자리 잡아야 할 신앙 교육의 기초다. 설교가 중요하다면 그것을 위해 성경 읽기가 선행되어야 한다. 성경 읽기 없는 설교와 성경공부를 통해 우리에게 주어지는 것은 무엇인가? 말씀에 대한 몰이해, 왜곡이 발생한다. 하나님을 충분히 알아야 하는 존재임에도 하나님의 뜻에서 멀어진 채 자신들의 유전을 좇는 삶을 살게 된다. 하나님을 사랑하고 그분의 말씀에 순종하며 살기를 원하면서도 성경을 읽지 않는다.

그렇다면 사람들은 왜 성경을 읽지 않는 것일까? 왜 교회 안에 성경 교육에 대한 초기값 설정이 하향평준화된 것일까? 7가지 이유로 정리해 볼 수 있다.

성경을 읽지 않는 7가지 이유

첫째, 교회가 성경 읽기를 중요한 일로 여기지 않아 왔다.

모든 문제에 앞서는 가장 중요한 이유다. 시스템은 무엇인가를 하게 하기도 하고, 하지 못하게 하기도 한다. 중요하다면 강제하기도 하고, 다른 것을 포기하면서라도 그것을 진행한다. 교회이기에 성경이 항상 강조되어 왔고 성경 프로그램에 둘러싸여 있었지만, 성경 읽기의 초기값, 교회 문화는 자리 잡지 못했다. 교회에서 독서가 외면받아 온 이유와 크게 다르지 않다.

둘째, 모두가 읽지 않는다.

첫째 이유로 인해 발생한 결과다. 내가 읽지 않아도 티가 나지 않는다. 성경을 읽지 않는 것이 부끄럽지 않은 분위기다. 성도의 성경 읽기 지수는 하향평준화된 상태다. 성경은 우리 삶의 경전이 아닌 참고 자료가 되어 버렸다. 첨단화되어 가는 교회 시스템 속에 성경은 스크린 자막으로 우리에게 제공되는 서비스가 되어 버렸다. '그 정도야' 하는 사이, 우리의 다음 세대들은 훈련된 영적 무능력의 사람들이 되어 가고 있다. 성경 없는 교회생활이 가능한 미래 성도들의 삶, 멀리 있지 않다.

셋째, 신앙생활로 너무 바쁘다.

성경을 읽지 않을 뿐, 한국 교회 성도들의 충성도는 세계적이다. 수많은 교회 일정에 동참한다. 많은 시간을 교회에서 보내곤 한다. 프로그램에 참여하기도 하지만 여러 부서의 봉사자로 활동한다. 시간을 들여다보자면, 말씀을 읽지 않는 것이 아니라 읽지 못할 정도로 너무 바쁘다. 주객이 전도된 교회 문화가 우리에게서 성경을 조연의 자리로 몰아세우고 있다. 주연은 섬김과 봉사, 나눔과 전도다.

넷째, 잘 읽으려 한다.

성경 읽기의 문화가 자리 잡지 않은 것이 시스템의 문제, 공동체의 문제라면 이것은 개인의 태도 문제다. 성경을 읽지 않을 뿐, 성경을 읽고 연구하며 사모해야 한다는 마음은 크리스천 누구나 가지고 있다. 그래서 한번 시도할 때 대충 하지 않는다. 잘 읽으려 한다. 아이러니하게도 그러한 태도가 성경 읽기를 방해해 왔다. 처음부터 너무 잘하려 한다. 성경 읽기의 일상화가 이루어지지 않은 상태로 말이다. '잘'은 항상 '하는' 것에 뒤따라야 한다.

모든 일을 처음부터 잘할 수는 없다. 처음에는 그냥 하면 된다. 성경도 그냥 읽으면 된다. 한 번, 두 번 읽고 말 성경이 아니다. 성경 읽기, 성경 통독이 신앙생활의 유일한 수용의 통로도 아니다. 일단 먼저 읽는 것이 필요하다. 대충 읽으라는 말이 아니다. 변화의 과정을 바라보며 '스텝 바이 스텝'(step by step) 하자는 것이다. 양이 쌓이면 저절로 질을 보충해야 할 시기가 찾아온다.

다섯째, 조금씩 읽으려 한다.

성경 읽기의 1회 분량을 너무 적게 잡고 시작한다. 하루 3장씩, 주일 4장씩 읽으면 1년 1독이 가능하다는 이야기를 많이 들어 보았을 것이다. 그것을 실천에 옮겨 보기도 했을 것이다. 필자는 이 이야기를 달콤한 '사탄의 속삭임'이라 말한다. 만일 이것이 성경 통독이 아닌 통독을 전제한 성경공부나 일상의 큐티라면 전혀 문제없다. 그러나 성경 통독이라면, 이것이야말로 교회의 질적 약화를 시도하는 사탄의 유혹, 선악과와도 같은 제안이다. 보암직도 하고 먹음직도 하지 않은가. 매일 성경을 묵상한다는 것, 매우 좋아 보인다. 하지만 실상은 그렇지 못하다.

하루 30분의 시간만 내어도 1년에 3-4독은 할 수 있는 것이 성경이다. 성경은 두꺼운 책이 아니다. 신구약을 합쳐 1,754페이지 분량의 적당한 책이다. 사탄은 성도로 교회 가지 말라고 유혹하지 않는다. 교회 안에서 세속에 물들기를 원한다. 사탄은 성경 읽지 말라고 유혹하지 않는다. 자신이 성경을 사랑한다는 착각에 빠지도록 성경과 관련한 무엇인가를 하게 만든다. 그렇게 시간이 지나도 하나님의 말씀의 전체상은 마주하지 못한 채 신앙생활 하게 만든다.

사탄은 우리 신앙의 삶의 질을 약화시키는 수법으로 교회를 무너뜨려 왔음을 기억해야 한다. 사탄의 궤계에 놀아나서는 안 된다. 성경 읽기는 대단한 일은 아니지만 하나님의 큰일을 이루어 가는 데 토대를 이루는 작업이다.

여섯째, 너무 느리게 읽는다.

성경은 거룩한 책이니 천천히 음미하는 책이라 여긴다. 성경을 감상하려 한다. 멋진 배경 음악에 좋은 목소리, 멋진 목소리의 성우가 들려주는 성경을 들으며 감상에 빠지려고 한다. 그것이 잘못되었다는 것이 아니다. 그러한 시간은 별도로 가지면 된다. 그것만이 유일한 성경 읽기의 창구가 되어서는 안 된다.

또한 느리게 읽다 보면 성경 전체를 읽는 데 너무 오랜 시간이 걸린다. 사람들의 착각은 천천히 읽으면 집중이 잘되고 잘 읽힌다고 생각하는 것이다. 그렇지 않다. 우리의 뇌는 어느 정도 속도감이 있을 때 빠르게 반응하고 내용을 연결시켜 가며 논리를 완성시키는 속성이 있다. 입의 속도가 아닌 눈의 속도로 읽어 나가도 우리의 뇌는 그것에 반응한다.

성경 통독의 의미는 처음부터 끝까지, 창세기부터 요한계시록에 이르기까지 말씀하시는 하나님의 음성에 집중하는 것에 첫 번째 의미가 있다. 성경의 통일성, 일관성 있는 메시지를 목사의 설교를 통해서나 성경공부를 통해서만 전해 듣는 것이 아니라 자신이 직접 확인하는 과정이다. 구약, 신약 66권의 말씀은 하나 된 하나님의 말씀이다. 일단 하나님이 무엇이라 말씀하시는지 처음부터 끝까지 들어 봐야 하지 않겠는가?

한 번 읽고, 두 번 읽고, 평생 성경을 통독하는 것은 성도가 누릴 믿음의 자유요 기쁨이어야 한다. 그 위에 설교가 얹히고, 성경공부가 더해지고, 큐티를 통한 묵상이 이어질 때 성경 통독, 설교, 성경공부, 큐티 묵상 등 모든 활동이 질을 높이는 신앙의 활동이 되어 가는 것이다.

일곱째, 성경 읽기의 자리를 다른 것에게 내어주었다.

셋째 이유인 '신앙생활로 너무 바쁘다'와는 또 다른 차원의 이유다. 바른 성경 읽기가 진행되지 않는 대신 다른 것으로 위안을 삼는다는 말이다. 대표적인 것이 성경 암송이다. 성경 암송 자체가 잘못되었다는 것은 아니다. 성경을 암송하며 기억하는 것은 신앙에 유익하다.

중요한 것은 우선순위요, 신앙생활 일상의 문화다. 그것이 설교든, 암송이든, 성경공부든 성경 읽기를 뒤따르는 것이어야 한다. 신구약 성경 전체에 대한 관심과 지속적인 살핌 없이 부분에 집중하는 것이 신앙생활 속 문화가 되어서는 안 된다.

신앙의 배움과 실천에도 질서가 필요하다. 다른 신앙적인 활동들이 내가 온전한 말씀 앞에 서지 않는 이유가 될 수 있다면 우리의 자리를 다시 한 번 돌아보아야 한다.

성경의 세계로 행진하라

아마존에는 끓는 강이 있다. 화산지대로부터 수백 킬로미터 떨어진 곳임에도 수온이 100도를 넘어선다. 학자들은 그곳에서 생명의 기원에 대해 연구할 자료를 찾고자 노력하고 있다.

지구상에는 아직도 존재를 알 수 없는 생명체들이 가득하다. 『국가생물종목록』에는 2021년 초 현재 5만 4,428종의 생물 종수가 등록되어 있다. 매년 2,000종 이상의 미등록 종이 발견되어 종에 추가되고 있으며, 우리나라에만 등록된 종의 2배 가까이 되는 10만여 종의 생물이 사는 것으로 추정된다고 한다. 자연 속 생물들은 태초에 하나님이 천지를 창조하신 이후로부터 지금까지 자신의 자리를 지키며 살아가고 있다. 아직 인간과 조우하지 못했을 뿐, 그들은 창조의 증거를 품고 살아가고 있다.

하나님의 말씀은 마치 아마존의 끓는 물과도 같다. 태초부터 지금까지 지구촌 어딘가에 흐르고 있었으나 현대 어느 시점이 되어서야 자신의 존재를 인간에게 드러내었다. 하나님이 주신 성경 말씀을 통한 깨달음과 은혜도 마찬가지다. 지금까지 이어 온 성경 해석, 깨달음과 은혜도 크지만 성경은 마르지 않는 샘과도 같다. 우리가 알지 못하는 천지창조의 생물을 품고 있는 자연처럼, 여전히 깨닫지 못한 하나님의 뜻을 성경은 품고 있다. 매일 성경을 묵상하고 연구하며 은혜를 구해야 할 이유이기도 하다.

성경을 대하는 크리스천들은 '나는 알고 있다' 자만하지 말아야 하고 '이 정도면 충분하다' 방심해서는 안 된다. 풀리지 않는 의문을 가진 말씀 세계를 탐구하며 던진 질문이 조금씩 풀려 갈수록 우리는 하나님의 마음 중심에 조금씩 다가설 수 있다.

"책을 읽는 모든 사람이 지도자는 아니다. 그러나 모든 지도자는 책을 읽는 사람이었다"라는 말이 있다. 두 문장에 등장하는 '책을 읽는 사람'은 같은 차원의 독서가가 아니다. 첫 문장의 책을 읽는 사람에게 독서는 취미에 지나지 않는다. 그에게 책은 자신의 가치를 드러내 보여 주지 않는다. 뒤 문장에 등장하는 책을 읽는 사람에게 독서는 즐거움이었다. 책을 학습의 대상이며 자신의 꿈을 이루어 가기 위한 수단이요 사다리로 여겼다. 감정에 따라, 여유 시간에 진행되는 취미 차원의 독서가 아니었다. 고민하고 갈등하며 감당해야 했던 삶의 과제였다. 연구 과정이 쉽지는 않았지만 꿈을 이루어 가는 길에 넘어야 할 산이었기에 감당해 낸 책 읽기였다.

성경도 마찬가지다. "성경 읽는 모든 사람이 크리스천은 아니다. 그러나 진정한 모든 크리스천은 성경을 읽고 사랑하는 성경의 사람이었다"라고 말하고 싶다.

성경 읽기는 취사선택의 문제일 수 없다. 자투리 시간을 내어 읽어야 하는, 우선순위에서 밀린 일상이어서는 안 된다. "너무 바쁘다"고 핑계하지 말라. 하나님의 말씀이 자기 삶에 '그렇고 그런 것'임을, 수많은 선택지 가운데 하나임을 확인하는 순간이 될 뿐이다.

목사의 교양독서는 성경으로 시작하고, 성경으로 마무리되어야 한다. 정보력이 중요하고, 사고력이 중요하며, 인문학독서가 크리스천에게 필요하다 한들 성경에 앞설 수 없고, 그래서도 안 되며, 성경 말씀의 토대 위에 진행되는 것이어야 한다.

목사의 교양독서, 성경독서로 디자인하자. 천지창조의 비밀, 하나님의 마음을 품은 천지창조 세계, 성경의 세계로 행진하자.

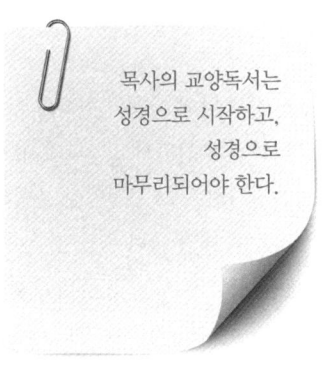

성경 사랑 詩

장대은

하나님은 우리를 사랑하십니다(요일 4:16)

주 안에서 하나 된 우리는
하나님께 속하였으니 서로 사랑함이 마땅합니다

사랑 안에 거하는 우리는 하나님께로 나서
하나님을 아는 그의 백성입니다(요일 4:7-8)

하나님을 아는 자들은 성경을 사랑하며
그분의 말씀에 귀를 기울입니다(시 49:1)
하나님은 성경을 통해 말씀하십니다(롬 4:3)

나에게는 성경이 있습니다(슥 8:18)
성경은 하나님의 감동으로 된 것으로 진리를 가르치고
잘못을 책망하며, 허물을 고쳐 주고
올바르게 사는 훈련에 유익합니다(딤후 3:16)

성경은 나의 마음의 변화를 이루어
하나님의 선하시고 기뻐하시고
온전하신 뜻이 무엇인지 분별하도록 합니다(롬 12:2)
성경은 내가 어디서 와서, 무엇을 하다가
어디로 가는지 알려 줍니다(롬 11:36)
성경은 나를 성숙한 자로 세우며(행 20:32)
믿음 안에서 구원에 이르는 지혜로 나를 인도합니다(딤후 3:15)

성경 말씀을 읽는 나는 복이 있습니다
듣는 나에게 복이 있습니다
기록된 말씀을 지키는 자는 복 있는 자입니다(계 1:3)

하나님!
오늘도 말씀 앞으로 나아가오니(스 10:1)
깨닫는 마음과 보는 눈과 듣는 귀를 허락하여 주십시오
(신 29:4; 사 6:9-10; 렘 5:21)

하나님은 말씀하시며
나는 배우고 확신한 일에 거할 것이오니(딤후 3:14)

주의 말씀은 내 발에 등이요
내 길에 빛이니이다(시 119:105)

주께서 나의 행보를 성경 말씀 위에 굳게 세우시고
그 어떤 죄악도 나를 주장치 못하게 하오리니(시 119:133)

내게 능력 주시는 자 안에서
나는 모든 것을 할 수 있습니다(빌 4:13)

세상 끝 날까지 나와 항상 함께하시는(마 28:20)
예수님의 이름으로 기도합니다(골 3:17)
아멘(고후 1:20; 시 106:48).

교양독서 워크숍

개념

교양독서는 제너럴 리딩(General Reading)이다.

교양독서는 제너럴 리딩이다. 취미독서를 포함한 생활독서요, 일상의 독서다. 목사의 교양독서는 개인 독서로 시작하여 교회의 독서 문화로 정착되어야 한다. 교회교육에서 독서는 해야 되냐, 아니냐의 문제로 고민할 대상이 아니다. 독서는 교회교육의 기본기가 되어야 한다.

많은 독서법이 존재한다. 독서 방법은 독서의 실행, 정착 뒤에 따르는 것이어야 한다. 독서가 생활화되지 않은 이들에게는 방법이 필요 없다. 독서를 해야만 하는 강한 동기, 그것으로 인해 자리 잡아 가는 태도야말로 최고의 독서 방법이요 기술이다.

독서하는 이들에게 방법과 기술의 세계는 열린 문이다. 손만 뻗으면 닿고 한 걸음만 내디뎌도 도달할 수 있는 공개된 비밀이다. 목사의 교양독서는 자신을 변화시키고, 이웃을 사랑하며, 하나님의 나라를 이루어 가는 하나님 사랑의 마중물이다.

방법

기존에 소개된 독서법 중 교양독서 차원의 방법들은 다음과 같다.

첫째, 다독(多讀)이다.

다독에 대해서는 여러 의견이 엇갈린다. 다독의 긍정을 강조하는 이들도 있지만 반대 의견도 있다. 우리가 주목해야 하는 것은 의견 차이 이전의 전제다. 전제에 따라 의견의 옳고 그름이 정해지기에 그렇다. 교양독서에서 다독을 강조하는 것은 독서의 출발지점이기에 그렇다. 교양독서는 어떤 독서 단계보다 독서의 즐거움이 우선된다.

많은 사람이 독서를 잘하고 싶어 한다. 의욕적으로 여러 방법을 시도한다. 때로는 부담될 정도의 목표를 설정한다. 그것이 지속된다면 다행이나, 그것을 계기로 독서에서 멀어지는 이들이 적지 않다. 일단 독서를 시작하라. 질보다는 양으로 승부하라. 출발은 양의 독서로, 방향은 질의 독서다. 질의 독서가 진행될 때에도 양의 독서를 포기해서는 안 된다. 다만 체계 없이 다양한 책을 닥치는 대로 읽는 남독과 난독은 피하라. 십진분류독서로 주제의 균형을 잡아 가는 다독이 진행되어야 한다.

질의 독서를 통해 세워져 가는 목사의 프로페셔널 역량은 양의 독서를 통해 제공되는 제너널리스트의 교양지식으로 인해 더욱 풍성해지고 창의적인 결과로 이어진다.

둘째, 재독(再讀)이다.

많은 책을 읽어 나가는 것도 좋지만 좋은 책을 다시 읽는 것은 유익하다. 책을 읽는 이유가 정보의 획득만이 아니기 때문이다. 사고력을 세워 가는 독서는 재독을 통해 더욱 강화된다. 성경 읽기는 그것을 확인할 수 있는 좋은 예다.

1년 전 로마서를 읽을 때와 1년 후 로마서를 읽을 때, 본문은 같지만 결코 같은 성경일 수 없다. 1년 동안 내가 변화되었기 때문이다. 가치 있는 본문을 변화한 자신에게 다시 읽을 기회를 주는 것은 지혜로운 선택이다. 다시 읽는 재독은 회상하며 읽은 내용을 돌아보는 회독과 병행하여 진행하면 더욱 효과적이다.

셋째, 초서(抄書)독서다.

'발췌독'이라 부르기도 한다. 중요한 내용을 발췌하여 정리해 두는 독서다. 다산 정약용이 활용한 독서로 유명하다. 그가 500여 권의 책을 저술했다고 하는데, 초서독서로 진행했기에 가능했다. 그는 다작가(多作家) 이전에 다독가(多讀家)였다. 자신의 관심사, 필요에 따라 많은 책을 읽고 책의 정보를 초서해 두었다. 이후에 초서 내용을 책 전반부에 배치하고, 후반부에 자신의 생각, 주석을 다는 형태로 책을 집필해 갔다.

초서한 내용은 메모로 끝나서는 안 된다. 자신의 생각과 견해의 마중물로 삼을 때 초서독서라 할 수 있다. 교양독서로서의 초서독서는 자신의 의견을 세워 감에 있어 주장의 질을 높여 가는 근거를 세우는 과정이다.

넷째, 유독이다.
유튜브로 하는 미디어 읽기다. 유독은 변화하는 시대에 발맞추어 활용 가능한 최상의 교양독서다. 수많은 전문가가 유튜브에 뛰어들고 있다. 예전이라면 한 번이라도 만날 수 없던 학자, 분야별 전문가, 작가들이 가득하다. 미디어의 폐해에 대한 의견에 동의한다. 그렇다고 담을 쌓고 피하는 것만이 능사는 아니다. 아이들의 미디어 읽기라면 또 다른 차원에서 생각해 보아야 하겠지만 목사의 유독은 다른 차원에서 접근해야 한다.
미디어 읽기의 활용은 정보력을 강화시키는 교양독서에 유익하다. 목회를 돕는 좋은 제너럴 리딩의 선택지다. 책으로 하는 교양독서의 보조 수단을 넘어 활용 방법에 따라 최고의 학습 자료, 교육 자료의 플랫폼이 되어 줄 것이다.

적용

목사의 교양독서는 정보력을 높이는 독서를 추구한다. 수용되는 지식의 질을 높여 가는 과정이다. 설교를 함에 있어서도 정보에 질서가 부여될 때 설교의 구조는 더욱 탄탄해진다.
설교의 기본 논리를 세워 가는 교양독서, 정보력을 높이는 독서 워크숍으로 '키워드 독서 워크숍'을 소개한다. 읽은 책을 정리할 때나 설교, 강의를 준비할 때뿐 아니라 책을 저술할 때 적용 가능한 생각 정리 기술 중 하나다. 키워드 독서 워크숍은 독서 중, 또는 독서 이후 활용하는 도구다. 정보의 누수를 막고 기존 지식에 새로운 지식을 연결해 가며 자신의 의견을 강화하는 매우 효과적인 기술이다. 독서 중, 독서 후 정리 워크시트로도 활용 가능하나 목사들의 설교, 강의안을 준비하는 차원으로 설명해 본다.

● **독서 워크숍 Level 1**

1단계 독서 워크숍은 읽은 책을 정리할 때, 또는 설교를 정리할 때 가장 핵심이 되는 키워드, 주제 키워드를 하나 찾는 것으로 시작한다. 예를 들어, "목사의 공부"에 대한 설교나 강의를 한다고 전제해 보자. 먼저, 전할 메시지의 핵심 키워드를 하나 찾는다. 생각난 키워드를 빈칸에 적고 그 키워드를 중심으로 전할 메시지의 요점을 기록한다.

정보력을 세우는 키워드 독서 워크숍 Level 1
목사의 공부

| 1 | 목사의 독서 | 목사는 말씀의 사람으로 부름 받았다. 말씀의 사람으로서 많은 준비가 필요하지만 그중에서도 목사의 공부는 그 |

무엇보다 중요하다. 말씀을 가르쳐 지켜 행하게 하는 일이 중요하다면 먼저 목사의 배움이 있어야 한다. 그 배움은 지속 가능한 것이어야 하며 과정의 진보를 이루는 체계를 지녀야 한다. 목사의 배움, 공부를 이야기함에 있어 어떻게 독서해야 하는가, 목사의 독서는 무엇이 달라야 하는가에 대한 개념 정리는 매우 중요하다.

● 독서 워크숍 Level 2

　2단계 독서 워크숍은 핵심 키워드를 중심으로 생각을 펼쳐 가는 단계다. 생각의 확장의 첫 단계는 연관 키워드를 찾아 세우는 것이다. 많은 사람이 생각이 나지 않는다고 말한다. 그때 해야 할 생각은 키워드를 찾는 것이다. 키워드를 찾으면 그것을 마중물로 생각이 나게 된다. 키워드는 수많은 정보를 담고 있는 배너와 같다. 그것을 클릭하는 순간, 새로운 세계로 접속하게 된다. 그 분야의 문외한이라면 상관없는 일이겠지만 그 분야에 대한 정보와 지식이 평균 이상인 사람에게 필요한 생각 훈련이다. 어떤 키워드를 핵심 키워드로 찾고 연관 키워드로 찾느냐에 따라 생각의 방향이 달라지면 강의, 책의 내용이 달라지게 된다. 목회자들이 같은 본문을 가지고 하는 설교가 왜 각기 다른 내용으로 생산되는가? 마중물로 삼는 키워드가 다르기 때문이다.

　2단계는 핵심 키워드 하나에 연관 키워드 4개를 생각하는 것으로 시작된다. 고전 설교 방식인 3대지 설교와는 차이가 있다. 3대지가 주장의 결과라면 2단계 워크시트는 구조적 확장을 전제한 사고의 과정이다. 먼저, 핵심 키워드를 이루고 있는 4가지 구성 요소를 찾는다. 강조하고 싶은 것 3-4가지가 아니다. 핵심을 설명하려고 할 때 빼놓을 수 없는 구성 요소 4가지여야 한다. 핵심 키워드를 포함해 5개의 키워드로 자신이 쓰고자 하는 강의안, 설교안의 요약문을 적는 것이 독서 워크숍 2단계다.

정보력을 세우는 키워드 독서 워크숍 Level 2
목사의 공부

핵심 키워드(Main keyword)	시냅스-연관 키워드(Synapse keyword)			
목사의 독서	①	교양독서	②	학습독서
	③	연구독서	④	기획독서(교회교육)

목사의 독서는 개인적인 독서로 시작되지만 공공의 독서로 다루어지게 된다. 무엇보다 교회교육 안에서 독서를 어떻게 진행해 가야 하는가에 대한 목사만의 정리된 독서법이 있어야 한다. 독서 동기, 방법, 기술 등 독서법을 이야기하는 많은 분류 체계가 있겠지만, 목사의 독서는 좀 더 단순하면서도 본질적인 측면을 다루는 독서 개념을 바탕으로 진행되어야 한다. 그런 차원에서 크게 4가지 영역으로 독서를 나눠 볼 수 있다. 교양독서, 학습독서, 연구독서, 기획독서 등 네 영역으로 나눠 생각해 보자.

교양은 독서의 시작이다. 학습은 누군가 연구한 결과물을 수용하는 독서로, 취미의 차원을 넘어선 강화된 독서 단계다. 연구독서는 한 분야를 깊이 파고드는 독서다. 해당 분야의 기존 연구 자료들은 학습독서를 통해 진행하게 되는데, 연구독서는 한 걸음 더 나아간다. 기존 연구에서 결여되고 누락된 것을 찾아 자신만의 의견을 세워가는 독서 과정이다. 기획독서는 나를 넘어 타인의 독서를 돕고 기관, 공동체의 시스템, 교육과정을 디자인하기 위한 프로젝트 연구독서 과정이다.

● 독서 워크숍 Level 3

3단계 독서 워크숍은 2단계와 같은 방식으로 진행하면 된다. 단, 2단계의 연관 키워드 4가지에 각각 요목 연관 키워드 3개를 정하고, 정한 3개의 키워드에 대한 각각 4개의 세목 키워드를 찾아 기록하면 된다.

정보력을 세우는 키워드 독서 워크숍 Level 3
목사의 공부

핵심 키워드(Main keyword)	시냅스-연관 키워드(Synapse keyword)		
	요목(要目) 키워드	세목(細目) 키워드	
목사의 교양독서	① 사랑	㉠ 목사의 교양	㉡ 하나님 & 이웃 사랑
		㉢ 시대 변화	㉣ 세상 속 크리스천
	② 인문학	㉠ 질그릇	㉡ 자기 계발
		㉢ 책과 독서	㉣ 지혜와 지식
	③ 성경	㉠ 비전이 된 성경 읽기	㉡ 진리와 독서
		㉢ 사고력	㉣ 성경독서

주제 : 목사의 교양은 하나님을 사랑하고 이웃을 사랑하는 초기값이다.

목사의 배움을 이야기함에 있어 첫 출발은 **교양 세움**에 있다. 교양의 한자어는 '가르칠 교'(教)에 '기를 양'(養)이다. '가르쳐 기름'을 의미한다. 무엇을 가르치는가? 예절을 가르치고 지식을 가르친다. 고차원적인 어떤 것이 아니다. 시대의 상식에 관한 것이다. 상식이라고 하여 얄팍한 지식을 말하지 않는다. 몸에 밴 배움이다. 누구를 만나도 흔들리지 않는 품위와 예의다. 전문가 수준의 지식은 아니어도 세상사 여러 가지 주제에 대하여 기본적인 앎을 유지함이 교양이다.

workshop

목사의 교양은 자신을 뽐내기 위함이 아니다. **하나님의 사람으로 이웃을 사랑하기 위한 준비다.** 세상 속 크리스천으로 살며 **변화하는 세상 속에서** 하나님의 말씀을 전하기에 부족함이 없는 기본기를 다져야 한다. 진리를 추구하는 사람들은 인문학을 세상 지식이라며 무시하곤 한다. 그것은 크리스천의 태도가 아니다. **질그릇** 같은 세상 지식 속에서 하나님의 사랑과 지혜를 만나게 된다. 하나님은 특별은총으로서의 성경 말씀만이 아닌 일반은총의 세계 속 지식을 통해서도 우리를 준비시키신다. **책을 읽음**으로 **지식**만 쌓여 가는 것이 아니라 **지혜도 자라난다.**

목사의 교양독서는 무엇보다 성경으로부터 시작되어야 한다. 목사에 대한 이야기만이 아니다. 현대의 크리스천들에게는 성경은 '덮어 놓은' 믿음이다. 성경을 읽지 않아도 설교를 통해 신앙생활이 가능하다. **성경 읽기**에 대한 관심도 생활 속 성경독서가 아닌 1년 **성경 일독의 비전**이 되어 버렸다. **일반 독서**는 물론이요 성경을 읽지 않는 이들의 **사고력**은 하나님의 마음을 시원케 해드리는 생각으로 열매 맺지 못한다. 자기 소견에 옳은 대로, **진리**가 아닌 자신의 뜻을 좇으며 살게 된다. 자신만 모를 뿐이다. **성경 읽기**가 신앙교육의 전부일 수 없다. 시작이다. 목사의 교양독서, 자신과 성도들의 삶을 세워 가는 성경독서로 시작하라. 세상을 사랑하기 위한 인문학독서로 나아가라.

2부

목사의 학습독서

Organize:
Vast and Multifarious

프로페셔널 리딩 : 사고력

목사는 차원이 다른 학습독서를 통해 생각을 훈련해야 한다. 목사는 영적인 민감성과 함께 남다른 사고력, 지성의 사람이어야 한다. 보이지 않는 하나님의 마음을 보는 눈, 하나님이 허락하신 지성이 그 마중물 힘이다. 주어진 문제 앞에서 하나님의 뜻을 발견하고 해결책을 제시할 수 있는 것도 지성을 기초로 한 영성이다.

1

목사의 자리:
목사를 넘어 (Beyond the pastor)

　인공지능 시대! 먼 미래의 이야기가 아니다. 오늘이 바로 그 시간이며 우리는 그 중심에서 살고 있다. 인간의 고유 영역이라 여겨졌던 분야에서 인공지능이 인간의 일을 대체하기 시작했다. 변화의 물결은 거세고, 속도는 매우 빠르다. 시대의 변화 앞에 많은 이가 대안을 제시하고 있지만 '이것이 답이다' 자신하지 못한다. 교회의 상황도 다르지 않다.

　유튜브의 약진은 변화하는 시대의 단면을 잘 보여 준다. 사이버 세계는 더 이상 철없는 젊은이들의 놀이터가 아니다. 50-60대 이상의 장년 이용자들의 사용 시간이 폭발적으로 증가하는 추세다. 스마트폰의 광범위한 보급만이 이유는 아니다. 유튜브 운영자들의 수준이 예전 같지 않다. 분야별로 최고의 전문가들과 기관이 유튜브로 속속 모여들고 있다.

관계의 깊이도 무시할 수준이 아니다. 기술의 진보를 등에 업고 교회와는 또 다른 소속감을 만들며 소통을 이어 가고 있다. 지역교회에서 경험한 적 없는 만족감을 사이버 공동체에서 경험하고 있다는 이들도 적지 않다. 교회가 주었던 만족을 교회 밖에서 누리고 찾는 이들이 늘고 있다. 일부의 일이 아니다. 모든 교회 앞에 던져진 과제요, 풀어야 할 문제다. 엎친 데 덮친 격으로 코로나19 사태는 이러한 변화의 불길에 기름을 붓는 계기가 되었다.

성도들은 의도하지 않은 상황 속에 언택트 신앙생활을 해야 했다. 오랜 기간 지속되었고, 얼마나 더 지속될지 알 수 없다. 어쩔 수 없는 상황 가운데 주어진 새로운 경험은 새로운 생각으로 이어졌다. '이것도 예배인가?'로 시작해 '지금까지와는 다른 신앙생활의 형태도 가능하겠구나!' 생각하기 시작했다.

변화 자체가 문제는 아니다. 변화 자체의 부작용도 없지는 않지만 준비 없이 맞이한 결과라는 측면에서 문제를 바라볼 필요가 있다. 포스트 코로나 시대의 신앙생활에 대한 구체적인 대안이 필요할 때다. 이전과 다른 이후가 우리 앞에 펼쳐질 것임은 자명한 사실이기 때문이다.

'아는 만큼 사랑한다'는 말이 있다. 단, 바른 '앎'을 전제한다. 이때 '아는 것이 힘'이라 말한다. 일의 성취와 관계를 그르치는 앎도 있다.

부분 지식과 오류 지식이다. 이때 우리는 '모르는 게 약'이라 말한다. 부분을 전체로 알 때 일을 그르치게 된다. 기획이 실패하고 일이 계획대로 진행되지 않는 중요 원인 가운데 하나가 바로 이 때문이다.

교회를 세우고 복음을 증거하는 일은 중요한 일이다. 이 하나의 목표를 위해 모든 교회, 목회자는 힘을 모아야 한다. 그 중요한 일을 위해 먼저 해야 할 것이 있다. 지체로서의 교회, 목회자들이 바로 서는 일이다. 각자의 자리에서 바른 소리를 내야 한다. 부분 지식과 오류 지식이 아닌 예수 그리스도를 몸으로 한 지체로서의 바른 소리를 내야 한다. 부분 지식으로서의 주장이 아닌 전체상에 입각한 분야별 문제 해결 솔루션이 제시되어야 한다.

뷰카의 시대: 목사를 넘어(Beyond the pastor)

오늘의 시대 이슈 키워드는 '변화'다. 변화 없던 시절은 없었으나 오늘의 변화는 지금까지와는 차원이 다르다. 변화의 속도가 너무 빠르다. 기하급수(幾何級數)적 변화가 한 세대 안에서, 우리 눈앞에서 일어나고 있다. 예측할 수 있는 것은, 한 치 앞도 내다볼 수 없는 시대를 살게 될 것이라는 사실이다. 사람들은 이러한 오늘을 '뷰카(VUCA)의 시대'라 말한다. '뷰카'는 '변동성'(Volatility), '불확실성'(Uncertainty), '복잡성'(Complexity), '모호성'(Ambiguity)의 앞 글자를 딴 말이다.

뷰카의 바람은 분야를 막론한다. 정치, 사회, 문화계에 일고 있는 변화는 전에 없던 변화다. 코로나19로 촉발된 비대면 사회 속에서 그 변화는 가속페달을 밟고 진행 중이다.

기독교 내부에도 전에 없던 변화가 일고 있다. 가장 큰 변화는 평신도 지도자들의 등장이다. 신학 비전공자로서 온오프라인에서 영향을 나타내는 크리스천이 늘어나고 있다. 이전에도 교회 안팎의 평신도 지도자들은 있어 왔다. 그러나 그들의 역할은 분명했다. 목사들의 사역을 돕는 서포터의 분위기가 강했다. 옳고 그름을 떠나 지금까지의 현실은 그러했다.

현재 벌어지고 있는 평신도 지도자들의 움직임과 영향력은 예전과 사뭇 다르다. 그 영향력이 개교회 안에 머물지 않는다. 전국을 넘어, 전 세계 한국인들을 아우르는 영향력으로 확대되어 가는 추세다. 이러한 현상의 중심에는 유튜브가 있다.

초창기의 유튜브는 사적인 영상 공유의 장(場)에 지나지 않았다. 스마트폰의 보급과 확산을 통해 개인들의 SNS 참여는 더욱 늘어나고 있다. 특정 집단의 전유물이 아닌 모든 세대의 소통 플랫폼으로 자리 잡은 상태다. 시간이 지나며 커뮤니티의 성격은 더욱 강화되어 갔다. 분야별 전문 스피커들도 너 나 할 것 없이 속속 등장하기 시작했다. 무엇보다 자기만의 채널을 만들고 자기의 소리를 내는 이들이 급속도로 늘어나기 시작했다. 그 흐름 속에 평신도 크리스천들도 동참하게 되었고, 이제는 보편성까지 띠며 많은 이가 이 대열에 합류 중이다.

지금까지 기독교 신앙 안에서의 스피커는 목사가 거의 유일한 존재였다. 대부분 일방적인 선포였다. 설교는 선포되어도 질문과 토론의 기회는 주어지지 않았다. 의문을 질문으로 표현하며 궁금증을 풀어가는 문화라기보다 궁금함을 참고 스스로 해결해 가는 것이 지금까지의 일반적인 교회 분위기였다.

시대는 변했고 성도들도 신앙과 신학에 대한 자신의 견해를 말하기 시작했다. 목사와 신학자들의 가르침에 대해 논리적인 반론을 거리낌 없이 펼치곤 한다. 대다수 크리스천들에게 익숙하지는 않아도 전에 없던 상황이 전개되고 있다. 일방적인 가르침과 믿음이 강조되던 기독교 문화 속에 의문과 질문이 던져지기 시작했다. 반론을 펼치며 다양한 목소리를 낼 수 있는 시대를 오늘 우리는 마주하고 있다.

특이점의 시대의 핵심 키워드는 'Beyond the human'이다. 인간을 뛰어넘는 기술이 출현하고 영역을 확장해 가고 있다. 뷰카로 대변되는 변동성과 불확실성, 복잡성과 모호성은 특이점의 시대에 더욱 강하게 나타날 것이다. 내일은 이전과는 또 다른 모습의 시대로 자리매김해 갈 것이다.

교회도 비껴가지 않은 이러한 변화의 흐름을 필자는 긍정적인 시각으로 바라보고 있다. 다만, 교회 안에 불고 있는 'Beyond the pastor', 목사를 뛰어넘는 변화의 움직임에 대한 자신들만의 의견을 세워야 한다. 교회 지도자로서의 목사는 주어진 상황을 가볍게 여기지 말고 지혜롭게 대처해 가야 한다. 무엇보다 목사에 대한 불신, 전문성의 약화도 변화의 바람을 일으킨 중요 요인 중 하나임을 깨달을 필요가 있다.

목사로서 감당해야 하는 직무와 역할을 넘어 주님이 맡기신 사명에 대해 좀 더 진지하게 생각해 보아야 할 때인 것만은 분명하다. 존 맥스웰(John Maxwell) 목사는 자신의 저서 『승리자는 포기하지 않는다』에서 강조한다.

"잘못된 시간에 내린 잘못된 결정은 재난을 초래한다. 올바른 시간에 내린 잘못된 결정은 실수이고 올바른 결정을 잘못된 시간에 추진하면 용납될 수 없다. 올바른 시간의 올바른 결정만이 성공을 이끌어 낸다."

이미 늦었는지도 모른다. 이때 할 수 있는 최선의 말은 '늦었다고 생각할 때가 가장 **빠른** 때'라는 말이다. 지금이 최선의 시기는 아닐 수 있다. 늦었지만 지금부터라도 위기에 대응하며 변화에 반응해 가야 한다. 진리가 불변한 것이지 목사가 불변의 존재는 아니다. 그래서도 안 된다. 변화해야 할 때 변화하지 못함, 그 자체가 약함이며 우리의 죄다.

신(新)영적 전쟁의 시대다. 이 전쟁에서 승리한 주의 일꾼이 되어야 한다. 승자와 패자의 차이는 다른 데 있지 않다. 승자는 같은 결과(승리)를 얻기 위해서 다른 방법을 사용하고, 패자는 같은 방법을 사용하면서 다른 결과(승리)를 기대한다. 하나님의 사명을 부여받은 목사로서 신영적 전쟁에서 승리하기 위해 진리를 붙들고 이루어 가는 자신의 변화를 위해 기도하고 나아가야 한다. "궁즉변(窮卽變) 변즉통(變卽通) 통즉구(通卽久)"라고 했다. "궁하면 변해야 하고 변화할 때 통한다. 그리고 통하면 오래간다"라는 이 말은 진리는 아니어도 삶의 원리에 속한다.

  변화가 희망을 보장해 주지는 않는다. 변화의 방향이 바뀌면 그 자체로 공포다. 흥왕하던 공동체가 하루아침에 망하는 일은 과거 특정 집단의 일이 아니다. 순간이다. 변화의 방향이 우리가 바라던 곳이 아닌 반대 방향으로 향할 때 우리의 어떤 노력도 그것을 되돌릴 수 없는 경우가 대부분이다. 그러한 위기 속에 하나님의 은혜를 기다린다. 위기 속의 은혜는 전복의 은혜가 아니다. 실패가 방향을 바꿔 성공을 향하는 것만이 아니다. 슬픔이 기쁨 되고 절망이 희망 되는 것만이 위기 속 은혜라고 한다면, 그것은 절반의 은혜에 대한 이해다. 진정한 기독교 신앙, 성경적 은혜는 '그리 아니하실지라도'의 은혜다. '지라도'의 은혜라고나 할까!

그리스도의 몸 된 지체를 세워 가라

  기업에는 프로덕트 매니저(Product manager)가 있다. 말 그대로 제품 매니저다. 조직에서 개발하려는 제품에 관한 연구, 추진, 관리를 총괄하는 전문가다. 매니저는 모든 것을 책임지는 자리가 아니다. 제품의 디자인은 디자인 전문가에게 맡긴다. 제품의 홍보는 마케팅 전문가에게 맡긴다.

  매니저의 역할은 모든 분야 전문가를 조율해 가며 원하는 목표를 지향할 수 있도록 팀을 하나 되게 하는 것이다. 목표를 잃지 않고 분야의 노력이 서로 연관성을 유지하게 하는 일을 최우선 과제로 삼는다. 매니저가 리더라 해서 모든 것에 대해 의결권을 행사하려고 한다면 최고의 제품 생산은 물 건너가게 된다.

그래서인지 회사 내 직급이 사라지고 있다. 회사의 일반적인 직급은 크게 13단계를 이룬다. 사원, 대리, 과장, 차장, 부장, 이사 대우, 이사, 상무, 전무, 부사장, 사장, 부회장, 회장. 이토록 많은 단계의 직급을 거쳐 일이 진행되어 왔다. 변화된 시대에 걸맞지 않는 옷이라 여겼는지 직급이 아닌 직책 중심으로 업무가 바뀌어 가고 있다. 지위(rank)가 아닌 역할(role)을 강조하기 시작했다.

역할 조직은 위계 조직과는 다르다. 역할을 맡은 사람에게 의결권이 주어진다. 역할을 맡은 해당 분야 전문가가 스스로 질문을 던져야 하고, 생각해야 하며, 의결해야 한다. 시키는 것만 하는 존재로 살아갈 수 없는 자리다. 자신의 일을 스스로 기획하고 실행하며 책임져야 한다. 자신의 전문성을 높이는 것만이 살길이며 공동체 네트워크 안에서 최선을 추구하는 존재가 되어야 한다.

직급에서 직책 중심으로, 지위에서 직책 중심으로 바뀌어 가는 세상 기업의 변화 속에서 교회를 돌아본다. 예수 그리스도를 머리로 한 지체이지만 언제부터인지 교회 안의 직분이 직급과도 같은 자리가 되었다. 교회의 의결 구조도 직책 중심이 아닌 직위 중심으로 짜여져 있다.

시대의 변화 속에 교회의 문제가 감지되었다면 문제점을 찾고 조치를 취해야 한다. 리모델링(remodeling)이 아닌 리엔지니어링(reengineering) 수준의 구조조정이 필요할 수도 있다. 교회가 개혁을 부르짖을 때마다 몇 가지 내용에 손을 대기는 하지만 구조를 손보는 일에는 항상 실패를 경험했다. 본질적인 문제라면 사소한 것 몇 가지를 다루기보다 구조에 손을 대는 결단이 필요하다.

복음, 변하지 않는 진리는 기독교의 힘이요 능력이다. 변화하는 세상 속에서 변하지 않는 진리를 어떻게 선포하고 우리의 삶에 담아낼 것인가는 우리에게 던져진 과제다. 준비해야 한다. 변하지 않는 진리가 변화할 수밖에 없는 우리의 준비되지 못함으로 제한받을 수 있음에 두렵고 떨리는 마음으로 다가서야 한다. 교회의 본질을 확인하고, 예수 그리스도를 머리로 한 지체가 하나 된 교회, 교회를 교회 되게 하는 하나님의 일하심에 순종하는 크리스천이 되어야 한다.

인공지능 시대를 맞이하며 일기 시작한 변화, 코로나19로 인해 앞당겨진 미래는 교회의 변화, 목사의 결단을 요구하고 있다.

〈이런 교회 되게 하소서〉

진정한 예배가 숨 쉬는 교회 주님이 주인 되시는 교회
믿음의 기도가 쌓이는 교회 최고의 찬양을 드리는 교회
말씀이 살아 움직이는 교회 성도의 사랑이 넘치는 교회
섬김과 헌신이 기쁨이 되어 열매 맺는 아름다운 교회

주님의 마음 닮아서 이웃을 사랑하는 교회

주님의 영광을 위해서 빛 되신 주님 전하는 교회

사랑의 불꽃이 활짝 피어나 날마다 사랑에 빠지는 교회

주께서 사랑하는 우리 교회가 이런 교회 되게 하소서.

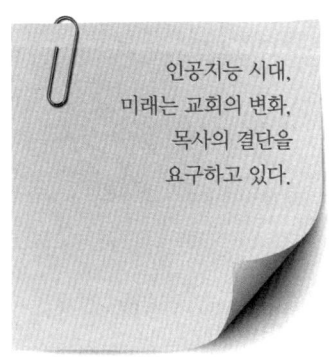

인공지능 시대,
미래는 교회의 변화,
목사의 결단을
요구하고 있다.

2

목사는 '최고의 학습자'여야 한다

셔틀콕이냐! 플레이어냐!

주도적인 삶이란 무엇인가? 의결하고 실행하며 책임지는 삶이다. 자신의 마음 중심에 있는 가치와 생각에 의지하여 선택하며 일상을 살아간다. 성공하기도 하지만 때로는 실수한다. 성공도, 실패도 모두 우리 선택의 결과다. 주도적인 사람은 그러한 결과 앞에서 일희일비하지 않는다. 주어진 결과를 삶의 일부로 받아들인다. 때로는 고통스러운 결과로 주저앉기도 한다. 그러나 그렇게 끝나지는 않는다. 다시 자리를 털고 일어나 실수를 인정하고 할 수 있는 최선, 책임을 다하려는 자세로 살아간다.

믿음의 삶이란 무엇인가? 모든 크리스천이 인생 여정 속에 자주 던지게 되는 질문이다. "이것이 믿음의 삶이다" 한마디로 말하기는 힘들다. 정답은 없지만 성경적인 정의를 내리고 그것을 보완해 가며 살아가려는 자세가 필요하다.

주위 크리스천들의 삶을 들여다보면 주도적인 선택을 하나님의 일하심의 반대편에 선 결정으로 생각하는 이들이 적지 않다. 주도적인 태도가 하나님의 일하심을 방해하는 인간의 교만과 어리석음이라는 것이다. 그런 이유로 주도적인 삶을 포기하는 이들을 자주 보게 된다. 결코 가벼운 선택이 아니다. 고민하고 갈등하며 기도한 끝에 도달한 결정이다. 하나님께 순종하며 살고자 하는 순수한 믿음의 선택인 경우가 대부분이다.

그러나 의도와 관계없이 그러한 우리의 선택을 결코 성경적이라고만 말하긴 어렵다. 하나님의 일하심은 결코 우리의 잠잠함을 통해서만 이루어지지 않기 때문이다. 주도적인 삶이 하나님의 일하심을 가로막는 것 또한 결코 아니다. 하나님은 우리 마음에 소원을 두시고 주도적으로 행하게 하시어 역사하신다. 물론 우리의 약함을 통해서도 일하신다. 그렇다고 그 약함이 수동적이거나 잠잠함을 의미하지는 않는다.

하나님은 믿음 안에서 하나님의 마음을 품게 하시고 주도적으로 삶을 살게 하시어 하나님의 큰일을 이루어 가신다. 그 가운데 드러나는 우리의 부족함, 약함을 주님이 어루만져 주신다. 그 모든 것이 합력하여 선을 이루어 가게 하시는 하나님의 역사를 오늘을 살아가는 주도적인 사람들의 삶을 통해 드러내신다.

"너희 안에서 행하시는 이는 하나님이시니 자기의 기쁘신 뜻을 위하여 너희에게 소원을 두고 행하게 하시나니"(빌 2:13).

셔틀콕(shuttlecock)은 배드민턴 경기에 사용하는, 둥근 코르크에 깃털을 붙여 만든 공이다. 플레이어(player)는 라켓을 통해 자신이 원하는 방향으로 셔틀콕을 쳐 낸다. 상대편도 이에 반응하며 경기는 이어진다. 서로가 받아 내기 힘든 지점으로 셔틀콕을 보내려 한다. 필드에는 플레이어와 셔틀콕이 함께 움직인다. 플레이어는 라켓을 휘두르며 주도적으로 셔틀콕의 방향을 선택한다. 의도한 대로 셔틀콕이 움직이면 승리를 얻지만 반대의 상황은 언제든 일어날 수 있다. 필드의 게임은 플레이어의 주도적인 의결과 실행, 책임짐을 통해 이어져 간다.

셔틀콕의 운명은 정반대다. 자기 운명을 알지 못한다. 어디로, 언제 날아가는지 알 수 없다. 승리를 결정하는 중요한 순간은 셔틀콕에 의해 정해지지만 영광은 플레이어의 몫이다. 셔틀콕이 필요 없다는 뜻이 아니다. 다만, 자신의 의지와 관계없이 플레이어가 원하는 방향으로 움직여 그 자리를 지키는 것이 셔틀콕의 역할이라는 말이다.

누군가는 플레이어는 하나님, 우리는 셔틀콕이라 말할 수 있다. 성경을 보면 결코 그렇지 않다. 하나님과 우리를 드러내는 비유로는 적합하지 않다. 하나님은 우리를 플레이어로 세우셨다. 인생에서 셔틀콕 같은 삶의 순간도 있을 수 있다. 다만, 그것은 과정이어야 한다. 자신의 의도와 의견 없이 떠밀려 다니는 삶으로 인생을 채워서는 안 된다.

크리스천은 셔틀콕으로 부름 받은 존재가 아니다. 플레이어로 이 땅에 세워졌다. 필드 밖에서는 연약한 존재일 수 있으나 필드 안에서만큼은 주인공이요, 책임을 부여받은 주도적인 존재다. 하나님은 하나님의 형상으로 창조된 인간에게 이 땅을 맡기셨고 다스리게 하셨다. 죄로 인해, 우리의 연약함으로 인해 완벽할 수 없지만 우리를 의롭다 칭하시고 부르셔서 은혜 가운데 그 일을 여전히 감당케 하신다.

목사의 공부: 학(學)과 습(習)

목사의 공부는 사명자로 부름 받은 사람으로서의 사명 감당의 자리다. 목사의 공부는 취사선택의 항목이 아니다. 부름 받아 세워진 자리에서의 역할 감당이다. 목사의 독서는 교양독서에서 학습독서로 나아가야 한다. 취미독서 이상의 즐거움과 유익을 추구해야 한다. 목사의 독서는 자기만족과 즐거움의 수단에 머물지 않는다. 사명자로 자신을 준비하는 과정 중 하나이기 때문이다. 배우고 익히는 과정은 항상 즐거울 수 없다. 어렵고 힘들고 이해되지 않아 포기하고 싶은 마음이 드는 힘겨운 과정이다. 그러나 그 자리는 목사가 서야 할 자리이며 감당해야만 하는 과정이다.

배움의 출발은 내용의 수용에서 시작된다. 새로운 지식을 받아들이는 과정이다. 배우고 익히는 과정이 반복된다. 배움을 통해 지식이 자라고, 익힘을 통해서는 지능이 향상되어 간다. 이 과정을 통해 '아는 힘'을 쌓아 간다.

우리나라 교육의 아쉬움은 지식의 수용에 집중하는 반면, 익힘의 과정에 공을 들이지 않는다는 것이다. 뭐든지 수용하려고 하지만 대충, 대강 하고 지나가곤 한다. 아는 것은 많은 것 같은데 제대로 아는 것은 많지 않은 아이러니의 연속이다. 학습의 부족은 사고 훈련의 부족과 다를 바 없다. 공부에 많은 시간을 투자했지만 생각하는 능력을 세우지 못했다. 익힘(習)이 결여된 '맹목적인 수용(學)'은 우리를 배신하며 훈련된 무능력을 선물해 주고 있다.

안타까운 것은 교회교육이라고 다르지 않다는 것이다. 목사는 어떠한가? 목사도 한계가 분명한 이러한 교육과정에 영향을 받으며 성장해 왔다. 어린 시절부터 익힘(習)이 결여된 주입(學)식 교육에 치우친 배움의 길을 걸어야 했다. 목사가 되었어도 자신의 일부가 된 배움의 습관을 쉽게 벗어나지 못한다.

우리가 얻어야 할 자유는 죄로부터의 자유만이 아니다. 믿음으로 선물받은 구원, 죄인 되었을 때에 의롭다 칭함 받은 은혜는 주어졌지만 배움의 과정은 사고의 부자유함을 가져다주었다. 이 한계 극복을 위해 목사는 노력해야 한다. 복음을 맡은 자로서의 책무요 의무다. 목사는 말씀을 학(學)하고 습(習)하는 데 익숙해지는 훈련에 힘써야 한다.

독서의 시작

프로 스포츠 선수는 경기에서의 좋은 결과를 위해 일상에서 훈련에 힘을 쓴다. 하루 날 잡아 열심을 다하는 것이 아니다. 매일 반복적으로 자신을 관리한다. 먹는 것을 절제한다. 술과 담배도 조절한다. 개인적인 약속과 취미도 때로는 뒤로 미룬다. 꿈이 있기 때문이다. 어린 아이돌 가수도 하루 종일 춤을 연습한다. 발성을 훈련하며 노래 실력 향상을 도모한다. 한두 시간의 노력이 아니다. 인생을 건 노력이다. 인기, 명예, 꿈과 비전, 각자가 추구하는 행복이 있기에 그들은 최선을 다한다.

목사의 노력은 이들 이상이어야 한다. 힘에 지나는 열심이어야 한다. 그중에서도 읽기와 쓰기에 관한 훈련은 가장 중요하다. 말씀을 수용, 해석, 증거해야 하는 사명자이기에 그렇다. 글을 읽고 쓰는 일은 목사의 직을 감당해 가기 위해 평생 갈고닦아야 할 목사의 주특기여야 한다.

밥을 맛있게 짓기 위해 필요한 것은 기도가 아니다. 쌀을 고르고 씻고, 물을 붓고, 밥솥의 전원을 켜는 노력을 해야 한다. 목사로서 하나님의 말씀을 선포하기 위해서도 마찬가지다. 기도와 함께 말씀을 말씀 되게 하는 구체적인 노력이 있어야 한다. 그 첫걸음은 글로 쓰인 말씀을 읽고 해석하는 능력의 준비다. 목사는 누구보다 탁월한 언어의 직공이 되어야 한다. 누구보다 뛰어난 학습 역량을 준비해야 한다.

그것을 위해 목사의 독서는 교양독서, 취미독서에 머물러서는 안 된다. 학습독서에 능한 자가 되어야 한다.

최고의 독서가라고 모두 신실한 목사요 신앙인은 아니다. 그러나 모든 목사는 최고의 독서가요 학습자여야 함을 잊지 말아야 한다. 하나님의 말씀을 수용(學)하고 익히는(習) 일에 전문가여야 한다. 목사의 부족한 학습력(學習力)은 말씀의 왜곡으로 이어지기 때문이다. 목사는 자기 소견에 옳은 대로 수용된 성경 말씀이 하나님의 말씀으로 선포되는 것에 대한 두려움이 있어야 한다. 그 두려움을 극복하기 위한 노력, 일상의 학습독서로 이어 가야 한다.

복음의 시작

세례 요한은 죄 사함을 받게 하는 회개의 세례를 전파했다. 광야에 외치는 자의 소리로 주의 길을 예비했다. 자신을 위함이 아니다. 주의 오실 길을 평탄케 하기 위해 먼저 보냄 받은 자의 사명 감당이었다. 예수님은 성육신하셨고 죄 사함의 문제를 해결하셨다. 승천하시며 우리에게 사명을 맡기셨다. 진리의 반석 위에 교회는 설립되었다.

복음의 씨는 예루살렘과 온 유대와 사마리아와 땅끝까지 이르러 전파되었다. 믿음의 선진들의 기도와 섬김은 수많은 고난과 고통 속에 새 생명의 열매 맺음으로 성취되었다. 바통이 우리에게 넘겨졌다. 마지막 때에 추수꾼으로서의 사명을 감당하기 위한 교회와 성도들의 사명 감당이 필요할 때다. 목사로 부름 받은 이들이 그 중심에 서 있다. 범사에 감사하며 먹든지 마시든지 하나님의 영광을 선포하는 사명 감당의 자리로 나아가야 한다.

목사의 독서는 바로 그 사명 감당을 위한 구체적인 노력의 자리다. 하나님이 주신 말씀을 연구하여 하나님의 말씀에 완전한 자가 되어야 한다. 말씀을 준행할 뿐 아니라 가르쳐 지키게 하는 일을 위한 결단도 필요하다. 성경의 사람이요, 진리의 전도자로 부름 받은 목사가 최고의 학습자가 되어야 하는 분명한 이유다.

"너희 안에서 행하시는 이는 하나님이시니 자기의 기쁘신 뜻을 위하여 너희에게 소원을 두고 행하게 하시나니"(빌 2:13).

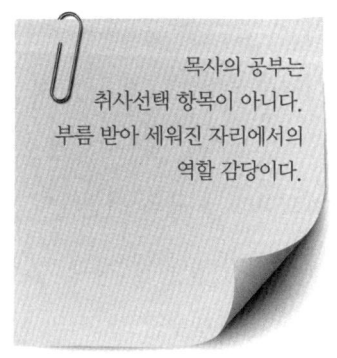

목사의 공부는 취사선택 항목이 아니다. 부름 받아 세워진 자리에서의 역할 감당이다.

3

목사의 지성, 영성의 기초력이다

이어령, 내 인생의 징검다리

필자는 이어령 교수를 좋아한다. 직접 만나 본 적은 없지만 20대 초반 청년 시절 그를 책을 통해 만났다. 처음 접한 책은 『흙 속에 저 바람 속에』다. 읽으면서 탄성이 절로 흘러나왔다.

'어떻게 이런 생각이 가능하지? 20대에 저런 표현이 어떻게 가능했을까?'

그의 책 속 소재는 일상에서 쉽게 접하는 것, 주변을 돌아보면 어렵지 않게 볼 수 있는 것들이었다. 숟가락과 젓가락, 기침과 노크, 한복과 양복, 화투와 트럼프. 그러나 결코 같은 것이 아니었다. 눈으로 본

것은 같았지만 그에게 보인 것은 전혀 다른 세계였다.

좌절감을 마주했다. 어린 필자와는 비교할 수도 없는 큰 존재였지만 억지로 자신과 비교하며 우울감에 빠지곤 했다. '저런 창의적인 사고는 타고난 것일 거야!' 하면서 말이다. 위안 삼기 위해 찾은 이유이지만 더욱 비참해지고 말았다.

'이어령 교수의 탁월함은 내가 노력해도 다다를 수 없는 것일까?'

그의 책을 처음 접했을 때의 탄성은 내 무능의 재확인으로 이어졌다.

다행스러운 것은 그의 책을 읽으며 중간 중간 발견하게 된 것은, 자신의 능력이라 사람들이 이야기하는 것들은 타고난 것이 아닌 고민과 갈등, 노력의 과정을 통해 얻은 성취라는 그의 강조였다. 잘 믿기지는 않았지만 믿어 보기로 했다. 일단 그의 전집을 사서 책장에 쌓아 두고 읽기 시작했다.

20대 청년 시절의 이어령 바라기는 나이 50이 된 지금까지도 그의 책을 가까이함으로 초심을 잃지 않고 있다. 그의 신간이 나오면 즉시 사서 읽고 증보판이 나오면 구입해 책장에 고이 간직해 놓는다. 운영하는 도서관에 이어령 교수의 별도 코너를 꾸며 다른 이들에게 그의 글을 소개하는 것으로 받은 축복을 조금이나마 나누고 있다.

첫 수혜자는 필자의 딸이다. 중학생 시절 읽어 보라 던져 준 『흙 속에 저 바람 속에』를 읽고 필자와 같은 이어령 바라기가 되었다. 10대의 마지막 해를 보내고 있는 딸은 "교수님이 건강이 많이 좋지 않으시다데 걱정된다", "그분이 살아 계실 때 직접 한 번이라도 뵙고 싶다"

는 말을 수시로 한다.

청년 시절을 돌아볼 때 필자가 한 선택 중 가장 칭찬해 주고 싶은 것 한 가지가 바로 이어령 교수와의 만남을 이어 가기로 한 결심이다. 그의 글 끝자락을 붙잡으며 읽기와 쓰기를 훈련했던 시간들은 필자의 성장과 변화를 이루어 간 훌륭한 징검다리가 되어 주었다.

지성은 영성의 기초력이다

이어령 교수는 평생을 무신론자로 살았다. 그러던 중 딸 이민아 목사의 질병과 죽음을 계기로 하나님 앞으로 나아왔다. 그의 고백이다.

"오늘부터 저는 신자의 길을 걷습니다. 그동안 많은 직함을 갖고 여기까지 걸어왔습니다. 이제 새로운 길을 떠납니다. 이 길이 외로울 수도 있지만 신자로서 한 발, 한 발 나아가고 싶습니다."

이어령 교수는 평생을 글을 쓰는 작가요 지성인으로 살았다. 다양한 직업을 거쳤지만 어느 곳, 어떤 자리든지 글을 통해 소통했고 영향을 미쳐 왔다. 그는 자신을 가리켜 '우물을 파는 사람'이라고 말한다. 인생 대부분의 시간을 문학과 문화의 우물을 파고 길어 올리는 일에 쏟았다. 그의 지적 호기심과 무한한 상상력은 우물 파는 일을 매우 성공적으로 감당했다. 국내외 많은 사람이 그가 판 우물에서 길어 올린 우물물을 마시며 지적 생기를 선물받았다.

아이러니한 것은 그 자신은 어떤 우물과 우물물에도 만족스러워하지 못했다는 사실이다. 그는 "그것들은 한 번도 내 목을 축여 갈증을 없애 준 적이 없었다"고 고백한다. 많은 사람에게 사랑받았던 책들이지만 자신에게 그것은 '빈 두레박'이었다. 그는 여전히 갈급했고 자신의 빈 두레박을 채울 우물물을 찾아 평생 글을 쓰며 우물 파는 작업을 이어 왔다. 그러는 가운데 인생 후반부에 하나님을 만나게 되고 세례를 받은 후 성경의 우물, 신앙의 우물을 파기 시작했다. 그리고 고백했다.

"지성에서 영성으로!"

그의 고백은 지성의 부정이 아니다. 그는 자신의 책 『의문은 지성을 낳고 믿음은 영성을 낳는다』에서 "지성을 버려야만 영성에 도달할 수 있는 것이 아니다!"라고 강조한다. 그의 고백 속 '영성을 낳은 믿음'은 지성을 기초로 한 믿음이다. 이어령 교수는 하나님을 만나기 전 자신의 훈련된 지성을 통해 세상을 보고 하나님을 이야기했다. 성경을 논함에 있어서도 문학비평가가 문학작품을 바라보는 관점에서 바라보며 비평했다. 그리고 어느 순간, 그는 회심했다. 그에게 믿음이 생기니 사물과 사건을 바라보는 새로운 관점이 생겼다. 해 아래 세계를 논하며 상상을 펼치던 그의 지성은 이제 하나님을 향하고 천국을 묵상하기 시작했다.

그를 보고 있자면 사도 바울이 생각나는 것은 왜일까? 바울은 빌립보 성도들에게 편지한다.

"그러나 나도 육체를 신뢰할 만하며 만일 누구든지 다른 이가 육체를 신뢰할 것이 있는 줄로 생각하면 나는 더욱 그러하리니 나는 팔 일 만에 할례를 받고 이스라엘 족속이요 베냐민 지파요 히브리인 중의 히브리인이요 율법으로는 바리새인이요 열심으로는 교회를 박해하고 율법의 의로는 흠이 없는 자라 그러나 무엇이든지 내게 유익하던 것을 내가 그리스도를 위하여 다 해로 여길뿐더러 또한 모든 것을 해로 여김은 내 주 그리스도 예수를 아는 지식이 가장 고상하기 때문이라 내가 그를 위하여 모든 것을 잃어버리고 배설물로 여김은 그리스도를 얻고 그 안에서 발견되려 함이니 내가 가진 의는 율법에서 난 것이 아니요 오직 그리스도를 믿음으로 말미암은 것이니 곧 믿음으로 하나님께로부터 난 의라"(빌 3:4-9).

바울은 누구보다 육체에 신뢰할 만한 많은 조건을 가진 자였다. 그러나 예수님을 만나고, 복음이 그에게 자리 잡자 그는 이전의 모든 것을 예수 그리스도와 복음을 위하여 배설물로 여김을 고백했다. 놀라운 고백이다. 은혜받은 자로 세상의 조건으로 자신을 드러내지 않고 예수님 안에서 발견되고 싶은 믿음과 소망이 담겨 있다. 바울이 배설물로 여겼던 것들 중 이전에 배운 율법, 그 가운데 자신에게 주어진 지식과 지성, 그 모든 것도 포함되었을 것이다. 놀라운 것은 하나님은 사도 바울의 지성을 복음을 증거하는 일에 사용하셨다는 것이다. 바울은 주를 위하여 모든 것을 내려놓았지만, 하나님은 그의 준비된 것으로 하나님의 일을 감당하게 하셨다.

이어령 교수도 짧은 신앙의 여정 속에 자신의 훈련된 지성으로 기독교의 영성을 조명하며 잔잔한 영향을 미쳐 왔다. 사도 바울과 이어령 교수뿐인가. 하나님은 성경의 모든 기자의 준비된 지성을 사용하셔서 오늘 우리로 하나님의 말씀을 대면하여 보는 축복을 허락하셨다.

지성은 영성의 기초력이다. 인간의 지성은 하나님의 형상과 그분의 능력의 조각이다. 하나님의 형상으로 창조된 인간에게 허락된 창조자의 능력이다. 목사는 공부를 통해 지성을 세우고 인지력을 향상시켜 가야 한다. 누군가는 "지성보다 영성이 중요하다" 말한다. 중요한 것은 이 둘은 어느 하나를 양자택일할 수 있는 것이 아니며, 그래서도 안 된다는 사실이다.

목사들 중에도 지성에 대해 강조하는 것을 영성에 대한 추구, 관심의 약화처럼 받아들이는 이들이 적지 않다. 그렇지 않다. 목사의 공부, 지성을 세우고 인지력을 높여 가는 노력은 기독교 영성을 높여 가기 위한 기초를 닦는 과정이다. 도리어 지성을 세워 가는 노력 없는 가운데 강조되는 영성은 기독교의 영성이 아니다.

하나님의 말씀, 성경은 머리가 똑똑하다고 믿어지고 해석되는 것은 아니다. 그렇다고 인지력의 준비됨 없이 수용되는 것이 아님 또한 분명하다. 준비된 인지력 없는 이들의 성경 해석은 사사기 이스라엘 백성의 그것과 다르지 않다. '자기 소견에 옳은 대로' 하나님의 말씀을 해석하고 그것을 삶의 기준으로 삼는다.

목사의 영성, 학습독서로 준비하라

학습독서의 가장 큰 목표는 생각 훈련이다. 생각 훈련의 시작은 생각이 훈련의 대상임을 인정하는 것으로부터 출발한다. 많은 사람이 생각을 훈련하지도, 사고력 향상을 위한 구체적인 계획을 세우지도 않는다. 생각이 훈련의 대상이라 생각해 본 적이 없기 때문이다.

사람은 누구나 수용하며 살아간다. 보고 듣고 읽는 일상 자체가 수용의 과정이다. 수용은 생각을 이끌어 낸다. 읽고 들은 것들, 경험한 사건과 사고, 주어진 상황에 대하여 자신만의 논리로 세상을 바라본다. 표현에 있어서도 마찬가지다. 말하기를 즐겨 하고 글로 자신의 주장, 의견을 표현한다.

학습독서는 누구나 하는 독서를 추구하지 않는다. 훈련된 생각을 가능하게 하는 배움과 익힘에 집중한다. 모두가 하는 일상의 수용과 학습독서를 통한 수용은 다르다. 같이 보고 듣고 읽어도 배움의 결과는 결코 같지 않다. 수용의 습관을 점검하고 배우는 능력을 훈련하며 자신의 영향력을 확장시켜 가야 하는 이유다.

논리력도 마찬가지다. 주어진 문제 앞에서 문제 해결책을 제시하는 이들은 훈련된 논리, 분석적 사고 능력을 가진 이들이다. 표현에 있어서도 다르지 않다. 세상은 누구나 다 할 수 있는 생각을 원하지 않는다. 차원이 다른 생각, 훈련된 생각을 요구한다. 세상은 언제나 차원이 다른 사고 능력을 인정받은 이들에게 주도권을 허락해 왔다.

목사는 차원이 다른 학습독서를 통해 생각을 훈련해야 한다. 목사는 영적인 민감성과 함께 남다른 사고력, 지성의 사람이어야 한다. 누구나 하는 생각의 차원, 능력으로 세상을 보고 성경을 보아서는 안 되기 때문이다. 보이지 않는 하나님의 마음을 보는 눈, 하나님이 허락하신 지성이 그 마중물 힘이다. 주어진 문제 앞에서 하나님의 뜻을 발견하고 해결책을 제시할 수 있는 것도 지성을 기초로 한 영성이다.

배움의 끝은 없다. 하나님 앞에 서는 그 순간까지 계속되어야 한다. 천(千) 일의 연습을 '단'(鍛)이라 하고, 만(萬) 일의 연습을 '련'(鍊)이라 한다 했던가! 목사에게 있어서는 배움의 과정도 하나님의 사람으로 세워져 가는 연단의 과정이어야 한다. 독서하되 차원이 다른 독서력을 준비해야 한다. 설교하되 남다른 생각이 표현되어야 한다.

현란한 말에 대한 이야기가 아니다. 단순히 방법과 기술의 연마에 대한 이야기도 아니다. 맡겨진 자에게 요구되는 충성이며 직임을 완수해 내기 위한 기본 의무에 대한 이야기다. 세상의 논리가 아닌 하나님의 논리로 가르쳐 지키게 하기 위한 학습독서, 생각 훈련은 목사의 의무다.

요한일서 4장 20절을 보면, "누구든지 하나님을 사랑하노라 하고 그 형제를 미워하면 이는 거짓말하는 자니 보는 바 그 형제를 사랑하지 아니하는 자는 보지 못하는 바 하나님을 사랑할 수 없느니라"라는 말씀이 있다. 생각을 훈련하는 학습독서에 힘써야 하는 이유도 마찬가지다. 보이는 인간의 생각, 글로 쓰인 사람의 논리도 바로 보지 못하는 사람이 보이지 않는 하나님의 음성을 듣고 세상을 향해 주신 말씀을 통해 그분을 바로 생각할 수는 없기 때문이다.

콘서트장에 훈련된 목소리의 가수들이 있고, 운동 경기장에 육체적으로 훈련된 운동선수들이 있다면, 교회와 세상에는 훈련된 지성에서 출발하여 하나님의 음성을 듣고 순종하며 가르쳐 지키게 하는 영성의 사람들이 자리해야 한다. 그들은 차원이 다른 학습독서를 통해 생각의 방향과 기준, 지혜의 총량을 확장시켜 나가는 존재여야 한다. 그럴 때라야 생각이 땅을 향하지 않고 먼저 하나님의 나라와 그분의 의를 구하는 영적 기본 근력을 가진 믿음의 사람, 목사로 설 수 있다.

> 하나님의 논리로 가르쳐 지키게 하기 위한 학습독서, 생각 훈련은 목사의 의무다.

4

학습독서, 목사의 루틴이어야 한다

머니 볼

'머니 볼'(Money Ball)은 스포츠 경제학 용어다. 미국 프로 야구단 오클랜드 애슬레틱스의 경영에 성공적으로 적용되며 유명해진 이론이다. 프로 야구단 운영에 경제 원칙을 적용해 저비용, 고효율의 구단 운영을 추구하는 이론이다.

오클랜드는 30개 메이저 야구단 중에서도 재정 상태가 가장 좋지 않았다. 그런 상태에서 새로운 단장으로 빌리 빈(Billy Beane)이 영입되었다. 그는 몇 년에 걸쳐 구단의 상태를 파악하고 어려운 환경을 초기값으로 구단 운영을 모색해 나갔다. 오클랜드의 재정 상태로는 돈으로 승부하는 프로 야구단들과의 경쟁에서 좋은 선수를 영입하기란 불가능한 상태였다. 당시 오클랜드 전체 선수 연봉의 합이 뉴욕 양키스 최고 연봉을 받는 한 명의 연봉보다 낮았다고 하니, 얼마나 열악한 재정 상태에서 구단 경영이 이루어졌는지 짐작할 수 있다.

선수 선발을 위한 새로운 기준을 정해야 했다. 빌리 빈은 선수 영입을 위한 분석가 피터 브랜드(Peter Brand)를 영입했다. 그는 야구 전문 스카우터가 아닌 예일대학교에서 경제학을 전공한 사람이었다. 야구계에서는 초보자일 수 있던 그가 주창한 것이 머니 볼 게임이었다. 적은 재정으로 최선의 결과를 도출하기 위한 플랜이었다. 구단 내외적으로 반대에 부딪혔지만 플랜을 진행해 나갔다.

오클랜드에게 던져진 과제는 진흙 속의 진주를 찾는 것이었다. 저평가되었지만 준비된 선수들을 찾아 나섰다. 기존의 방식이 아닌 통계학적 데이터를 기반으로 메이저리그 모든 선수의 데이터를 모아 분석하기 시작했다. 홈런 타자나 높은 타율의 고연봉 스타 플레이어보다는 저연봉이지만 출루율이 높은 선수들을 추려 영입하기 시작했다. 머니 볼 원칙에 따라 고연봉의 선수들을 내보내고 새로운 기준에 부합한 선수들을 영입하기 시작했다. 감독과 중간 지도자들의 반대는 거셌다.

시즌 초 경기 내외적 요인으로 고전하기는 했지만 점차 좋은 성적을 거두며 빌리 빈 단장의 선택은 인정받기 시작했다. 오클랜드는 2000년부터 2003년까지 4년 연속 플레이오프에 진출했고 2002년, 메이저리그 최다승인 103승과 20연승이라는 메이저리그 역사상 전무후무한 기록을 달성했다. 이후 여러 메이저 구단에서 오클랜드의 머니 볼 이론을 받아들여 구단을 운영하기 시작했고, 투자 대비 고효율로 구단을 운영하며 좋은 성적을 거두어 가는 구단들도 나타났다.

오클랜드 구단에서 머니 볼 이론이 펼쳐져야 했던 메이저리그의 상황은 오늘날 한국 교회의 현실과 크게 다르지 않다. 많은 교회가 교회교육을 통한 신앙 공동체 회복과 성장을 위해 매진 중이다. 많은 교회는 대형 교회의 프로그램들을 벤치마킹하는 선택을 한다. 검증된 프로그램을 가져와 실행의 위험 부담을 덜 수 있기 때문이다. 작은 교회 안에서 모든 것을 기획하기에는 현실적인 어려움도 있었다.

아쉬운 점이 있다면, 교회교육의 현장임에도 하나님의 원리를 따르기보다는 세상의 방법과 기술로 승부하려는 선택이 이루어지고 있다는 사실이다. 천천히 차례를 지켜 가며 하나님의 사람을 양육하려 하기보다 단기적인 목표를 이루기 위해 세상의 프로그램들을 무비판적으로, 큰 고민 없이 교회 가운데 받아들이고 있다.

주일학교와 계절 성경학교를 채우고 있는 프로그램들만 보아도 그렇다. 어느 순간부터 겉모습은 성경을 중심으로 한 신앙교육이 진행되는 듯하나 실제 모습은 세상 프로그램과 다를 바 없는 것이 대다수다. 어느 때보다 교회교육의 근본인 하나님의 말씀을 중심으로 신앙교육의 회복을 도모할 때다. 오클랜드가 '머니 볼'로 메이저리그에 광풍을 몰고 왔다면 한국 교회는 '머니 바이블'로 교육의 혁신을 추구해야 하지 않을까? 돈보다 야구의 본질로 승부하려 했던 것처럼 돈과 환경만 핑계하기보다는 하나님의 말씀으로 승부하여 열매를 맺으려는 선택이 우리에게 필요하다.

바로 이 지점에서 잃어버린 교회교육, 독서의 회복을 이야기하고 싶다. 지금까지 우리가 알던 독서에 대한 이야기가 아니다. 하나님의 형상을 회복해 가기 위하여 하나님이 디자인하신 글과 읽기를 도구로 변화의 밑그림을 그려 가야 할 때다. 하나님의 말씀을 읽는 성경독서를 실행하고 성공적으로 이끌어 간다면 세상의 화려한 프로그램은 아닐지라도 그것을 통해 역사하시는 하나님의 일하심을 목격하게 될 것이다.

그러기 위해서는 지금까지와는 다른 독서, 세상의 독서가 아닌 신앙교육으로서의 거룩한 독서가 디자인되고 체계적으로 실행되어야 할 것이다. 그 시작과 기초를 놓는 작업은 목사의 학습독서로부터 출발해야 한다. 지도자로서의 목사의 선(先)경험과 확신은 믿음 가운데 드리는 기도와 간구만큼이나 중요하다.

독서력과 문해력 없는 설교는 가능한가

글을 읽고 책을 읽는 것은 배움의 기본이다. 읽은 것을 해석하고 이해하는 것은 배움의 성패를 가름하는 중요한 과정이다. 목사는 성경의 사람이다. 설교는 성경의 사람으로서 감당해야 하는 소명의 자리요, 사명 그 자체다. 설교는 성경의 내용을 증거하는 것이다. 하나님의 마음을 교회 가운데 증거하는 것이다. 설교는 하나님의 마음에 합한 성도를 세워 가는 마중물이다. 목사가 설교에 성공해야 하는 이유다.

많은 목사가 설교에 부담을 느낀다. 부담을 느낀다는 것은 맡겨진 사명을 잘 감당하려는 간절함이다. 이때 중요한 것은 그 부담감을 해결하기 위해 무엇을 선택하는가 하는 것이다. 목사의 독서는 선택이 아닌 필수다. 목회를 위한 수많은 방법과 기술 중 하나가 아닌 하나님이 선택하신 하나님의 도구다.

독서력, 문해력 없는 설교가 가능한가? 그렇지 않다. 잃어버린 기독교교육으로서의 독서가 회복되는 가운데 목사의 독서력, 크리스천으로서의 문해력은 세워져 간다. 기독교교육의 기초를 다지는 이러한 선택 뒤에 따르는 성취는 결코 작지 않다.

독서는 인생의 루틴이다

목사의 독서는 인생을 위한 루틴(routine)이어야 한다. 루틴은 반복되는 일상이다. 하루 전체의 루틴, 특별한 순간의 루틴 등 다양하게 존재한다. 루틴에 대한 부정적인 시각이 있다. 반복되는 지루함으로 본다. 틀에 박힌 일상이라는 것이다. 역동적이고 창의적인 삶을 추구하는 이들에게 루틴한 일상은 방해 요소로 작용하곤 한다. 그래서 루틴을 거부한다. 창의적인 삶을 살기 위해서 루틴을 깬다. 역동적인 삶을 위해 루틴한 삶을 거부한다.

루틴한 일상은 무료함이나 타성에 젖은 무의미한 시간의 연속만이 아니다. 인간 존재 누구에게나 루틴한 삶의 일상은 추구하는 비전과 목표를 이루는 힘으로 작용한다. 인간의 삶을 지탱해 주는 기초요 근간을 이룬다. 인생의 목표를 이루지 못한 이들의 삶을 들여다보면 있어야 할 루틴이 깨어져 있는 모습을 볼 수 있다. 다양한 실패 이유가 있겠지만 가장 큰 요인은 일상의 루틴을 지켜 내지 못한 까닭이다.

건강이 무너진 사람이 있다고 하자. 건강이 악화된 이유는 몸에 좋지 못한 음식을 한두 번 먹었거나 잘못된 자세로 운동했기 때문이 아니다. 매일의 식습관, 운동습관의 건강한 루틴이 지켜지지 않았기 때문이다. 오랜 기간 관리되지 않은 결과 건강이 서서히 나빠진다.

관계의 무너짐도 마찬가지다. 한두 번 말실수를 하거나 약속을 어겼다고 관계를 끊는 경우는 많지 않다. 잘못된 태도로 관계가 유지되고 질서가 없는 대인관계 속에 신뢰는 서서히 무너져 가는 법이다.

학습에 있어서도 루틴이 존재한다. 학교생활 자체가 하나의 루틴이다. 아침에 학교에 가고 오후에 하교한다. 매일의 교과 시간이 정해져 있고, 방과 후 학원 모임에도 스케줄이 있다. 학창 시절의 반복되는 루틴에 최선을 다한 이들은 만족스러운 평가를 받는다. 주어진 일상의 루틴에 성실하지 못한 이들은 정반대의 결과를 마주하곤 한다.

운동선수에게도 루틴은 매우 중요하다. 훈련의 루틴이 지켜져야 하고, 그것을 바탕으로 시합에서 좋은 결과를 낼 수 있다. 하루 반짝 모든 에너지를 쏟는 노력으로 건강, 스포츠 분야에서의 경쟁력을 가질 수 없다. 매일 일정한 양의 훈련을 감당해야 한다. 지속적이어야 하며 체계적인 관리 가운데 진행되어야 한다.

독서에 있어서도 마찬가지다. 독서는 일상의 루틴이어야 한다. 어느 날 보고 싶어 읽은 한두 권의 책은 즐거움을 줄 수는 있어도 사고의 역량을 세워 주지는 않는다. 피가 되고 살이 되는 독서, 인간 존재의 역량을 세워 가는 독서는 일상의 독서요, 꾸준함의 독서다. 양의 독서로 시작하여 질의 독서로 나아가는 루틴한 과정독서일 때 가능하다. 하루, 이틀의 노력, 한두 달의 노력으로 얻을 수 있는 결과가 아니다.

루틴이 무너지면 인생의 건강이 무너진다. 루틴이 무너지면 업무가 힘을 잃고 꿈이 무너져 간다. 루틴한 삶을 디자인하는 것은 일상의 디자인과 꿈의 디자인을 넘어 인생을 세워 가는 지혜다.

학습독서, 과정의 진보

모든 일이 그러하지만 독서를 통한 성장, 변화와 성숙은 시간을 요구한다. 그 과정 속에 바쁜 일에 치여 독서를 지속하지 못하는 위기도 있다. 노력하는데도 가시적으로 확인하기 힘든 변화에 지쳐 포기하는 이들도 있다. 항상 성공적일 수는 없다. 실패의 과정을 겪는다. 이때도 잊지 말아야 하는 것은 보이지 않을 뿐 변화의 기초가 다져지고 있다는 사실이다. 모소라는 대나무는 씨앗을 뿌리고 4-5년 동안 거의 자라지 않는다. 수년이 지나 땅 밖으로 솟은 3-4cm의 죽순을 확인할 수 있을 뿐이다. 5년째가 되면 놀라운 광경을 확인하게 된다. 많이 자랄 때는 하루 30cm 가까이 자라며, 몇 주 지나지 않아 15m 이상 자라나 대나무 숲을 이룬다. 어느 날 갑자기 일어난 성장이 아니다. 짧은 시간 보인 외면의 성장은 4-5년 동안 준비해 온 땅속 뿌리 뻗음의 과정이 있었기에 가능한 일이다.

독서가 주는 과정의 진보는 매우 더디게 나타난다. 처음에는 진보 자체를 발견할 수 없다. 독서만의 문제는 아니다. 신앙의 진보도 더디게 진행된다. 강렬하게 주님을 만난 첫사랑의 경험자에게 있어 더디고 단조로운 신앙생활은 매력적으로 느껴지지 않을 수 있다. 그러나 그 단조로움의 비밀을 깨달아야 한다. 그것이 우리에게 주는 축복을 포기해서는 안 된다. 잃어버린 크리스쳔의 일상을 회복해야 한다. 매일 말씀 앞으로 나아가야 한다. 독서가 우리 일상의 루틴이 되게 해야 한다.

모소대나무가 5년 동안 땅속에 뿌리를 내리는 그 시간이 우리 크리스천들에게 있어야 한다. 목사는 그 일을 이루어 가는 토양이 되어야 한다. 토양을 만드는 마중물이 되어야 한다. 그때 우리의 진보는 하나님의 마음을 시원케 해드리는 하나님의 큰일로 열매 맺을 수 있다.

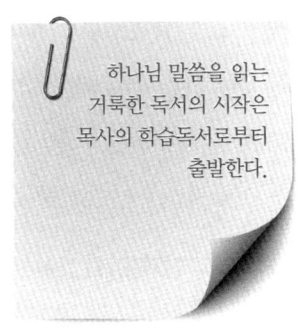

하나님 말씀을 읽는 거룩한 독서의 시작은 목사의 학습독서로부터 출발한다.

5

솔로몬의 지혜를 세운 천지창조 학습법

목사의 메타인지와 악의 평범성

미국 정치철학자 한나 아렌트(Hannah Arendt)는 『예루살렘의 아이히만』에서 '악의 평범성'을 언급한다. 유대인 대학살, 홀로코스트(Holocaust)는 종교적 광신도나 반사회적 성격 장애자들에 의한 만행만은 아니라는 것이다. 그들 중 많은 이가 지극히 평범한 사람들이었고, 상부의 명령에 순응하는 가운데 악의 일원이 되어 버린 비극임을 강조하는 개념이다. 전쟁이라는 특별 상황 속에 내려진 독일 군부의 명령과 평범한 독일 공무원, 죽음의 공포 앞에 살기 위해 발버둥 치던 유대인 부역자들의 나약함과 이기심이 결합되며 일어난 결과라는 것이다.

악의 평범성이 주는 인사이트는 우리의 삶을 파고든다. 오늘날의 죄와 악을 바라보는 균형 잡힌 기준 하나를 추가해 주고 있다. 많은 경우 범죄와 악한 일들은 뿔 달린 악마에 의해 자행된다고 생각하곤 한다. 우리와는 전혀 다른 어떤 존재들에 의해 행해지는 다른 세계의 일이라 여긴다.

실상은 그렇지 않다. 일상을 사는 소시민의 삶의 의결을 통해 벌어진다. 잘못된 결과를 초래한 많은 일이라도 의도 자체가 악한 것은 아니었음을 알게 된다. 자신의 말과 행위가 그런 참담한 결과로 이어질 줄 상상도 못하는 사이에 수많은 사건, 사고가 일어나고 '악' 그 자체가 되어 버린다.

교회와 기독교 기업, 믿음의 행보를 걷는 이들의 삶에서도 예외는 아니다. 너무도 평범한 일상을 통해 일어날 수 있는 것이 죄와 악이다. '그곳에 속해 있다는 이유만으로 악의 수행자가 된다', '자신은 명령을 따랐을 뿐인데 결과는 의도와 다르게 마무리된다'는 사실은 두려움이 아닐 수 없다. 2,000년 전 예수님께 책망받았던 서기관과 바리새인들, 종교 지도자들 중 많은 이의 죄악도 악의 평범성의 개념 속에서 들여다볼 수 있다.

그렇다고 악의 평범성의 개념이 그들의 죄 없음을 변호하는 근거가 될 수는 없다. 다만, 오늘 우리 삶을 관통하는 악한 영의 궤계, 우는 사자처럼 삼킬 자를 찾는 우리의 대적 마귀의 간교한 술책에 대해 깨어 기도하는 자의 경계심이 필요함을 인식하게 해준다.

신앙생활이라는 이름 아래 이어져 가는 일상 자체가 우리를 거룩하게 만들지 않는다. 표준화된 일상이 가져온 편리함과 효율이 우리가 알지 못하는 곳에서 악으로 실현될 수도 있음을 알아야 한다. 목사로서의 사역을 감당할 때의 두려움과 떨림의 이유요, 하나님의 인도하심의 은혜를 구하는 강한 이유이기도 하다.

SBS 방송국 토크 프로그램이었던 "힐링캠프"에 유명 개그맨이 출연했다. 방송이 진행되는 중 자신이 대중 강연 요청을 모두 거절하게 된 이유를 이야기했다. 자신이 한 대학에서 강의 후 참여자들과 질의응답하는 시간을 가질 때였다고 한다. 두 번째 대학 강의였는데, 학생들은 "당신의 성공의 기준은 무엇인가?"라는 질문을 시작으로 다양한 질문을 던졌다. 질문에 답변을 이어 가던 중 불현듯 '뭔가 잘못됐다'는 생각이 들었다고 한다.

'내가 지금 뭐 하고 있는 거지? 나보다 똑똑한 친구들에게 내가 조언을 한다고?'

'개그맨을 꿈꾸는 이들이라면 조언을 하겠는데 이들이 가고자 하는 길에 대해서 개뿔도 아는 게 없으면서 답변을 하고 있네.'

'나는 아직 부족한 사람인데 이 청년들이 부족한 내 얘기에 귀를 기울인 결과로 그들이 변해 간다면….'

준비되지 않은 분야에 대해서 말해야 하고 젊은 대학생들이 그 영향을 받을 수 있다는 생각이 들자 순간 두려운 마음이 엄습했다고 한다. 이후부터는 그 어떤 외부 강연도 거절하고 있다는 사연을 전했다.

한 분야의 최고 자리에서 인기를 구가하고 있는 그가 젊은이들에게 말할 거리와 자격이 왜 없겠는가? 어쩌면 자기 자신을 너무 낮춰 본 것일지도 모른다. 우리가 관심 갖고 보아야 하는 것은 그가 자신의 행동을 돌아보았다는 것이다. 자신의 말과 행동이 타인의 미래에 미칠 영향에 대해 두렵고 떨리는 마음으로 예측해 보는 신중한 자세를 취했다는 사실이다. 이러한 능력을 '메타인지'라고 한다.

인지심리학에서는 '상위인지'라고 불리는 '메타인지'는 '인식에 대한 인식', '생각에 대한 생각'을 의미한다. 자신의 말과 행동, 생각을 돌아보는 능력이며 무엇을 알고 모르는지에 대한 인식과 판단력을 말한다. '성찰', '자기평가', '자기점검', '자기관리'라는 말속에는 메타인지의 작동이 전제되어 있다. 주관적인 나를 객관적으로 바라보는 나의 또 다른 눈이라고나 할까. 한 연예인의 고백을 들으며 목사로서의 필자의 자리를 돌아보게 된다.

'목사로서의 나는 어떤 상태인가?'

'말씀 선포자로 충분히 준비되었는가?'

'진리를 증거하는 말씀의 사람으로 부름 받았는데 그 역할을 잘 감당하고 있는가?'

'설교와 강의, 상담을 통해 다른 사람들의 인생에 관여하는 자리에 설 때에 자신을 돌아보며 두렵고 떨리는 마음으로 사명의 자리를 감당해 왔는가?'

그 어떤 질문에도 "충분히 그렇다" 자신 있게 말할 수 없다. 그렇다고 나태하거나 오만한 자세로 사역에 임하지는 않았다. 최선을 다했다. 그럼에도 나 자신의 준비된 역량을 넘어서지 못하는 한계 아래 있음 또한 알고 있다. 나의 '최선'이 하나님 앞에서, 사람들 앞에서 진정 가치 있는 것이었는지는 또 다른 문제임을 알기에 항상 고민하게 된다. 나의 열심이 누군가의 삶에 악으로 작용할 수 있다는 사실은 두려움이다. 모든 일에 이런 마음으로 소극적인 자세를 취하는 것도 사역자로서의 바른 태도는 아니다. 분명한 것은 자신의 역할 수행과 영향력에 대해 진지하게 다가서는 자세는 언제나 옳은 태도라는 사실이다.

악의 평범성은 홀로코스트 상황에서만 유효하지 않다. 하나님의 일꾼이라는 목사의 일상을 통해서도 얼마든지 반복될 수 있는 일이다. 목사의 메타인지 안테나는 기도와 설교, 전도와 가르침의 현장에 설 때에 항상 강하게 작동되어야 한다.

그렇다면 목사의 메타인지력을 세워 가기 위해 우리의 선택은 어떠해야 하는가? 다시 기본으로 돌아가야 한다. 목사의 사역을 감당해 나갈 수 있는 목사의 배움이 디자인되고 실행되어야 한다.

탁월성을 이루는 목사의 공부법: 3가지 원칙

목사는 배움에 대해서 탁월한 사람이 되어야 한다. 학창 시절의 배움과는 또 다른 배움의 시간을 디자인해야 한다. 대중의 프로그래밍 독서를 넘어 탁월성을 세워 가는 과정을 설계해야 한다. 의무감에 의한 배움이어서는 안 된다. 투철한 사명감을 갖되 배움이 원함이 된 마음의 상태에서 진행되어야 한다.

모든 일의 시작은 동기로부터 비롯된다. 해야 하기 때문에 하는 것도 의미 있지만 하고 싶어 하는 것, 의무가 원함이 된 사람을 이길 수는 없는 법이다. 동기가 부여된 상태라 하더라도 일관성을 갖기 위한 환경을 마련해야 한다. 배움이 지속될 수 있는 여건 안에 머물러야 한다. 구조적 환경의 지원 없이 의지만으로 임계점을 넘어서는 배움의 과정을 지속해 가기란 결코 쉽지 않다.

성경적인 배움, 목사의 배움을 디자인하기 위해서는 다음의 3가지 원칙을 확인해야 한다.

첫째, 방향성에 대한 확신이다.

기독교 신앙의 제1원칙인 '하나님의 영광을 위하여' 나아가고 있는가 하는 물음에 대한 확신으로부터 출발해야 한다. 목사라면 누구나 자신하겠지만 자신의 메타인지로 살피고 객관적인 타인의 평가에도 귀 기울여야 한다. 기도가 필요한 이유다. 하나님의 영광을 위한 배움은 이 세상의 문제를 해결하는 것, 이웃 사랑을 위한 배움이어야 한다. 흔히 말해 '배워서 남 주기' 위한 의도가 자기애(自己愛)를 넘어서야 한다. 이기(利己) 자체가 문제가 아니라 이기가 이타(利他)보다 앞서갈 때 문제가 된다.

둘째, 무엇에 대한 배움이며 핵심 목표가 무엇인지 알아야 한다.

배움의 태도에 대한 이야기인 동시에 무엇을 배울 것인가 하는 내용의 문제를 포함한다. 나아가 어떻게 배워야 하며 배움의 결과로 목표하는 바가 무엇인지를 아는 포괄적인 이해 가운데 진행되어야 한다. 아는 만큼 사랑한다고 했다. 사랑의 태도와 의도가 분명한 사람에게 있어 중요한 것은 사랑의 콘텐츠다. 가족과 이웃을 사랑해도 의학 지식이 없는 상태로 병을 치료해 줄 수는 없는 법이다. 마음은 원할지라도 망가진 컴퓨터를 관련 지식 없이 수리할 수는 없다.

목사의 사역 속에서도 마찬가지다. 누군가를 가르치고 상담할 때에 준비된 만큼만 가르치고 상담할 수밖에 없다. 자신이 무엇을 알고 무엇을 모르는지에 대한 메타인지기 부족한 사람은 자신이 알지 못하는 것을 가르친다. 문제 해결을 위한 지혜자의 조언이 아니라, 불난 집에 기름을 끼얹는 실수가 언제든지 일어날 수 있다는 사실에 대해 생각해 보아야 한다.

셋째, 배움의 지속가능성에 대한 플랜이 있어야 한다.

목사의 배움은 잠시, 잠깐 동안 이어지는 프로그램이어서는 안 된다. 평생 교육, 평생 공부에 대한 계획 속에 진행되어야 한다. 성경을 연구함에 있어서도 그렇다. 태도는 물론이요, 성경공부의 내용 자체도 지속가능한 것이어야 한다. 개별적인 가르침의 남발이 아닌 통일성을 유지한 가운데 진행되는 지속가능한 가르침이어야 한다. 66권의 성경이 하나 되는 가르침이 우리 목회 현장에서 진행되어야 한다.

그 출발은 자신의 초기값을 파악하는 일로부터 시작되어야 한다. 무엇을 알고 모르는지에 대해 분명히 인지하고 있어야 한다. 그다음은 어떤 배움이 필요한가에 대해 아는 것이다. 지금 당장의 필요만이 아닌 내가 살아갈 미래 사회, 미래 목회 현장에서의 필요에 대해 예측해야 한다. 그 결과로 두 번째 항목인 '무엇을 배울 것인가' 하는 배움의 내용이 결정된다.

목사의 독서, 두 날개로 승부하라

사람들은 익숙함을 좋아한다. 목사들은 그런 경향이 더욱 심하다. 변하지 않는 진리, 복음을 믿고 선포하는 이들이기 때문일까? 변화를 이야기하지만 변화에 누구보다도 민감하다. 익숙함과의 결별을 힘들어한다. 배움에 있어서도 마찬가지다. 지금까지 배워 온 것을 고수하곤 한다. 독서에 있어서도 성경, 신학, 신앙의 울타리를 크게 넘어서지 못한다. 맡겨진 사역, 집중해야 하는 말씀 선포로 인해 어쩔 수 없는 면이 없지는 않으나 아쉬움이 크다.

신학독서에 있어서는 편향성이 더욱 심하다. 교단 신학 안에 갇혀 있다. 자신들만의 신학을 추구하는 것이 잘못된 것은 아니다. 자기 신학에 대한 자부심은 긍정적인 입장에서 바라볼 수도 있다. 다만, 나의 신학의 우월성을 강조하며 부족한 근거를 가지고 타 신학을 비판하는 경향성은 문제다. 타 교단의 신학을 심도 있게 다룰 기회조차 없는 경우가 대부분임에도 그런 태도를 취한다.

누가 옳으냐 그르냐를 따지자는 것이 아니다. 타 교단의 신학에 대한 학습과 연구 이후 논리적 결과를 가지고 비판하는 것과 무조건적인 비판은 결코 같을 수 없다. 학자의 자세가 아니다. 상식을 넘어 지도자로서의 목사가 취할 태도 또한 아니다. 상식에도 미치지 못하는 학문의 태도다.

목사의 독서는 태도에 있어서도 바로 서야 하지만 내용에 있어서도 균형 잡힌 것이어야 한다. 가 보지 않은 길을 가야만 한다. 한쪽 날개로 나는 독서가 아닌 두 날개로 비상하는 독서를 진행해야 한다. 성경은 오른쪽 날개요, 그 이외의 모든 주제의 책들은 왼쪽 날개다. 중심은 성경독서로 잡되 폭넓은 주제를 거비하는 독시가 진행되어야 한다. 특별계시인 성경독서에 일반계시인 천지창조의 세계, 성도들의 삶의 터전에 관한 주제로 학습독서의 영역이 확대되어야 한다. 독서에 있어서만큼은 두 마리 토끼가 아닌 세 마리, 열 마리 토끼를 쫓는 과정이 필요하다.

2016년 캐나다에서 5개월 동안 안식년 기간을 가졌다. 지금까지 살아온 순간들을 돌아보고 미래를 위한 새로운 도전과 도약을 위해 잠시 멈춰 가기를 선택했다. 안식년 기간 동안 이후의 사역에 대한 여러 가지 계획을 세웠다. 그중 필자에게 준비된 콘텐츠로 책을 출간하는 것을 제일 우선순위에 놓았음을 이야기한 바 있다. 다만, 방향은 우회하기로 했다. 목사로서 신앙도서 출간이 일반적이기는 하나 우선 일반 출판사와 접촉을 시도했다. 기독교교육 안에서 준비된 것이지만 세상 속 모든 이와 공유할 수 있는 콘텐츠라 여겼다. 목사로서 다양한 주제들에 대한 새로운 관점을 제시해 복음의 마중물로 삼기 위한 계획이었다.

반응은 예상 밖이었다. 출간제안서를 보내면 일주일이 지나지 않아 계약에 이르렀다. 하나의 출간제안서를 계기로 두 개의 출판사와 서로 다른 콘텐츠로 계약을 맺은 경우도 있었다. 2018년 5월에 시작된 이러한 도전 이후 여섯 곳의 출판사와 10권의 출간계약서에 사인을 했고 지난 3년간 7권의 책이 출간되었다.

목사이기에 성경을 중심으로 공부하고 사역을 진행해 왔지만 지난 25년간 두 날개로 비상하는 독서를 유지해 오기 위해 힘썼다. 성경적 가치관으로 천지창조 세계의 다양한 주제들에 대한 필자의 관점을 서술하기 시작했고 이러한 노력이 현장에서 열매 맺기 시작했다. 주위 동료 목회자들에게도 새로운 길에 대한 도전을 이야기하곤 한다.

"목사로서의 경험을 살려 책을 출간해 보라. 성경을 메인으로 하되 주변 학문에도 관심을 가져라. 맨땅에서의 헤딩이 아니다. 목사로 살며 사랑하며 배워 왔던 폭넓은 관심과 배움을 활용하면 된다. 사역의 영역을 확대시켜 가는 노력이 필요하다. 공부에 익숙한 목사의 재능을 살려라. 세상 속의 크리스천과 잠재적 크리스천인 세상 모든 사람에게 나눌 이야깃거리를 찾아라. 두 날개 독서가 마중물이 된다면 좀 더 다양한 영역에 있는 사람들에게 성경의 진리를 이전과는 다른 방식으로 나누는 계기를 마주하게 될 것이다."

부족한 필자의 작은 경험이지만 두 날개 독서와 글쓰기는 차원을 높여 가며 시도할 목사들의 사역이어야 함을 강조하곤 한다. 교회 안으로 사람들을 "와 보라" 초청하기 위해 그들의 세계로 "가 보라" 권면해 본다. 성경을 벗어나 천지창조의 다양한 세계로 나아가려는 이러한 노력은 목사의 일탈이 아니다. 진리를 벗어난 외도가 아닌 교회를 교회 되게 하며, 목사를 목사 되게 하는, 복음 들고 산을 넘는 자의 발걸음이라 생각한다.

솔로몬의 천지창조 학습법

솔로몬은 이러한 방식으로 왕의 교육을 받은 듯하다. 열왕기서는 전한다.

"하나님이 솔로몬에게 지혜와 총명을 심히 많이 주시고 또 넓은 마음을 주시되 바닷가의 모래같이 하시니 솔로몬의 지혜가 동쪽 모든 사람의 지혜와 애굽의 모든 지혜보다 뛰어난지라 그는 모든 사람보다 지혜로워서 예스라 사람 에단과 마홀의 아들 헤만과 갈골과 다르다보다 나으므로 그의 이름이 사방 모든 나라에 들렸더라 그가 잠언 삼천 가지를 말하였고 그의 노래는 천다섯 편이며 그가 또 초목에 대하여 말하되 레바논의 백향목으로부터 담에 나는 우슬초까지 하고 그가 또 짐승과 새와 기어 다니는 것과 물고기에 대하여 말한지라 사람들이 솔로몬의 지혜를 들으러 왔으니 이는 그의 지혜의 소문을 들은 천하 모든 왕들이 보낸 자들이더라"(왕상 4:29-34).

솔로몬은 고대의 왕이었지만 왕궁 안에서 일어나는 일, 정치와 전쟁에만 관심을 갖지 않았다. 그는 하나님의 율법을 바탕으로 하여 세상을 살아가는 지혜, 철학에도 관심을 가졌다. 잠언 3,000가지를 말할 정도의 지혜자였으며 시와 노래, 예술에도 일가견이 있었다. 그가 지은 시와 노래가 1,005편에 이른다.

솔로몬은 식물학에 정통한 자였다. '레바논의 백향목으로부터 담에 나는 우슬초까지' 모르는 것이 없었다. 동물학에도 관심을 가졌다. 땅 위의 동물은 물론이요, 하늘을 나는 조류(鳥類)에도 정통했다. 기어 다니는 곤충을 넘어 바다, 물고기들에 관해서도 전문가적인 견해를 가지고 있었다. 필자는 이러한 솔로몬의 공부법을 '천지창조 학습법'이라 부른다.

성경에는 하나님이 솔로몬에게 지혜와 총명한 마음을 주시는 장면이 기록되어 있다.

"여호와께서 솔로몬의 꿈에 나타나시니라 하나님이 이르시되 내가 네게 무엇을 줄꼬 너는 구하라…누가 주의 이 많은 백성을 재판할 수 있사오리이까 듣는 마음을 종에게 주사 주의 백성을 재판하여 선악을 분별하게 하옵소서…이에 하나님이 그에게 이르시되 네가 이것을 구하도다 자기를 위하여 장수하기를 구하지 아니하며 부도 구하지 아니하며 자기 원수의 생명을 멸하기도 구하지 아니하고 오직 송사를 듣고 분별하는 지혜를 구하였으니 **내가 네 말대로 하여 네게 지혜롭고 총명**

한 마음을 주노니 네 앞에도 너와 같은 자가 없었거니와 네 뒤에도 너와 같은 자가 일어남이 없으리라"(왕상 3:5–12).

성경에 한 구절로 표현된 솔로몬이 받은 지혜의 선물은 어느 날 갑자기 주어진 것이 아니다. 하나님은 약속하신 지혜의 선물을 주시기 위하여 솔로몬의 마음에 소원을 두고 공부하게 하셨다. 율법을 공부하게 하셨고, 세상의 이치를 묵상하게 하셨다. 하늘을 노래하게 하셨고, 땅을 탐구하게 하셨다.

솔로몬은 천지장소의 세계, 하나님의 일하심의 흔적들을 주목하여 보았고 알아 가기 위해 많은 시간을 투자했다. 관심 갖는 분야마다 취미를 넘어 배우고 익히는 일에 최선을 다했을 것이다. 보고 듣고 생각한 것만이 아니다. 수많은 책을 읽고 수천수만의 글을 쓰기 위해 밤을 지새웠을 것이다. 그 과정을 통해 임계점을 넘어서는 지식과 사고의 역량, 지혜를 소유하게 되었다.

오늘 우리가 아는 솔로몬의 지혜는 하나님이 허락하신 인생의 시간 속 노력의 과정을 통해 그의 삶의 누림이 되었고 은혜의 고백이 되었다. 하나님의 은혜는 우리의 일상 속에 임한다. 하나님은 준비된 것으로 은혜의 도구를 삼으시며, 마음에 소원을 두고 행하게 하심으로 하나님의 선물의 소유자가 되게 하신다.

격투기에서 '바디를 치면 안면이 열린다'는 말이 있다. 몸통을 공격하여 얼굴 쪽의 방어를 느슨하게 한 뒤 안면 공격을 이어 가는 전술

중 하나다. 어느 한쪽을 공략하는 것은 다른 방향의 공격과 수비와도 긴밀하게 연결되어 작동된다는 것이다. 독서에 있어서도 마찬가지다. 한 분야의 정보는 그 자체로만 수용되지 않는다. 학습자는 정보를 받아들이는 가운데 사고력도 함께 세워 가게 된다. 자신에 대한 이해의 깊이가 더해 갈수록 하나님의 은혜가 선명해진다. 하나님이 창조하신 세계, 그 세상을 채우고 있는 주제들에 대한 이해가 깊어질수록 하나님을 더욱 깊이 알아 가게 된다.

솔로몬의 다양한 분야의 탐구 활동은 영적 공부에서 벗어난 학문의 욕망이 아니었다. 자신과 세상과 하나님을 더 깊이 알아 가는 과정이었다. 그는 다양한 주제에 대한 앎을 추구하는 가운데 하나님이 맡기신 사명을 감당해 갔다. 독서하고 연구하며 하나님께 선물 받은 지혜는 나라를 다스리고 세상과 소통하는 지혜, 하나님이 주신 말씀의 성취 도구가 되었다. 그것이 은혜다. 마음에 공부의 소원을 두고 행하게 하신 하나님의 인도하심에 순종한 솔로몬의 선택이 그를 지혜롭고 총명하게 만드신 하나님의 손길이었으며 축복이었다.

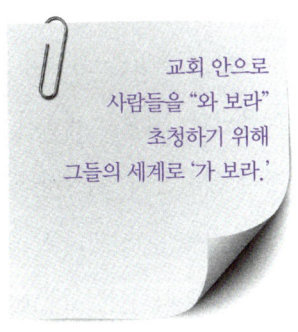

교회 안으로 사람들을 "와 보라" 초청하기 위해 그들의 세계로 '가 보라.'

6

목회에 색을 입히다:
딜레마에 빠지지 않기

얼마 전부터 사람들 사이에 '밸런스 게임'(balance game)이 유행이다. 밸런스 게임이란 선택하기 어려운 두 가지 상황을 제시하고 그중 한 가지를 선택하는 게임이다. "카레 맛 똥과 똥 맛 카레 중 하나를 선택한다면?" 이런 식의 문제에서 택일하는 게임이다. 유치하기도 하면서 뭔가 하나를 선택하기에는 머뭇거려지는 문제 앞에 상대방을 세운다.

밸런스 게임을 접하며 조셉 플레쳐(Joseph Fletcher)의 책 『상황윤리』가 떠올랐다. 밸런스 게임과 상황윤리의 비슷한 점은 극단의 두 가지 상황을 제시한 후 택일하라는 것이다. 다른 점이라면, 상황윤리는 윤리에 초점을 둔 선택의 문제라면 밸런스 게임은 현실 속 즐거움을 위한 감정선의 터치 정도라고나 할까! 밸런스 게임은 선택의 결과가 개인적인 상황의 변화에 머문다면 상황윤리의 선택은 나를 넘어 관계적이며 사회적인 결과로 이어지게 된다.

딜레마에 빠지지 않기, 벗어나기

'딜레마'(dilemma)도 밸런스 게임과 상황윤리와 맥을 같이하는 말이다. 딜레마는 그리스어로, 둘을 의미하는 'di'와 제안을 의미하는 'lemma'의 합성어다. 선택이 어려운 두 가지 선택지 앞에 서 있는 상황을 말한다.

일상 대화 속에서 '딜레마'라는 어휘를 사용할 때면 대체로 '빠졌다'라는 말이 뒤따른다. 딜레마 자체가 위험과 위기 상황임을 드러내 준다. 선택이 어려운 이유는 여러 가지겠지만 어느 하나를 선택하더라도 반드시 뒤따르는 어려움이 있기 때문이다. 기회비용(機會費用)이 큰 선택인 경우가 대부분이다. 이때 대다수는 자신에게 피해가 덜 가는 선택을 하게 된다. 진퇴양란의 순간이다.

딜레마가 유지되는 순간을 '딜레마 존'(dilemma zone)이라 한다. 교차로에 막 들어서는 운전자에게 신호등이 주황색에서 빨간색으로 바뀐 순간은 딜레마의 순간이다. 빨간색으로 바뀌었으니 서야 하는가, 아니면 빠르게 지나갈 것인가? 찰나의 순간, 이러지도 저러지도 못하고 당황하는 이들이 많다. 운전자에게 딜레마 존은 사고 다발(多發) 구간이다.

사람들은 딜레마의 이러한 두 가지 상황을 '성난 황소의 두 뿔'이라 표현하기도 한다. 딜레마의 순간, 성난 황소의 두 뿔 앞에서 우리는 어떻게 해야 하는가? 딜레마의 두 뿔을 부여잡을 것인가, 피해 갈 것인가? 하나를 선택할 것인가? 두 뿔 사이를 잘 빠져나갈 방법은 존재하는가? 딜레마에 빠진 이들은 투우사가 되어 양자택일해야 한다. 그러지 못하면 두 뿔에 큰 상처를 입게 된다.

이판-사판, 이중-목회

고려가 망하고 조선이 건국되며 억불숭유(抑佛崇儒) 정책이 펼쳐졌다. 승려들은 천민 계급으로 전락하게 되었고 탄압의 대상이 되었다. 생존을 걱정해야 하는 상황이 펼쳐져 나갔다. 지금까지와는 다른 선택을 해야만 하는 기로에 놓이게 되었다. 이러한 상황 속에 승려들은 이판승과 사판승으로 나뉘게 되었다.

이판승은 속세를 떠나기로 결정했다. 도시 중심에 자리하고 있던 사찰은 산속으로 이전되기 시작했다. 산속에 은둔하며 참선을 통해 불법을 이어 가는 선택을 했다. 사판승의 선택은 이판승과는 달랐다. 현실을 받아들이고 문제를 해결해 가려 했다. 사판승은 사찰을 유지하기 위해 종이를 만들고 성의 수비를 맡는 등 잡역(雜役)에 종사했다. 어떤 일이든 마다하지 않는 승려로 위기 앞에 적극적으로 대처해 나갔다.

이판승과 사판승 모두에게 있어 조선시대는 암흑기였다. 서로 다른 방식이지만 막다른 골목에서 자신만의 방식으로 사찰을 유지하고 수

행하며 불법을 이어 갔다. '이판사판'이라는 말은 불교계의 아픔을 기억하게 하는 동시에 위기 극복을 위한 승려들의 처절한 노력을 떠올리는 말로 기억된다.

코로나19 이후 교회가 재정적인 어려움에 몰리자 목회자들이 생활 전선으로 떠밀리게 되었다. 목회자로서의 사명은 잊지 않고 있지만 당장 눈앞의 생존 문제는 해결해야 했다. 어떤 이들은 "목사가 말씀과 기도로 문제를 풀어 가야지, 돈을 벌기 위해 일하는 것은 옳지 않다" 말한다. 이중직이라 불리는 문제 앞에 기독교 내부에서는 개념 정리가 진행 중이다.

문제는 이중직 자체가 아니다. 선택한 이중직이냐, 떠밀린 이중직이냐의 문제다. 선택한 이중직에서는 그나마 의미를 찾을 수 있다. 원하지 않는 가운데 생존을 위해 떠밀려 선택한 이중직의 현실 앞에 딜레마에 빠진 것은 목사 개인만이 아니다. 목사 한 사람의 문제를 넘어 교회 전체가 고민하고 대처해 가야 할 문제다.

목회의 색깔이 바뀌고 있다. 선택한 것이기보다는 시대가 안겨 준 변화에 따라 입힌 색깔이다. 20세기 들어 천천히 진행되어 오던 변화는 코로나19를 기점으로 색깔 자체가 바뀌기 시작했다. 오색찬란한 일곱 빛깔 무지개의 아름다움이 아니다. 너무나 갑자기 닥친 변화 앞에 주어진 다양한 선택지는 한길만을 생각하며 살아온 이들에게는 준비하지 못한 채 맞이한 현실이 되어 버렸다. 앞당겨진 미래를 수용하고 목회를 하게 될 목사들의 오늘은 이후 어떤 시간들로 평가받게 될까?

멀티 페르소나의 시대

'페르소나'(persona)는 연극배우가 쓰는 탈을 칭하는 말이다. '멀티 페르소나'(multi-persona)는 변화하는 상황에 따라 다른 모습으로 변신하며 적응해 가는 주도적인 태도를 말한다. 그런 관점에서 오늘 우리가 사는 시대정신 중 하나가 바로 멀티 페르소나다.

예전에 연예인 마케팅의 핵심은 신비감 유지였다. 작품을 통한 소통 이외의 활동은 최대한 줄였다. 베일에 가려진 사람, 신비감 자체가 경쟁력이었다. 팬들과의 소통이 인기에 도움이 되기도 했지만 말과 행동의 노출이 많아질수록 실수하는 기회 또한 늘어나는 법이다. 시대는 변했고 연예인들의 마케팅에도 많은 변화가 일었다. 배우, 가수가 점잖은 이미지를 벗어던지고 자신의 있는 모습 그대로를 보여 주는 프로그램들이 늘어나기 시작했다.

윤종신이라는 가수가 대표적이다. 그는 오랜 기간 분위기 있는 발라드 가수로 인정받아 왔다. 그런 그가 언젠가부터 가요 무대보다 연예 프로그램에 자주 등장하기 시작했다. 째진 목소리로 실없이 보이는 행동을 주저하지 않았다. 그를 특별히 좋아하지 않았던 필자조차 '저 사람이 저렇게 행동하다가 이미지가 추락해 가수 활동을 할 수 없는 지경에 이르는 것은 아닐까?' 걱정한 적이 있다. 그러나 대중의 생각은 달랐다. 그를 더욱 친근하게 여기며 이전보다 더 많은 사랑을 주기 시작했다. 완벽한 사람보다는 뭔가 대중과 비슷한 경계선을 오가는 사람, 그런 그에게 친근감을 느끼는 듯했다. 그리고 그가 무대에 설 때면 가수로서의 그의 모습도 있는 그대로 받아들이고 있었다.

방송국과 연예인들도 이러한 시대적 변화를 감지했기 때문인지 많은 방송 프로그램의 콘셉트에 큰 변화가 일기 시작했다. 연출된 이미지 관리로 신비화 전략을 취하기보다는 최대한 자연스러운 상황 속에서 대중과 호흡하는 모습으로 승부하기 시작했다.

오늘 우리가 사는 시대는 어느 때보다 자기 관리가 필요한 시대다. 자기 관리는 상대를 속이는 것이어서는 안 된다. 연출된 이미지로는 긴 생명력을 유지할 수 없다. 어느 때보다 진실함으로 소통해야 한다. 자신의 장점에 대해서는 자신감 있어야 하며, 단점과 약점에 대해서는 솔직해야 한다.

오늘의 시대, 진실한 멀티 페르소나로 살아가야 한다. 자신 안에 있는 여러 가지 정체성 모두가 자기 자신일 수 있음을 부정해서는 안 된다. 진리와 비진리의 문제가 아니다. 옳고 그름의 문제도 아니다. 사회적 분위기로 인해 감춰져 있던 자신의 존재, 정체성을 찾기 위한 노력이 필요하다. 나도 모르는 나의 진면목에 대한 이야기다.

막연한 희망에 대한 이야기가 아니다. 자신이 부정해 온 하나님이 준비시키신 부르심에 대한 이야기다. 하나님의 부르심을 나의 선입견이 가로막는 일은 얼마든지 우리 삶에서 일어나고 있다. 자신 안의 선입견을 극복해 내야 한다. 결코 쉬운 일은 아니다. 분명한 것은, 넘어서야 할 과제이며 해결해야 할 문제라는 사실이다.

목회에 색을 입혀라

"은과 금은 내게 없거니와 내게 있는 이것을 네게 주노니 나사렛 예수 그리스도의 이름으로 일어나 걸으라"(행 3:6).

겸손도, 자신감도 아니다. 베드로에게 실재했던 현실이다. 우리의 고백이어야 한다. 예수님의 이름 앞에 목사로 부름 받은 자들은 변화된 세상 속에서 자신만의 색깔을 찾아야 한다. '내게 있는 것'으로 줄 수 있는 목사가 되어야 한다. 많은 목사가 '나의 것'이 아닌 '남의 것'으로 승부하려 한다. 나의 것, 하나님이 나에게 주신 것에 대한 깊은 고뇌 없이 모두가 가는 길을 따라가려 한다.

남의 '목회 색'을 흉내 내는 카피쟁이가 되어서는 안 된다. 시대가 입혀 준 색이 아닌 나만의 색을 가져야 한다. 내 안의 멀티 페르소나, 목사라는 이름 아래 감추어져 있던 나의 또 다른 모습으로 승부할 필요가 있다. 인기를 위해서가 아니다. 사람을 얻기 위해서다. 영혼을 얻기 위해서다.

사람들이 자주 하는 실수는 상어를 수영으로 앞지르려 한다는 것이다. 상어와 수영하려 하지 말라. 그럴 필요 없고, 그래서도 안 된다. 따라잡을 수 없을뿐더러 상어의 먹이가 된다. 자신에게 준비된 것이 아님에도 '목사는 이러해야 돼' 하며 그것을 고집한다. '그것'이 진리가 아니라면, 진리를 증거하기 위한 수단과 도구라면 '내게 있는 것'으로 대체되어야 한다.

  예수 그리스도의 이름으로 나를 부르신 부르심에 대해 고민해야 한다. 누군가는 지금까지 경험하지 못한 세계로의 부르심일 수 있다. 지난 시간, 하나님이 나로 하여금 시간을 쏟게 하셨고 준비하게 하신 것들 속에서 찾을 수 있다. 나의 마음에 소원을 두고 행하게 하신 세계 속에 하나님의 사인(sign)이 숨겨져 있다.

  예수님은 바울이 예수 안에서 배설물로 여겼던 것들, 그것들을 무기로 세상을 상대하게 하셨다. 배설물로 여김은 우리의 태도이지만 그것을 활용하심은 하나님의 선택이다. 혹 주님이 준비하신 것을 내가 배설물로 버려 내 인생의 저 한 귀퉁이 골방에 방치된 것은 없는가?

  필자에게 독서와 글쓰기는 '내게 있는 것'이다. 신학생 시절, 독서와 글쓰기를 나의 사역으로 삼고 집중할 때 가장 외면했던 이들은 동료 신학생들이었다. 교회 밖, 예수 그리스도를 모르는 이들이 집중하는 세상적인 활동이라 여겼다. "목사가 될 사람이 목회와 기도와 설교로 승부해야지 인간적인 공부에 집중하는 것은 인본주의적인 태도다"라고 했다. 모두가 공개적으로 반대한 것은 아니었지만 목사로서의 필자의 선택을 지지해 주는 이들은 많지 않았다.

  독서는 단순히 책을 읽는 행위가 아니다. 독서를 통해 하나님–세계–인간, 그리고 나를 알아 가는 시간이다. 필자에게 독서는 하나님의 사람으로 나를 부르신 그분께 나아가기 위한 발버둥이었으며, 위기 속의 응급처치와 같은 방법이었다. 독서를 통해 마주한 적 없는 나를 발견해 가는 축복을 누렸다. 그러는 가운데 과정의 독서가 필자의 사역 그 자체가 되어 버렸다.

모두 필자처럼 독서를 사역의 도구로 삼을 필요도, 그럴 수도 없다. 다만 독서가 목사의 사역과 목회에 색깔을 입혀 가는 모두의 도구가 되어야 한다는 사실만큼은 변함없다. 지혜가 필요하다.

목회의 사계절, 그리고 새로운 계절

진리는 변하시 않는다. 복음도 변함없다. 그러나 이외의 모든 것은 변한다. 목회의 계절이 바뀌고 있다. 봄, 여름, 가을, 겨울 등 지금까지 우리가 경험한 사계절이 아닌 전혀 새로운 계절 앞에 우리는 서 있다.

신앙인, 목사로 산다는 것을 어떤 정해진 형태의 삶으로 고정시켜 놓아서는 안 된다. 나만의 정의를 세우고 나의 기준을 갖는 것은 필요하다. 다만, 그것만이 성경적이며 하나님의 뜻이라는 생각에서는 벗어나야 한다. 컨베이어 벨트를 지나 완성된 모두 똑같은 모습의 목사가 아닌, 하나님의 공방에서 그분이 직접 빚으신 나의 모습, 나의 색깔을 회복해야 한다. 하나님이 나에게 주신 것, 몸 된 지체를 세워 가기 위해 나에게 허락하신 내게 있는 것으로 살아가는 목사가 되기를 소망한다.

"무엇이 진리인가? 무엇이 하나님의 뜻인가? 무엇이 믿음이며 신앙인가? 그리고 무엇이 목회이며, 나의 목회는 어떠해야 하는가?"

정해진 답의 요구가 아닌 우리 각자의 삶에 던져 주신 풀어야 할 과제, 응답해야 할 그분의 질문이다.

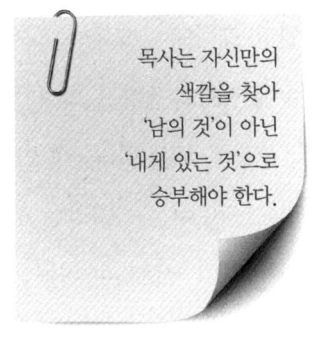

목사는 자신만의 색깔을 찾아 '남의 것'이 아닌 '내게 있는 것'으로 승부해야 한다.

7

바울의 엔딩 크레딧:
믿음의 얼라이언스를 디자인하라

엔딩 크레딧

'엔딩 크레딧'(ending credit)은 영화가 끝난 직후 스크린 자막을 통해 제공되는, 영화 제작과 관련된 정보를 말한다. 배급사, 제작사, 감독, 주요 연기자, 제작진 등을 상세하게 소개한다. 감동적인 영화를 볼 때면 엔딩 크레딧이 모두 올라가기까지 자리를 뜨지 못한다. 흐르는 음악 속에 영화의 감동을 되새기고 여운을 곱씹는 시간을 갖게 된다.

상상해 보곤 한다. 내 인생의 마지막은 어떤 모습일까? 내 삶의 엔딩 크레딧이 올라간다면 어떻게 쓰일까? 나의 마지막 모습이 어떠할지는 알지 못하지만 어떠한 상황 속에 있을지라도 여운 있는 삶의 마지막 시간을 마주하기를 바라는 마음이 있다. 그 순간을 생각할 때마다 떠오르는 장면이 있다. 사도 바울의 마지막 고백이다.

> "나는 선한 싸움을 싸우고 나의 달려갈 길을 마치고 믿음을 지켰으니 이제 후로는 나를 위하여 의의 면류관이 예비되었으므로 주 곧 의로우신 재판장이 그날에 내게 주실 것이며 내게만 아니라 주의 나타나심을 사모하는 모든 자에게도니라"(딤후 4:7-8).

아름다운 고백이다. 이것이 찬양이며 하나님을 향한 영광의 선포다. 바울의 엔딩 크레딧 중 최고의 장면이요, 모든 크리스천의 마지막 고백이기를 바라는 승리와 감사의 선포다.

아름다운 엔딩 크레딧은 그냥 만들어지지 않는다. 영화에서는 작가와 연출자, 제작사와 배우 및 모든 스태프가 하나 되어 자신의 역할에 충실했을 때 누리게 되는 축복이다. 어느 한 역할에서라도 삐그덕거린다면 마주할 수 없는 결과다. 인생도 마찬가지다. 여운 있는 삶을 살았다는 것은 본인의 삶에 충실했다는 것과 동시에 자기 인생 여정을 도왔던 훌륭한 사람들과의 관계가 있었음을 이야기하는 것이다.

나를 완성시키는 것, 만남

"내가 달려갈 길과 주 예수께 받은 사명 곧 하나님의 은혜의 복음을 증언하는 일을 마치려 함에는 나의 생명조차 조금도 귀한 것으로 여기지 아니하노라"(행 20:24).

사도 바울의 시작은 예수님과의 만남으로 출발한다. 회심한 바울은 하나님의 은혜에 감사하며 남은 인생을 복음 증거하는 일에 헌신하리라 고백했다. 어떠한 어려움 앞에서도 맡겨진 사명을 감당할 마음의 자세가 준비되었다.

하나님이 함께하시고 사역자의 이런 자세만 있으면 충분한 것일까? 그렇다. 그것이 핵심이다. 그리고 또 한 가지 잊지 말아야 하는 사실은 사도 바울을 돕는 손길, 만남의 축복이 없었다면 우리가 아는 사도 바울은 존재할 수 없었음이 분명하다는 것이다. 이것이 임마누엘의 은혜다. 하나님의 은혜는 신비하며 강권적인 역사로도 임하지만 대부분의 경우 우리 일상의 만남을 통해 임한다.

오늘 우리 크리스천의 삶을 세운 것도 하나님이 허락하신 만남이며, 내일의 나를 만드는 것도 은혜 가운데 이루어질 만남을 통해서다. 예수님을 믿어 구원받았다 할지라도 부모님, 배우자, 스승, 동료, 제자, 자녀 등 어느 누구 하나라도 만남으로 이어지지 않았더라면 오늘의 나는 존재할 수 없었다. 스승이 중요하다지만 나의 변화와 성숙의 과정 속에 제자와의 관계가 세워지지 않았다면! 배우자와의 만남과 사랑이 중요하다지만 나에게 자녀가 없었다면!

만남이란 퍼즐의 조각이다. 하나하나의 만남도 중요하지만 모두가 연결되고 하나 될 때 완성된 그림을 보여 준다. 다른 만남의 의미를 완성시켜 갈 뿐 아니라 나를 더욱 온전한 존재로 세워 간다.

사도 바울의 인생 가운데 예비된 은혜, 만남이 가득했다. 먼저 아굴라와 브리스길라 부부다. 그들은 어려울 때 바울의 곁을 지켰다. 바울과 장막 짓는 일을 같이 했고 그가 복음으로 인해 고난당할 때 함께했다. 바울과 함께 갇힌 자 된 동역자 아리스다고와 에바브라도 있었다. 위로의 아들 바나바는 성령과 믿음이 충만한 동역자였다. 바울은 바나바와 동역하는 가운데 바나바의 조카 마가로 인해 다투고 갈라서기도 했다. 동역하던 길을 벗어나 서로의 사역에 집중하는 시간도 있었다. 하나님의 일을 하는 가운데서도 있을 수 있는 인간의 일이다. 이런 약함을 통해 일하시는 하나님의 큰 은혜를 마주하게 된다.

에바브로디도는 바울에게 필요한 것을 공급하며 사역을 도왔고, 바울은 "나의 형제요 함께 수고하고 함께 군사 된 자"(빌 2:25)라 그를 소개했다. 사랑을 받는 의사 누가도 빼놓을 수가 없다. 바울의 동역자인 동시에 누가복음과 사도행전을 기록하여 초대교회의 실상과 사도 바울의 사역을 우리에게 전해 준 인물이다.

이외에도 오네시모, 세군도, 실라, 디모데, 디도, 두기고, 빌레몬 등 헤아릴 수 없이 많은 동역자의 지원과 후원, 기도가 사도 바울을 지켰고 도왔으며 사역에 힘이 되어 주었다. 바울의 인생 영화의 엔딩 크레딧에 나타난 이들 한 사람, 한 사람의 도움이야말로 바울의 선교 일상 속 하나님의 은혜요 위로였다.

영화 "조커"에서 조커는 배트맨에게 이야기한다.

"You complete me!"(너는 나를 완성시켜!)

영화 속 악당 조커는 정의의 수호자 배트맨이 있기에 그 존재 가치가 부각된다. 우리가 사는 세상 속 인간관계가 그렇다. 결코 혼자 존재할 수 없다. 상대가 나를 반대하는 사람이건, 나의 힘이 되는 사람이건 그들과의 관계 속에서 한 사람의 인생은 완성되어 간다. 만남을 부정하고 관계를 멀리하는 것은 나를 부정하는 것이요, 인간 존재로서의 변화와 성숙을 멀리하는 것과 다르지 않다.

돈으로 살 수 없는 것이 있다. 믿음도, 구원도, 사랑도 돈으로 살 수 없다. 그리고 만남 속의 신뢰도 돈으로 살 수 없다. 사도 바울이 믿음의 삶을 살며 아름다운 고백으로 인생을 마무리할 수 있었던 것도 하나님의 은혜가 주변 사람들과의 관계를 통해 바울의 삶을 완성시켜 갔기 때문이다.

믿음의 얼라이언스를 맺어라

2006년, 191일간의 세계여행을 떠났다. 9년간의 교회 밖 대안학교 사역을 마무리하고 담임 목회자로 부임하기 전 쉽지 않은 시간을 내었다. 세계여행을 준비하며 항공권을 알아보는 가운데 세계일주항공권이 있음을 알게 되었다. 필자는 아시아나 항공사가 가입되어 있는 스타얼라이언스 세계일주항공권을 구입했다. '얼라이언스'(alliance)라는 단어에서 알 수 있듯 세계의 항공사끼리 동맹, 연합체를 꾸려 서로의 비행기와 노선을 공유하는 서비스다.

6개월 조금 넘는 일정 동안 3개 대륙 18개국을 다녀왔는데, 그 기간 8개국 여행사의 비행기 11회를 타고 대륙과 국가를 오갈 수 있었다. 항공권을 407만 원에 끊었으니, 얼라이언스를 이용하지 않고는 구입 불가능한 금액이었다.

교회와 믿음의 사람들은 어떠한가? 하나님이 예수의 피로 하나 되게 하신 교회의 몸 된 지체는 건강한가? 실상은 그렇지 못하다. 기업들도 자신들의 이익을 위해서는 얼라이언스를 맺어 상생을 도모하는데, 복음 안에서 교회의 나뉨은 아이러니 그 자체다. 지역교회의 연합과 동맹이 없는 것은 아니다. 총회와 노회, 지역 연합체들도 함께 일을 도모하기도 한다. 그러나 교회와 정치, 인간관계 속에 수많은 불문율을 전제로 맺어진 '약한 얼라이언스'이기에 민감한 사안 속에 언제든 깨지고 갈라선다.

교회의 하나 됨은 우리의 누림이 아닌 추구할 비전이 되어 버렸다. 이것이 현실이다. 그러한 현실만 탓하고 손 놓고 있을 수는 없는 법이다. 나로부터 시작하여 믿음의 얼라이언스를 맺어 가야 한다. 교단과 교단, 교회와 교회는 어렵더라도 목사와 목사, 크리스천과 크리스천 등 일대일의 관계로부터 시작하면 된다. 불가능한 상황 속에서의 가능성은 항상 나 한 사람으로부터 찾고 시작되어야 한다. 하나님이 일하시는 방식이다. 하나님이 이스라엘을 구원하신 것도 강력과 군대와 대중을 통해서가 아니다. 흩어진 자들, 쫓겨난 자들 중에 하나님이 남겨 두신 이들을 통해 역사를 이루어 오셨다.

목사들의 독서 얼라이언스 구축하기

목사들이 너무 바쁘다. 만남이 소중하다 강조했지만 너무 많은 사람과 스케줄을 공유한다. 때로는 중심을 잃은 만남이 가득하다. 목회 사역의 외로움을 채우기 위해 많은 모임에 참여한다. 외로움에 홀로 있음의 자리로 나아가기보다는 대중 속에서 시간을 보낸다.

사람과의 만남이 무엇이 문제겠는가. 하나하나 중요하지 않은 모임이 없다. 다만, 목사의 사명 감당을 위한 지혜의 자리가 요구된다. 인간관계를 끊어 낼 필요는 없지만 정리할 필요는 있다. 하나님이 맡기신 시간의 청지기로서 부끄럽지 않도록 목사로서의 사명 감당을 위한 만남과 시간 관리가 필요하다.

그중에서도 놓쳐선 안 되는 것은 목사의 공부를 위한 만남이다. 말씀을 연구하고 나누는 정기모임이 필요하다. 목회 현장으로서 부딪히는 세상과 사람들을 알아 가기 위한 공부 자리가 필요하다. 홀로 있는 자리로 나아가 묵상하고 연구하는 공부가 최선이겠지만 함께하는 공부 자리도 필요하다. 공부에 있어서도 시너지를 활용하는 것은 지혜다. 함께하는 공부는 지속성을 갖게 한다. 나보다 한두 걸음 앞서나가는 사람을 보며 동기를 부여받을 수 있다. 나보다 나중 된 자에게 영향을 나눌 수 있는 공부 환경도 필요하다. 지체의 하나 됨은 서로의 준비됨과 준비되지 못함이 어우러져 서로를 보완하는 가운데 진행되는 시너지다.

목사는 마에스트로가 되어야 한다. 자기의 플레이에 충실하되 거기에만 빠져서는 안 된다. 주변을 살펴야 한다. 나 홀로 독주해 가는 것이 아니라 협주를 위해 완급을 조절해야 한다. 모두의 조화를 이끌어 가는 얼라이언스, 목사의 변화와 성숙을 이루어 가는 목회, 목사의 공부 자리는 하나님의 나라를 이루시는 그분의 일하심이다.

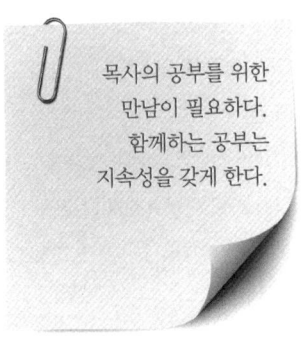

목사의 공부를 위한
만남이 필요하다.
함께하는 공부는
지속성을 갖게 한다.

학습독서 워크숍

개념

학습독서는 프로페셔널 리딩(Professional Reading)이다.

학습독서는 프로페셔널 리딩이다. 배움의 질을 높여 가는 과정 학습이다. 학습독서는 기존 지식에 새로운 지식을 더하는 과정으로 진행되어 간다. 여기서 창의력이 발현된다. 새로운 배움이 지속적으로 발생되어야 한다. 항상 같은 수준, 같은 내용만 수용된다면 사고력은 향상되지 않는다. 수용되는 지식의 내용과 질도 관리되어야 한다. 사고력을 향상시키는 독서는 배우는 내용에 대하여 자신의 의견과 주장을 세워 가는 독서 후 활동으로 이어져야 한다.

방법

기존에 소개된 독서법 중 학습독서 차원의 방법들은 다음과 같다.

첫째, 박독(博讀)이다.
폭넓은 독서를 추구한다. 천지창조의 세계를 살피는 독서다. 자연을 넘어 문헌정보학자들이 정리한 도서관의 십진분류를 활용하면 큰 도움이 된다. 목사의 박독서는 세상을 알아 가는 과정 학습이다. '아는 만큼 사랑할 수 있다'는 말은 목사에게 꼭 필요한 말이다. 성경을 중심에 두되 목사의 일상 중 박독을 통해 세상을 알아 가는 노력은 지속되어야 한다.

교양독서의 다독과 학습독서의 박독의 차이를 결정하는 것은 쓰기의 활용이다. 느낌쓰기를 넘어 요약 정리가 함께 가면 도움이 된다. 요약의 과정은 힘든 사고 과정을 요구한다. 그 결과로 주어지는 선물은 지식과 지혜가 자라는 과정의 진보다.

둘째, 정독(精讀)이다.

자세히 읽는 독서다. 본문의 내용을 충실히 살피고 음미하는 숙독(熟讀)이다. 박독을 통해 살핀 주제들 가운데 좀 더 깊은 세계로 나아가려는 이들에게 필요한 독서다. 본문의 내용을 파악하는 것이 정독의 1단계이며, 다양한 기존 지식과 연결 지어 가며 깨달음으로 나아가는 것이 정독의 다음 단계다. 정독은 학(學)을 넘어 습(習)의 단계로 나아가는 길이기에 자연스럽게 내용이 기억되고 책의 내용이 삶의 주제와 연결되며 적용되는 경험을 하게 된다.

셋째, 강독(講讀)이다.

정독이 개인적인 숙독이라면, 강독은 공유하는 숙독이다. 정독이 자세히 읽고 묵상하는 독서라면, 강독은 정독의 결과를 대상과 함께 나누고 확인하는 과정이다. 정독의 독서 효과도 크지만 강독을 통한 효과는 배움의 질적 강화로 연결된다. 강독은 대체로 자신이 읽고 깨달은 것을 강론하는 형태로 진행되거나 서로 토론하는 가운데 의미를 밝히는 형태로 진행된다. 넓은 의미에서 스티븐 코비(Stephen Covey)가 이야기한 '3인 학습'도 강독의 차원에서 이해할 수 있다. 전통 유대인들의 학습 방법인 하브루타를 독서와 연결 지어 진행한다면 눈높이를 낮춘 강독의 진행도 가능하다.

적용

목사의 학습독서는 사고력을 높이는 독서를 추구한다. 사고력의 확장은 정보력의 확장에 뒤따른다. 정보력이 향상된다고 무조건 사고력이 향상되는 것은 아니지만, 정보력의 향상은 사고력 향상을 위해 반드시 동반되어야 한다.

사고력을 향상시키는 학습독서에서 요약은 그 시작에 속한다. 요약은 사실을 보는 능력이요, 정리하는 능력이다. 학(學)이 되어야 습(習)이 효과적으로 진행되기에 효과적인 학습독서를 위해 요약의 훈련이 필요하다.

● 학습독서 요약 워크숍

목사라면 누구나 배움의 과정에서 요약을 해보았을 것이다. 아이러니는 요약을 요구받았지만 요약을 배운 적은 없다는 것이다. 요약은 훈련이 필요하다. 가장 중요한 것은 반복이다. 지속성이 확보되어야 요약력을 세워 갈 수 있다.

이번 요약 워크숍에서는 지속적인 요약의 실행을 돕기 위해 도식화한 간단한 요약 매뉴얼을 소개한다. 책을 읽고 요약하고 강의안을 작성하는 일에 이 워크시트를 활용하여 훈련해 보라. 학습독서 요약의 횟수가 늘어나며 정보와 지식에 질서가 부여되는 경험을 하게 될 것이다.

요약의 6단계는 다음과 같다.
첫째, 글 또는 책의 핵심 키워드를 찾으라(교양독서의 3단계 워크시트 적용).
둘째, 핵심 키워드를 중심으로 글 또는 책의 주제 문장을 만들라.
셋째, 글쓴이의 주장과 전제를 한두 문장으로 정리하라.
넷째, 글쓴이의 저술 의도, 주장의 근거를 찾아 정리하라.
다섯째, 주제, 주장, 의도가 잘 드러난 문장 몇 개를 발췌하여 기록하라.
여섯째, 주제와 저자의 주장, 전제, 의도에 내용을 더해 필요한 분량으로 요점을 정리하라.

workshop

사고력을 세우는 키워드 독서 워크숍			일시	2021년 ○월 ○일 ○요일		
책제목		목사의 독서법	저자	장대은	출판사	생명의말씀사

핵심 키워드(Main keyword)			시냅스-연관 키워드(Synapse keyword)			
목사의 독서법	①	교양독서	㉠ 사랑		㉡ 인문학	
			㉢ 성경		㉣ 교양	
	②	학습독서	㉠ 목사의 지성		㉡ 목사의 영성	
			㉢ 천지창조 학습법		㉣ 시대 변화	
	③	연구독서	㉠ 통찰력		㉡ 지혜의 총량	
			㉢ 임계점		㉣ 글쓰기와 책 쓰기	
	④	기획독서	㉠ 조금敎 – 많이學		㉡ 커리큘럼	
			㉢ 주일학교 넘어 교회학교		㉣ Back to the Bible	

주제	목사의 독서는 자신을 변화시키고 이웃을 사랑하며 하나님의 나라를 이루는 일이다.
주장	책을 읽는 것은 하나님이 선택하신 방법으로, 목사의 독서 과정은 질을 높여 가는 훈련이어야 한다. 교양-학습-연구독서 등 균형 잡힌 훈련을 통해 자신과 교회를 세워 가야 한다.
저술 의도	첫째, 목사의 사명 감당을 위해 훈련된 독서 능력, 질을 높여 가는 독서의 필요성을 알리고, 둘째, 교양독서, 학습독서, 연구독서를 통해 독서의 개념 정리, 방법을 소개하여, 셋째, 목사의 사고 역량을 세우고 성경적 교회교육의 새로운 대안을 제시하기 위함이다. 넷째, 이를 통해 하나님의 형상을 회복하며 살아가는 하나님의 사람을 양성하기 위함이다.
초서	"목사의 교양은 하나님과 이웃 사랑의 시작이다!" – 1부 "목사의 교양독서" 중에서 "하나님의 은혜는 우리의 일상 속에 임한다. 준비된 것으로 은혜의 도구 삼으시며, 마음에 소원을 두고 행하게 하심으로 하나님의 선물의 소유자가 되게 하신다." – 2부 "목사의 학습독서" 중에서 "목사는 성경의 사람으로 부름 받았다. 글로 된 하나님의 말씀을 읽고 해석하는 일은 그 어떤 일보다 우선되어야 할 목사의 '일'이다." – 3부 "목사의 연구독서" 중에서

요약	독서는 잃어버린 기독교교육이다. 하나님의 사람을 세우는 기독교교육, 교회교육을 위해 독서는 교회교육의 현장에서 회복되어야 하며 목사의 독서로부터 시작되어야 한다. 목사의 교양독서는 하나님과 이웃 사랑의 시작이며 교회교육 개혁의 마중물이다. 교양독서를 통해 하나님을 알고 세상을 알아 가며 사람들을 알아 갈 수 있다. 목사의 독서는 질을 높여 가는 독서를 추구한다. 학습독서를 넘어 연구독서로 나아가야 한다. 과성의 진보를 통해 임계점을 넘어서는 이들에게 주어지는 통찰력은 인공지능의 솔루션이 대신할 수 없는 인간 고유의 능력이다. 임계점을 넘어서는 독서를 위해 목사의 글쓰기와 책 쓰는 글쓰기가 병행되어야 한다. 목사는 지성이 영성의 기초력임을 알아야 한다. 교회학교 내에 성경독서와 천지창조의 다양한 주제를 살피는 독서가 일상이 되도록 힘써야 한다. 프로그램 넘어 커리큘럼에 의한 독서가 진행될 때 교회교육이 회복되고 하나님의 사람을 양성하는 교회가 될 수 있다.

workshop

진리는 변하지 않는다.
복음도 변함없다.
그러나 이외의 모든 것은 변한다.
목회의 계절이 바뀌고 있다.
봄, 여름, 가을, 겨울 등
지금까지 우리가 경험한
사계절이 아닌 전혀 새로운
계절 앞에 우리는 서 있다.

3부
목사의 연구독서

Vision Research:
Preaching and Worship

마스터 리딩 : 예측력

설교를 위한 목사의 독서는 연구독서로 훈련된 사고로 진리와 세상의 주제들을 연결시켜 가야 한다. 분명한 논리를 세우고 성경의 의미를 담아내는 일에 성공해야 한다. 목사의 공부 자리, 기도와 간구의 자리여야 한다. 설교 한 편을 위한 목사의 노력은 말씀의 연구독서에 다양한 주제의 교양독서를 더해 가는 노력의 과정을 거쳐 탄생되어야 한다.

1

목사의 기본기는 학자 됨이다

기업마다 자신들만의 비전과 미션이 있다. 비전은 나아가고자 하는 방향이며 목적이다. 미션은 그것을 위해 감당해야 하는 과제와 임무, 달성해야 하는 목표다.

세계 최대 인터넷 검색 서비스 회사인 구글(Google)의 미션은 "전 세계의 데이터를 조직해서 모든 사람이 사용할 수 있게 하자"다. 페이스북(Facebook)의 미션은 "모든 세상을 좀 더 개방시키고 연결하는 것"이며, 숙박 공유 서비스 에어비앤비(Airbnb)의 미션은 "전 세계 어디를 가도 내 집처럼 느낄 수 있는 숙소를 제공하자"다.

마이크로소프트(Microsoft)의 빌 게이츠(Bill Gates)는 기업 초창기 회사의 비전을 다음과 같이 선포했다. "세계 모든 사람의 책상에 컴퓨터를 올려놓는다." 1990년대 초 한국 땅을 찾았을 때 그는 "모든 사람의 책상에 컴퓨터를 올려놓는다는 마이크로소프트의 비전은 모든 사람의 호주머니, 자동차, 지갑에 컴퓨터를 제공한다는 비전으로 확대 수정되어야 한다"라고 말했다. 그의 비전이 우리의 일상이 된 것은 벌써 오래전 일이 되었다.

이들뿐 아니라 세계적인 기업들은 자신들의 미션을 달성하기 위해 모든 역량을 집중한다. 코카콜라(Coca-Cola) CEO의 말은 오랫동안 회자되고 있다. "내 혈관 속에 흐르는 것은 피가 아니라 코카콜라다." 이렇듯 확실한 자신들만의 미션이 있었기 때문일까? 수많은 경쟁 속에서도 생존을 넘어 영향력을 확대해 가는 그들의 모습을 우리는 지금도 지켜볼 수 있다.

미션이 명확하면 질문도 구체적이 된다.

"내가 뭐 하는 사람이지? 무엇을 추구하지? 그것을 위해 오늘 내가 해야 할 일은 무엇이지? 나에게 준비된 것은 무엇이며 도움을 받아야 할 부족한 것은 무엇이지?"

이런 질문을 던지며 한 걸음씩 미션을 수행해 나간다.

크리스천이요 목사로서의 비전은 무엇인가? 하나님 나라. 미션은 무엇인가? 모든 크리스천에게 명확한 사명으로 주어져 있다.

"그러므로 너희는 가서 모든 민족을 제자로 삼아 아버지와 아들과 성령의 이름으로 세례를 베풀고 내가 너희에게 분부한 모든 것을 가르쳐 지키게 하라 볼지어다 내가 세상 끝 날까지 너희와 항상 함께 있으리라"(마 28:19-20).

오늘 우리가 던져야 할 질문은 "사명 감당을 위해 무엇을 해야 하는가?"다. 미래 목회 현장이 목사에게 요구하는 능력이 무엇인가를 물어야 한다. 예전이나 지금이나 변함없이 요구되는 능력이 있다. 시대가 변하며 이전보다 더욱 강조되는 능력도 있을 것이다. 그것에 대해 살피고 준비하는 노력이 필요하다.

"무슨 능력의 추구냐? 하나님만 의지하면 된다!"고 말하는 이들이 있다. 모든 크리스천이 추구하는 바다. 우리의 노력은 하나님의 일하심과 다른 노선에 선 것이 아니다. 우리 '마음에 소원을 두고 행하시는 하나님의 일하심'에 대한 고민과 갈등이다. 목사의 준비와 노력은 성도와 교회 공동체를 위한 것이기에 좀 더 명확하고 세밀한 것이어야 한다.

목사의 제일 된 과제, 학자 됨

"신자가 되라. 학자가 되라. 성자가 되라. 전도자가 되라. 목자가 되라."

총신대학교 신학대학원 교정 머릿돌에 새겨진 5대 교육지표다. 어느 하나라도 잊지 말아야 할 목사로서의 삶의 지향점을 제시해 준다.

첫째, 신자 됨이다.

목회의 출발이요, 초기값에 대한 이야기다. 목사이기 전에 신자요, 신자 됨 없이 목사일 수 없다. 예수 그리스도를 머리로 한, 몸 된 지체인 목사의 첫 번째 정체성은 신자여야 한다. 기본으로 돌아가라(Back to the basics) 했던가! 하나님의 말씀으로 돌아갈 뿐 아니라 하나님 앞에 택함 받은 신자의 자리, 은혜의 자리를 기억해야 한다. 목사로 살게 하신 하나님의 처음 부르심의 자리가 신자의 자리임을 고백해야 한다.

둘째, 학자 됨이다.

성경의 사람으로서의 목사에게 요구되는 매우 중요한 역할이다.

셋째, 성자 됨이다.

신앙의 출발 지점에서 주어진 선물인 동시에 목회의 비전이다. 성자 됨은 인간관계 속에서의 목표가 아니다. 하나님 앞에서의 정체성이다. 주께서 부르시고 의롭다 하실 때 의인으로 칭함 받는다. 정결하고 거룩하다고 주께서 선포하실 때 은혜 가운데 성자요 성도로 살아갈 수 있다. 목사는 성도로 부름 받은 성자로 출발하여 삶의 성자를 추구하며 살아가야 할 하나님의 사람이다. 하나님의 사람, 성자들의 고백은 동일하다.

"나의 나 된 것은 오로지 주의 은혜다!"

넷째, 전도자 됨이다.

목회의 사명이며 추구할 목표다. 목사로 부르심은 그리스도의 도를 전하게 하시기 위함이다. 만민에게 하나님의 말씀, 그리스도의 도를 전해야 한다. 이 중요한 사명을 감당하기 위해 먼저 선행되어야 할 한

가지는 자신에게 그리스도의 도를 전하는 일이다. 설교는 대중을 향한 선포이기 이전에, 한 사람의 성도로서의 자신을 향한 외침이어야 한다.

목사 안수 받음이 복음 전도의 종지부요, 전도 대상에서 예외됨일 수 없다. 전도로 예수 그리스도를 알고 전도를 통해 더 깊은 교제로 나아가야 한다. 매일의 삶의 자리가 자신의 영점을 확인하는 자리여야 한다. 좌로나 우로나 치우치지 않도록 매일 스스로에게 말씀을 전해야 한다. 우리의 기도도 그것을 위한 호흡이다.

다섯째, 목자 됨이다.

목회의 일상이며 맡겨진 책무다. 감당해야 할 의무이며 주께서 부여하신 권리다. 목자는 공동체의 일원이요, 사명을 부여받은 자다. 목자로 부르심은 교회를 세우기 위한 하나님의 인도하심이다. 누림이 아닌 섬김의 자리다.

무엇하나 중요하지 않은 것이 없다. 그 가운데서도 학자 됨은 목사의 제일 된 과제다. 목사의 목사 됨은 학자 됨을 통해 이루어지기 때문이다. 사랑하기 위해 목사가 될 필요는 없다. 전도자가 되기 위해 목사가 될 필요는 없다. 신자 됨도, 성자 됨도 목사만의 사명은 아니다. 목자 됨도 마찬가지다. 목사 홀로 감당할 수 있는 멍에가 아니다.

학자 됨은 다르다. 목사는 말씀의 지도자로 부름 받았다. 목사의 목자 됨은 다른 모든 지도자와 성도를 가르쳐 지키게 하는 존재로 부름 받은 사명 감당을 통해 완성된다. 모든 성도도 배움에 힘써야 하나 목사의 직임과 같을 수 없다. 목사의 학자 됨은 머리로 하는 노력에 머물지 않는다. 그리스도의 심장을 가진 목사들의 자리 지킴이다.

1992년 교육전도사를 시작으로 30여 년간 교회 안에서 수많은 목회자를 만나 왔다. 그들 중 어떤 이는 기도에 집중한다며 말씀 연구를 등한시했다. 인간적인 연구 활동을 통한 설교 준비가 아닌, 기도 가운데 하나님이 주시는 말씀을 받아 전하는 것이 설교라 강변했다. 일면 영성가의 면모가 보이는 듯하지만 목사로서는 부적격이다. 그가 말한 영감과 말씀 선포자의 태도는 결코 성경적이지 않다.

기도에 대한 부정이 아니다. 말씀을 연구하고 증거하는 자는 모두 기도자여야만 한다. 기도 없이 그 무엇도 성경적일 수 없으며, 하나님의 마음에 합한 것일 수 없다. 그러나 성경 없는 기도는 교회 밖에도 넘쳐 난다. 다른 많은 종교도 기도를 부정하지 않는다. 기독교보다 더욱 강조한다. 차이는 말씀의 유무다. 진리의 말씀 안에서 우리의 기도는 하나님의 강함이 된다. 기도는 말씀 안에서 이루어지고 점검되어야 한다. 우리의 뜻을 고함이 아니요, 먼저 하나님의 나라와 그분의 의를 구함이어야 한다. 말씀의, 말씀에 의한, 말씀을 위한 기도가 될 때 그것이 곧 나를 위한 기도다.

배움의 질을 높여 가라

목사의 학자 됨을 통해 배움의 질을 높여 가야 한다. 보고 듣는 것이 달라져야 한다. 읽고 쓰는 것이 달라져야 한다. 진리의 말씀을 탐구하며 하나님과 나 자신을 알아 가야 한다. 천지창조 세계의 다양한 주제들을 통해 세상과 인간에 대해 알아 가야 한다. 아는 만큼 보이며, 아는 만큼 사랑할 수 있기에 목사에게 배움은 질을 높여 가는 사랑의 행위여야 한다.

배움의 질을 높여 가기 위한 첫걸음은 일상이 배움 되게 하는 것이다. 율곡 이이는 학문은 일상생활 중 떼어 낸 일부의 시간이 아닌 일상 그 자체여야 함을 강조한다. 그가 쓴 교육서 『격몽요결』은 일상을 통해 배움의 질을 높여 가는 방법에 관해 구체적으로 논한다. 방법과 기술 이전에 배움에 대한 태도요 철학에 가깝다. 많은 것을 강조하지만 그중에서도 9가지 사고 습관, '구사'(九思)를 통한 일상화된 배움의 길을 제시한다.

"첫째, 보기는 세밀할 것을 강조하는 시사명(視思明).

둘째, 듣기는 정확해야 할 것에 대한 강조인 청사총(聽思聰).

셋째, 표정은 따뜻해야 함을 강조한 색사온(色思溫).

넷째, 태도는 공손해야 함을 강조한 모사공(貌思恭).

다섯째, 발언은 충실해야 함을 강조한 언사충(言思忠).

여섯째, 일을 함에 있어 집중해야 함을 강조한 사사경(事思敬).

일곱째, 의문은 질문으로 나아가야 함을 이야기한 의사문(疑思問).

여덟째, 감정에 신중해야 함을 강조한 염사난(念思亂).

아홉째, 이익은 정당한 것이어야 함을 강조한 견득사의(見得思義)."

'구사'는 학자 됨을 넘어 인간 됨을 이야기해 주고 있다. 구체적인 방법 이전에 인격자 된 학자로서 갖춰야 할 면모, 태도의 가이드라인을 분명히 제시해 주고 있다. "세밀하게 보고, 정확하게 듣고, 충실하게 말하며, 의문은 질문을 통해 풀어 가라"는 율곡 이이의 지혜야말로 일반은총을 통해 주시는 하나님의 선물이라 할 수 있다.

중요한 것은 많은 지식의 추구가 아니다. 새로운 지식에 대한 욕심 자체가 아니다. 배움의 질을 높여 가는 것이어야 한다. 잘 읽으라는 말이다. 잘 들으라는 말이며, 발언함에 있어서도 잘하라는 말이다. 모르는 것이 있으면 배워야 함을 강조한다. 이보다 더 단순하며 명료한 가르침이 있는가. 문제는 그 '잘'함이 결코 쉽지 않은 과제라는 것이다. 학자는 그것을 '잘'하는 사람이다. '바르게' 하는 사람이다. 배움에 있어 일신우일신(日新又日新)하는 과정 속에 배움의 질은 높아져 간다.

행동과 습관

'행동이 바뀌면 습관이 바뀌고, 습관이 바뀌면 인생이 바뀐다'는 말이 있다. 부정할 수 없는 사실이다. 습관이 한 사람의 인생에 미치는 영향은 아무리 강조해도 지나침이 없다. 안타까운 점은 이 단순하고 명료한 정의를 삶에 적용하는 것이 말처럼 단순하지 않다는 것이다.

대다수의 사람들이 습관을 바꾸는 일 앞에서 실패를 경험한다. 일의 성공보다 실패가 많은 이유 가운데 하나다.

사람의 습관 이전에 바뀌어야 할 행동은 사물과 사건, 사람을 바라보는 태도를 바탕으로 한다. 그 태도는 그 사람의 의식이 표현된 것이다. 한 사람의 의식은 타고남을 배제할 수는 없지만 환경의 영향을 크게 받는다. 그렇다면 습관을 바꾸기 위해 우리는 어떻게 해야 하는가?

습관 형성 과정을 역순으로 디자인하는 노력이 필요하다. 먼저, 한 사람의 의식, 생각과 관점을 바꾸는 일로부터 시작해야 하는데, 결코 쉬운 일이 아니다. 마음의 결심만 가지고는 되지 않는다. 환경을 바꾸는 노력과 결심, 그 안에서의 의지적인 노력이 반복되어야 한다. 환경이라는 것은 한 사람의 노력으로 바꿀 수 있는 것이 아니다. 문화로서의 환경, 시대를 사는 사람들의 인식도 나를 둘러싼 하나의 환경이다. 일단은 나의 노력으로 제어 가능한 환경의 변화로부터 시작하면 된다. 그러한 가운데 점차 생각이 바뀌고, 태도가 바뀌며, 다른 이들도 인정할 수 있는 행동의 변화로 이어진다.

배움에 대한 우리의 인식이 바뀌어야 한다. 배움이 하나님의 일이며 사랑의 실천이라는 사실을 알고 믿어야 한다. 학자 됨의 추구가 인본주의적인 열심이 아닌 성경적 영성을 세워 가기 위한 우리의 발걸음이어야 함을 깨달아야 한다. 그때 우리의 삶 속에서 배움의 질이 높아져 가게 된다. 그때라야 읽기를 통해 하나님의 음성을 듣게 되고, 쓰기를 통해 사랑을 선포하게 된다. 배움과 나눔을 통해 하나님의 나라가 확장되고 완성되어 감도 경험하게 될 것이다. 목사는 학자가 되어야 한다. 목사는 살며 사랑하며 배우며 나누는 존재가 되어야 한다.

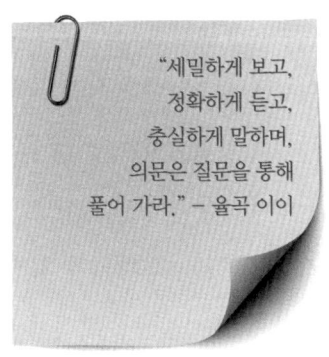

"세밀하게 보고, 정확하게 듣고, 충실하게 말하며, 의문은 질문을 통해 풀어 가라." – 율곡 이이

2

지혜의 총량을 늘려라: 인공지능의 솔루션과 인간지능의 통찰력

인공지능의 출현, 진화의 가속도

'인공지능'은 특이점 시대를 대표하는 키워드다. 기술이 인간을 넘어선 영역이 속출하고 있다. 산업혁명 시대, 기계의 출현이 시대에 미친 영향도 작은 것은 아니었다. 제4차 산업혁명의 시대, 인공지능의 출현과 발전은 이전과 차원이 다른 놀라운 변화를 보여 주고 있다.

이전의 기계는 인간의 부족을 채워 주는 존재였다. 인간의 업무 중 일부를 대신하는 차원의 혁명이었다. 인공지능과 그것의 적용 앞에서 인간은 이전과 다른 위기를 마주하고 있다. 거의 대부분의 직업과 직무, 인간 업무의 영역과 연결되어 가며 인간의 자리를 위협하고 있다.

직무를 대치하는 정도가 아니다. 너무도 탁월하게 수행해 나간다는 것이 도리어 문제다. 그 변화는 상상할 수 없는 속도로 빨라지고 있다. 빅데이터를 통한 학습을 거치면 거칠수록 이전과는 전혀 다른 존재로 업그레이드되고 있다.

우리는 인공지능의 진화를 눈앞에서 목격했다. 2016년 이세돌과의 바둑 대국을 펼친 '알파고 리'(AlphaGo Lee)를 통해서다. 알파고의 창조자 구글 딥마인드사의 CEO 데미스 하사비스(Demis Hassabis)는 승리 후 소감을 다음과 같이 밝혔다.

"이겼다. 우리는 달에 착륙했다."

전 세계의 이목이 쏠렸고 사람들이 달에 착륙한 것과 비교하며 놀라워했던 알파고는 더욱 빠른 속도로 진화해 갔다. 이세돌과의 대전 이후 10개월 뒤인 지난 2017년 5월, 딥마인드사는 업그레이드 버전 '알파고 마스터'(AlphaGo Master)를 선보였다. 이세돌에 이어 바둑 세계 1위인 중국의 커제 9단을 3 대 0의 스코어로 이겼다.

더 놀라운 것은 같은 해에 선보인 '알파고 제로'(AlphaGo Zero)의 등장과 은퇴 소식이었다. 알파고 제로는 기보를 학습하여 대국에 임했던 이전의 알파고 버전들과 차원이 다른 인공지능 기술을 선보였다. 기보 학습 없이 자가 학습 36시간 만에 알파고 리를 이겼고, 40일 동안 학습 후 알파고 마스터 버전과 100회의 대국을 펼쳐 89승 11패의 성적을 남겼다.

알파고 제로는 대국 과정에서도 계속 업그레이드가 이루어졌다. 이 경기를 끝으로 알파고 제로는 바둑계 은퇴를 선언했다. 바둑계에서 더 이상 도전할 과제가 없었기 때문이다. 바둑을 정복한 알파고는 스타크래프트에 도전했다. 2019년 선보인 알파고 스타(AlphaGo Star)는 스타크래프트2 프로게이머와의 대국에서 10승 1패의 전적으로 승리를 거머쥐었다.

바둑과 인터넷 게임 스타크래프트에서 보여 준 인공지능의 기술과 진보는 맛보기에 지나지 않는다. 바둑과 스타크래프트계를 평정한 인공지능은 의학, 법학, 회계학, 예술 등 분야를 막론하고 영역을 확장해 가고 있다. 인간이 잠자는 동안에도 세상 모든 데이터를 모아 분석하며 자신을 업그레이드해 가고 있다.

2019년 한국을 찾아 청와대를 방문한 일본 소프트뱅크의 손정의 회장은 다음과 같은 조언을 남겼다.

"인공지능이 인류 역사상 최대 수준의 혁명을 불러올 것이다. …앞으로 한국이 집중해야 할 것은 첫째도 인공지능, 둘째도 인공지능, 셋째도 인공지능이다."

어느 한 분야에 대한 조언이 아니었다. 교육, 정책, 투자, 예산 할 것 없이 모든 분야에서 인공지능 육성책을 마련하는 것이 미래 사회를 위한 국가적 대비임을 강조했다.

인공지능의 솔루션 vs 인간지능의 통찰력

인공지능이 보여 주는 진보는 인간의 예측을 뛰어넘고 있다. 어디까지 진보할지 알 수 없다. 인공지능의 활동 영역은 점점 확대되어 가고 있다. 그 영역은 창작에까지 넓혀진 상태다. 인공지능 프로그램이 시를 짓고 노래를 만든다. 그림을 그리고 소설을 쓰는 상황이다. 그 진보의 속도와 질도 예전과 비교할 수 없는 상태다. 우리는 질문을 던지게 된다.

"인공지능 시대에 인간의 자리는 어디이며 인간은 무엇을 감당해야 하는가?"

많은 부모가 "이제는 인공지능의 시대다"라고 이야기하며 코딩 교육에 관심을 둔 지 오래다. 교회교육 안에서도 코딩 교육을 다루는 프로그램이 늘어나고 있다. 코딩 교육 자체보다는 영혼 구원을 위한 접촉점으로 활용하기 위함임을 안다. 다만, 다시 한 번 질문할 수밖에 없다. 오늘의 상황 속에서 기독교교육, 교회교육의 방향성은 무엇이며 구체적으로 우리는 어떤 선택을 해야 하는가다.

그러한 상황 속에서 주목하게 된 것이 인간지능의 역량이며 상상과 통찰에 대해서다. 인공지능이 보여 주는 창작이 놀라운 것이지만 인간의 상상, 통찰과 같은 선상에 놓을 수는 없다. 우리는 인공지능의 결과만 보고 두려워하지만 인공지능이 보인 위대한 발전 뒤에는 인간의 상상과 창의가 있다는 사실을 잊지 말아야 한다. 진화라 부를 정도의 진보를 보이고 있지만 인공지능의 창작은 빅데이터, 인간의 설계라는 한계를 '아직'은 벗어나지 못한 상태다. 인공지능의 디자인이 인간지능의 활동에서 비롯되었음을 우리는 기억해야 한다.

국어사전에서는 '통찰'을 다음과 같이 정의하고 있다.

"예리한 관찰력으로 사물을 꿰뚫어 봄."
"새로운 사태에 직면하여 장면의 의미를 재조직화함으로써 갑작스럽게 문제를 해결함. 또는 그런 과정."
"실제로 경험하지 않은 현상이나 사물에 대하여 마음속으로 그려 봄."
"외부 자극에 의하지 않고 기억된 생각이나 새로운 심상을 떠올리는 일."

상상과 통찰은 자극과 반응 사이의 선택 어느 지점에 있는 것이지만 그것은 결코 제한적이지 않다. 데이터의 영향 아래에 머물지 않고 영역을 넘나드는 능력이 통찰력이다. 이것이 가능한 이유는 외부적인 자극에 적극적인 인간의 의지인 '의결'(議決)이 개입되기 때문이다. 인간의 상상력, 창의력, 통찰력은 바둑판 안에서 표현할 수 있는 창의, 선택지 이상이다.

필자는 오늘날 우리가 직면해 있는 문제의 해결책으로 '트리비움'(Trivium)의 역량 강화를 이야기한다. 인공지능이 미래를 주도하는 사회 속에서의 경쟁력은 전문가적 직관을 넘어선 통찰력을 세워 가는 것을 통해 가능한데, 그것은 트리비움의 역량 강화를 통해서만 이룰 수 있기 때문이다. '트리비움'은 문법, 논리학, 수사학의 삼학(三學)을 의미하는 라틴어다. 고대 그리스 교육의 커리큘럼으로 소개되었지만 그들의 창조물이 아니다. 하나님의 디자인이다. 하나님의 형상으로 창조된 인간 존재에게 주어진, 인간지능을 세워 가는 창조의 프로세스다.

트리비움은 하나의 방법론이 아니다. 인간 변화의 가장 중요한 방향성이요, 목표 지점이다. 평가의 기준이며 변화와 성숙을 가능하게 하는 인간 역량의 총화다.

트리비움은 인간의 본질에 집중하는 교육이다. 하나님이 창조하신 바로 그 사람, 하나님의 형상으로 창조된 존재에게 주어진 형상 회복을 꿈꾸는 교육이다. 인공지능의 뒷자락을 붙잡기보다 원안으로서 인간지능의 프로세스를 세워 가는 일에 마음을 집중해야 한다. 기독교교육, 교회교육을 통해 진리가 선포되고 그 과정 속에서 트리비움의 역량을 세워 갈 수 있는 커리큘럼이 마련되고 진행된다면 교회교육에 미래가 있다.

지혜의 총량을 늘려 가라

필자에게는 자녀 둘이 있다. 아내 나이 40에 둘째가 태어났다. 올해 초등학교 4학년이다. 아내는 50이 되어 늦둥이를 키우려니 조금 힘에 부쳐 한다. 게다가 딸들은 학교를 다니지 않고 홈스쿨 중이다. 하루 온종일 아이들과 함께 보낸다. 둘째는 활동적인 데다가 성격도 만만

치 않다. '지랄 총량의 법칙'에 대해 들어 보았는가! 인생을 살며 소비해야 할 '지랄'의 총량이 정해져 있다는 것이다. 지랄은 일상생활 속에서 분별없이 하는 말과 행동을 일컫는 속어다. 우리 부부는 가끔 이야기하곤 한다.

"사랑이(둘째)는 평생 쓸 수 있는 때, 지랄을 미리 당겨 한꺼번에 쓰는 것 같다. 아마도 이미 다 써 버렸는지도 모른다. 청소년기나 청년, 성인이 되어서는 쓸 지랄이 없어 엄마뿐 아니라 누구에게나 사랑받는 현숙한 여인으로 살아갈 거다."

우스갯소리일 수 있지만 지랄에만 총량이 있다고 생각지 않는다. 지혜에도 총량은 존재한다. 지랄의 총량은 속히 소진하면 좋으나 지혜의 총량은 그래서는 안 된다. 지혜는 자신에게는 물론이요, 관계를 유지하는 데 있어 매우 중요하다. 관계에 있어 미성숙함은 지혜 부족의 결과다. 상대방을 힘들게 한다. 미성숙함은 상대에게 지랄처럼 여겨질 수 있다.

기독교교육을 통해 세워 가야 할 통찰력과 확장해야 할 지혜의 총량은 단순한 논리력, 분석력의 추구를 통해 이룰 수 없다. 그러한 일은 인공지능이 더 탁월하게 수행한다. 분석은 훈련과 알고리즘을 통해 실현하고 향상시켜 갈 수 있지만 통찰력은 또 다른 문제다. 통찰력은 분석력과 직관력을 가진 사람의 상황 이해력이며 문제 해결 능력의 중요한 요소다. 훈련된 의식적 사고력을 넘어 무의식의 순간에도 작용하는 사고력이다. 훈련한다고 모두가 무의식적 통찰력을 갖는 것은 아니다. 다만, 의식적인 훈련을 통해 가능성을 높여 가는 노력이 현재 우리의 선택이어야 한다.

목사는 지혜자여야 한다. 목회는 영혼의 문제를 다루는 최일선의 현장이기 때문이다. 목사의 사역을 통해 누군가의 생명이 오가고, 행불행이 결정될 수 있다. 목사와 교사로 사는 이들이 두렵고 떨리는 마음으로 맡겨진 직분을 감당해야 하는 이유다. 가르치는 자리, 목회의 자리는 연습의 자리가 아니다. 시간이 지나 '그때는 내가 준비가 덜 되었지'라고 추억의 한 장면처럼 이야기할 수 있는 자리, 직임이 결코 아니다. 야고보는 말한다.

"내 형제들아 너희는 선생 된 우리가 더 큰 심판을 받을 줄 알고 선생이 많이 되지 말라"(약 3:1).

그래서 목사는 배움에 힘써야 한다. 하나님을 배우고, 세상을 배우고, 인간에 대해 배워야 한다. 즐거움만 가져다주는 과정이 아니다. 고민하고 갈등하며 진리를 추구하는 이들이 고뇌하는 자리여야 한다. 잠시, 잠깐의 배움이 아니다. 평생 학습자, 연구자로 살아가야 할 사명자의 평생 과제다. 목사는 오늘보다 내일의 지혜의 총량이 커져 가는 존재여야 한다. 목회의 핵심이 사랑이라면 지혜는 사랑을 열매 맺게 하는 에너지이기 때문이다. 바울은 이야기한다.

"교회에서 내가 남을 가르치기 위하여 깨달은 마음으로 다섯 마디 말을 하는 것이 일만 마디 방언으로 말하는 것보다 나으니라"(고전 14:19).

목사는 성경교사인 동시에 지도자로 세움 받았다. 연령대, 직업, 삶의 문화 등이 다양한 이들과 더불어 살아가게 된다. 그 가운데서 상담자요, 코치요, 부모와 같은 위치에서 판단을 내려야 할 때가 있다. 모든 것의 전문가이기 때문이 아니라 목사의 자리와 시대적인 역할 자체가 지도자로서의 역할을 요구한다. 목사의 공부는 지식의 충만이 아닌 지혜의 총량을 늘려 가는 노력이어야 한다. 하나님을 사랑하고 이웃을 사랑하는 존재로 서기 위해 감당해야 하는 자리다. 이것이야말로 인공지능이 대신할 수 없는 역할이다.

연구독서, 사명자의 고뇌의 자리다

목사의 연구독서는 진리와 이치와 원리를 초기값으로 하나님-세계-인간에 대한 이해도를 넓혀 가는 과정이다. 목사의 연구독서는 답을 찾는 행위가 아니다. 어쩌면 영원히 불가능할지 모른다. 다만, 더 좋은 질문을 던지며 하나님의 마음, 음성을 듣기 위한 노력이 필요할 뿐이다. 그래서 일상의 훈련이 중요하다. 학습에 기도가 더해지고, 연구에 사랑이 더해질 때 목사의 준비된 역량은 사람을 세우고 살리는 하나님의 큰일의 도구로 활용될 수 있다.

인공지능 시대에 인간의 자리는 어디이며 어떤 결과를 맞이하게 될까? 사라질 수도, 살아남을 수도, 날아오를 수도 있다. 목사의 자리를 잃을까 하는 두려움에서의 고민이 아니다. 맡겨 주신 사명을 감당해야 할 때에 준비되지 못한 자로 서지 않기 위한 관심과 사랑, 사명자의 고뇌다.

"하나님! 나로 지혜자 되게 하소서! 좋은 것과 중요한 것과 먼저 할 것을 알고 준비하며 실행하는 존재 되게 하소서. 나를 사랑하고 이웃을 사랑하며 하나님의 나라를 선포하는, 하나님의 마음을 시원케 해 드리는 목사 되게 하소서!"

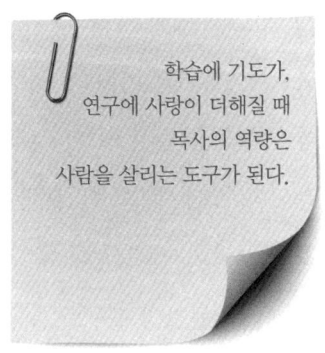

학습에 기도가,
연구에 사랑이 더해질 때
목사의 역량은
사람을 살리는 도구가 된다.

3

목사의 전문성을 세우는 5단계 연구독서

목사의 독서는 전문성을 강화하는 독서여야 한다

목사의 역량 중에서도 가장 중요한 것은 성경교사이자 말씀 증거자로서의 역량이다. 기독교의 영성은 성경을 통한 진리를 전제하지 않고는 이야기할 수 없다. 목사가 독서가가 되어야 하는 이유 중 하나다. 독서의 역량은 성경교사의 일을 하게 하며 말씀 증거자의 사명을 감당하게 하는 핵심 능력 중 하나다. 그렇기에 목사의 독서는 전문가적 독서로 나아가야 한다. 내용과 질에 있어서 다른 이들의 독서와도 차이를 만들어 내는 독서여야 한다.

그럼 목사의 전문성을 세우는 연구독서는 어떻게 준비해 가야 하는

가? 전문성 강화를 위한 연구독서는 5단계를 충실히 따를 때 진행되고 효과를 얻을 수 있다.

첫째, 연구독서 1단계는 '사실을 사실로 보는' 독서다.

책의 핵심 주제를 파악할 수 있어야 하며 주장과 근거를 확인하는 독서로 시작되어야 한다. 한마디로, 직시(直視)하는 능력이다. 사물과 사건, 책의 내용을 있는 그대로 보는 것에 성공해야 한다. 인간이라면 누구나 선입견을 통해 세상을 바라본다. 선입견 자체가 잘못은 아니다. 자신 안에 먼저 자리 잡은 정보와 지식은 한 사람의 관(觀)과 견해(見解)를 이루는 초석이 된다. 선입견이 바르면 세상을 바른 시각으로 바라본다. 잘못된 선입견에 사로잡힌 사람의 눈에 비친 세상은 왜곡된 세상이다. 자신만 깨닫지 못할 뿐이다.

목사의 경우도 마찬가지다. 성경을 있는 그대로 보기는 쉽지 않다. 신학이라는 선(先)'입견' 때문이다. 장로교의 신학과 감리교의 신학은 같지 않다. 장로교 가운데서도 합동과 통합의 신학이 다르며, 기장의 신학과도 큰 차이를 보인다. 교단별로 성경적인 신학을 추구하는 진심과 노력은 동일하다. 믿음 자체를 의심하고 싶지는 않다. 다만, 하나의 사안에 대해 주장하는 바는 서로 다르다. 그 견해, 선(先)입(入)된 신학은 목사의 관과 견해가 되어 성경을 해석하는 기준점이 된다.

기억해야 하는 것은, 성경은 진리지만 신학은 진리가 아니라는 사실이다. 신학은 진리로 인도하는 길잡이다. 진리의 몽학선생(蒙學先生)이다. 진리 안에 거하는 이들의 믿음을 부요케 하는 하나님의 선물 또한 신학임이 분명하다. 그렇기에 신학의 실수는 신앙의 왜곡으로 나타난다. 수천수만의 견해 중 하나가 아닌 성경의 진리를 세워 가는 '바른 신학'을 정립하고 세워 가는 일에 힘써야 하는 이유다.

사실의 직시는 의지만으로 이루어지지 않는다. 훈련 없이 주어지는 능력이 아니다. 자신의 선입견을 배제시킬 수 있어야 하기 때문이다. 목사의 독서는 이 문제를 인지하고 해결하는 과정의 노력이어야 한다. 성경독서든 일반독서든 그 첫 단계는 사실을 직시하는 독서의 성공으로부터 시작해야 한다.

둘째, 연구독서 2단계는 '전제를 파악'하는 독서여야 한다.

사람의 말과 주장에는 전제가 있다. 같은 말이어도 전제에 따라 전혀 다른 의미를 갖는다. 필자(筆者)의 전제를 파악하고 화자(話者)의 의도를 파악하는 일은 중요하다. 일상에서도 전제와 의도의 파악은 중요하지만 성경을 읽고 해석하는 일에 있어서는 더욱 그렇다. 문자 그대로의 메시지가 아닌 전제와 의도를 살펴야 한다. 누가복음 16장의 불의한 청지기의 비유가 대표적인 예다. 전제와 의도, 문맥을 직시하지 못할 때 해석은 성경의 원 의도에서 벗어날 수밖에 없다(3부 "연구독서 워크숍" 참조).

전제를 파악하는 독서 훈련의 대표는 글 분석이다. 말과 글은 하나의 주장 자체로만 이루어져 있지 않다. 수많은 수사학적 기제가 결합되어 있다. 논제, 이슈, 질문, 전제, 명제, 진술, 주장, 논증, 증거, 해석, 설명, 묘사, 분석, 분류, 정의, 사례, 인용, 유추 등이다. 글을 분석하고 정리하는 능력은 전제 파악 독서에 필수적이다. 성경을 통해 하나님의 의도를 알 때 평안을 얻게 된다. 우리의 연약함 가운데서도 우리를 향한 하나님의 놀라운 뜻을 알고 믿는 이들에게 주어지는 축복이 우리 모두의 누릴 분복이기를 소망한다.

셋째, 연구독서 3단계는 '사실을 의심'하는 독서다.

기독교 신앙 안에서 가장 결여된 기술이다. 많은 이가 믿음 안에서의 의심을 허락하지 않는다. 의심은 불신앙이요, 믿음이 약한 이들의 상태라 여긴다. '의심'의 사전적 의미는 '확실히 알 수 없어서 믿지 못하는 마음'이다. '의심할 의'(疑)와 '마음 심'(心)을 한자로 쓴다. 의심은 믿음을 가진 이들의 자연스러움이어야 한다.

믿음은 무조건적인 수용을 말하는 것이 아니다. 변증의 과정을 통해 믿음의 내용을 굳건히 하는 과정을 거친 결과여야 한다. 의심 없는 믿음이 굳은 믿음, 강한 믿음 자체는 아니다. 맹목적인 확신으로 자리 잡는 경우도 적지 않다. 그런 믿음은 쉽게 무너지곤 한다. 한 번의 흔들림이 회복 불가능한 불신으로 나아가곤 한다.

사실을 의심하는 독서의 실천은 의문을 질문으로 바꾸는 노력으로 시작하라. 의심과 의문에서 멈추지 말라. 의심은 결과가 아닌 과정의 발상, 또 하나의 생각이다. 구체화된 생각이 아닌 안개와 같은 생각이다. 질문은 안개를 걷어 내고 실체를 바라보게 하는 기술이다. 질문은 답을 찾아가는 과정을 통해 하나의 사실 정보를 넘어 체화된 지식으로 자리 잡는다.

성도들이 굳건한 믿음의 사람들이 되기를 원하는가? 설교자의 주장과 전제를 살피고 비교하도록 가르쳐라. 의심을 허용하라. 의문에서 질문으로 나아가도록 도와라. 질문에 대한 답을 찾아가는 과정을 통해 진리가 그들 안에 뿌리내리게 하라. 뿌리 깊은 나무, 샘이 깊은 물과 같은 신앙은 이런 과정을 통해 세워져 간다.

넷째, 연구독서 4단계는 '남과 다른 해석'을 시도하는 것이다.

4단계의 남다른 해석은 1-3단계를 거친 이후에야 의미를 가진다. 남다른, 창의적인 생각이란 남이 하지 않는 생각 자체를 의미하지 않는다. 나만의 견고한 중심 생각, 전문성으로서의 연구지식에 전혀 다른 분야의 새로운 지식, 교양지식이 더해져 융합된 결과다. 중심 생각 없는 상태의 창의적 아이디어는 소멸되지만, 전문성의 토대 가운데 생성된 창의는 변화와 혁신으로 연결된다. 목사의 설교도 마찬가지다. 현실 적용을 위한 다양한 해석과 시도도 중요하지만 성경 본문에 충실함이 전제되어야 한다.

남다른 해석은 역발상(逆發想)에 대한 제안이다. 성경 본문에 대한 충실한 연구는 다른 목사와 신학자들의 발상(發想)에 동의만 해서는 안 된다. 역발상이 뒤따라야 한다. 전문성을 강화하는 연구독서에 있어 역발상은 선택이 아닌 필수 요소다.

다섯째, 이 과정을 거칠 때 5단계, '자기만의 관점을 갖는' 독서가 가능하다. 자신의 언어로 종합해 가는 독서여야 한다.

성경은 "모든 지킬 만한 것 중에 더욱 네 마음을 지키라 생명의 근원이 이에서 남이니라"(잠 4:23)라고 말한다. 믿음도 우리가 마음 중심을 잡고 지킬 때라야 그 힘이 발휘된다. 목사의 연구독서는 바로 이것을 위함이다. 세상의 지식을 취하는 과정을 넘어 자기의 의견을 세워 가는 과정이다.

의견은 한 번 세움으로 끝나서는 안 된다. 확인에 재확인을 거쳐야 한다. 세워진 중심 생각에 디테일을 더해야 한다. 관점이란 유지하는 것이기보다는 관리되는 것이다. 관점의 고집이 아닌 진리 추구가 우선되어야 한다. 신학이 중요하다 한들 진리에 우선하는가? 설교가 중요하다 한들 성경 말씀보다 소중한가? 그럴 수 없다. 진리를 드러내고 지키는 수단이어야 한다. 목사의 연구독서는 이것을 이루는 과정이요, 진리를 보수(保守)하는 기술이다. 하나님의 사람으로 세워져 가는 성령님의 어루만지심, 그것이 목사가 추구할 연구독서, 거룩한 독서다.

역량을 세우는 4가지 구성 요소

우리가 기억해야 하는 것은 한 사람의 역량은 한 가지 요인의 강화로 세워지지 않는다는 사실이다. 역량을 이루는 구성 요소가 균형을 이룰 때 가능하다. 전문성을 이루는 목사의 독서도 마찬가지다. 독서 자체가 목적이기보다는 하나의 요소임을 알아야 한다. 독서 역량이 사람을 변화시키는 기독교교육의 도구가 되기 위해서는 역량의 4가지 요소, 4가지 힘과 연결되며 진행되어야 한다.

첫째, 목적력이다.

목적력에 의해 한 사람의 동기와 태도가 결정된다. 목적은 방향에 대한 이야기이며 그곳을 향해 나아갈 이유가 되어 준다. 세상은 목적을 세우고 앞으로 나아가는 사람들에 주목한다. 틀린 것은 아니지만 목적에 대한 바라봄과 해석에 작지만 큰 차이가 있다.

크리스천들에게는 인생의 목적이 주어져 있다. 그 방향은 우리의 선택이 아니다. '목적이 이끄는 힘'이라고 할까! 목적이 나를 이끈다. 하나님을 영화롭게 하는 것, 주님이 우리에게 맡기신 사명, 그것이 우리의 목적이다. 그것이 우리 삶의 동기이며 힘이다. 크리스천에게 독서도 마찬가지다. 목적을 향해 나아가는 과정이 요구하는 탁월한 도구, 우리에게 분명한 독서의 자리다.

둘째, 주도력이다.

주도력은 목적을 가진 사람들의 태도 그 자체다. 목적을 따라 의결하고 그 방향을 향해 나아가는 힘이 주도력이다. 과정의 목표도 주도적인 사람들에 의해 성취된다. 과정의 실패는 언제든 마주할 수 있다. 주도력은 실패도 과정으로 받아들이며 위기 가운데 대안을 모색하는 힘이다. 의무를 넘어 원함이 되게 하는 것도 주도력의 힘이다. 목사의 독서가 힘이 있는 독서가 되기 위해서는 목사의 주도적인 선택이어야 한다. 의무 독서가 아닌 원함의 독서여야 한다.

셋째, 사고력이다.

사고력은 포괄적인 인간의 역량이다. 일을 진행해 감에 있어서의 업무 역량이다. 학습과 연구 및 분야가 요구하는 기술 습득과 활용에 있어 사고력은 핵심 능력이다. 여기서 말하는 사고력은 살아 있는 인간이면 누구나 하는 생각을 말하지 않는다. 다른 생각, 차이를 발생시키는 생각이다. 구성 요소적 사고인 전략적 사고요, 과거를 돌아보고 현재를 직시하며 미래를 예측하는 훈련된 능력을 말한다.

다시 강조하지만, 기독교의 영성은 하나님이 창조하신 인간에게 부여된 하나님의 형상, 사고의 역량과 별개의 것이 아니다. 하나님의 책 성경과 천지창조의 기록으로서의 다양한 책을 읽어 가는 과정 속에 사고의 역량이 자라고 영성의 기초력이 자리 잡아 간다.

넷째, 관계력이다.

목사의 역량은 효과적이고 효율적인 기준만 추구하지 않는다. 한 사람의 인성을 기본으로 한다. 삶의 경험, 성공과 실패를 통해 세워져 온 공동체 의식을 포괄한다. 세상 기업은 효과와 효율을 위해 관계를 이용하고, 때로는 포기하기도 한다. 기독교는 다르다. 기독교회가 추구하는 목적과 크리스천이요 목사로서의 사역은 관계를 위해 인간적인 효과와 효율을 포기할 수 있어야 한다. 비효율적인 삶을 살라는 말이 아니다. 자기를 사랑하되, 자신의 존재와 능력이 다른 누군가를 위한 것임을 잊지 말아야 한다는 것이다.

관계력은 자신이 온전해지기 위해 공동체와 다른 지체의 도움이 필요함을 아는 힘이다. 동시에 타인의 부족함을 세워 주기 위해 타인을 존중하고 협력하려는 배려의 자세다. 목사의 독서가 예수 그리스도를 머리로 한 지체로서의 교회를 세워 가는 관계력의 도구가 될 수 있다는 사실은 교회의 희망이다.

> 목사의 연구독서는 세상의 지식을 취하는 과정을 넘어 자기 의견을 세워 가는 과정이다.

4

설교를 살리는 스페셜리스트의 교양독서:
피벗 플레이하라

'공소사실'의 사전적 정의는 '특정한 범죄를 구성하는 법률적 요소에 맞는 구체적인 사실과 사실관계의 서술'이다. 검사가 공소장에 기재하는 '입증되었다고 여기는' 범죄 사실이다. 범죄 입증을 위해서는 증거의 채취와 증언, 사건 현장 분석을 통해 범행을 입증해 내야만 한다. 검사가 감당해야 하는 역할이다.

변호사의 역할은 무엇인가? 공소사실을 중심으로 시작된다. 공소사실이 잘못되었음을 변론을 통해 논증하는 것이다. 검사와 반대로 '무죄 입증'을 위해 증거, 증언, 사건 현장 분석을 통해 무죄를 입증해 나간다.

공소사실에 대한 문구를 보며 문득 목사의 설교와 성도의 '설교 들음'에 대해 생각해 보았다. 목사의 설교는 어떠한가? 신구약으로 구성된 성경의 원뜻, '하나님의 마음에 맞는 구체적인 사실과 사실관계'에 대한 선포, 성경 본문의 사실관계를 충족하는 레토릭인가? 목사의 설교문과 선포된 설교는 성경의 원뜻에 대한 바른 논증과 해석을 바탕으로 한 하나님의 마음일까 생각해 본다.

설교와 연관되어 성도의 자리에서 감당해야 하는 것은 무엇인가? 목사가 검사, 성도가 변호사는 아니지만, 성도도 목사와 같은 태도로 성경을 보고 끊임없이 질문을 던지며 연구하는 자세를 가져야 한다. 의문은 질문으로 이어지며 진리를 향한 행보를 걸어야 한다. 필자는 이런 성도를 '신사적인 크리스쳔'이라 부른다.

> "베뢰아 사람은 데살로니가에 있는 사람보다 더 신사적이어서 간절한 마음으로 말씀을 받고 이것이 그러한가 하여 날마다 성경을 상고하므로"(행 17:11, 개역한글).

모든 크리스쳔은 신사적인 크리스쳔이어야 한다. 목사도, 성도도 신사적인 크리스쳔이 되어야 한다. 간절한 마음으로 말씀을 받되 "이것이 그러한가?" 항상 질문하는 자, 탐구하는 자가 되어야 한다. 목사는 설교를 함에 있어서, 성도는 설교를 듣고 말씀을 대함에 있어서 항상 의문을 품고 질문으로 나아가야 한다. '설교사실'은 하나님의 마음이어야 하기 때문이다. 하나님의 마음을 시원케 하는 설교가 진행되어야 한다. 목사의 '말함'과 성도의 '들음'은 신사적으로 진행되어야 한다.

피벗 플레이하라!

목사는 성경의 스페셜리스트여야 한다. 복음을 증거하고 가르쳐 지키게 하는 일의 마스터여야 한다. 목사의 설교는 성경 스페셜리스트로서의 사명 감당이어야 한다. 목사는 설교자로서의 역할을 감당하기 위해 세상 지식에 있어 준비된 제너럴리스트여야 한다. 세상 지식에 사로잡혀서는 안 되지만, 크리스천으로서의 사랑의 눈으로 세상을 바라보고 이해해야 한다. 목사의 교양지식은 사랑의 마중물이기 때문이다. 마하트마 간디(Mahatma Gandhi)는 말한다.

"우리가 인생의 한 부분에서 잘못하고 있다면, 인생의 다른 부분에서도 잘할 수 없다. 왜냐하면 인생은 분리될 수 없는 하나의 완전한 전체이기 때문이다."

미래 사회가 요구하는 진정한 스페셜리스트는 한 분야의 전문가, 스페셜리스트가 아니다. 제너럴리스트로서의 교양지식, 배경지식을 바탕으로 스페셜리스트로서의 전문성을 세워 가는 사람이다. 목사에게 있어서도 마찬가지다. 성경 말씀의 증거자로서 성경 연구에 충실한 동시에 크리스천들이 살아가는 세상에 대해서도 잘 알아야 한다. 바로 알아야 한다. 그래서 목사의 연구독서는 한 걸음 더 나아가 피벗 플레이(pivot play)를 통해 교양독서로 연결되어야 한다.

'피벗'(pivot)은 균형을 잡아 주는 중심점을 이야기하는 동시에 축을 중심으로 하는 회전을 뜻하는 말이다. 농구에서 '피벗 플레이'는 공을 가진 선수가 한 자리에서 한쪽 발을 축으로 돌면서 방향을 바꾸며 나아갈 곳과 패스할 곳을 찾는 움직임을 말한다.

목사의 연구독서는 피벗 플레이로 이어져야 한다. 연구독서의 주제가 성경과 신앙에 관한 것이라면 피벗 플레이는 세상 학문, 삶의 여러 가지 주제들에 대한 관심이다. 설교는 진리를 세상 속 크리스천들에게 선포하고 증거하는 일이다. 설교가 복음이 배제된 채 잡다한 이야기들로 채워져서는 안 된다. 다만, 설교가 세상에 대한 몰이해, 세상을 배제시킨 선포여서는 안 된다. 진리가 힘이 없어서가 아니다. 인간의 약함 때문이다. 시대와 인종, 삶의 환경에 영향을 받으며 변화하는 인간이기 때문이다.

설교는 듣는 자의 언어로 디자인되어 증거되어야 한다. 예수님이 성육신하셨듯 설교는 성경의 성육신 과정을 통해 증거되어야 한다. 하나님이 능력이 없어 인간이 되신 것이 아니다. 인간을 사랑하시어 인간의 몸으로 세상에 오셨다. 진리가 부족하기 때문이 아니다. 하나님이 사랑하시는 사람들을 위한 선포의 자리이기에 설교는 진리에 사랑의 언어를 옷 입혀 증거되는 과정이어야 한다. 목사의 '알레고리'(allegory)가 훈련되어야 할 이유다.

'알레고리'는 우화, 풍자, 비유를 뜻하는 그리스어 'allegoria'의 영어식 표현이다. '다른'을 의미하는 'allos'와 '말하기'를 의미하는 'agoreuo'

의 합성어로, '무엇인가 다른 것을 말하기'를 의미한다. 추상적인 관념을 설명하기 위해 구체적인 비유로 설명하는 방식을 알레고리라 말한다. 직접적으로 표현하기보다 다른 사물을 통해 비유적으로 표현하는 방식도 여기에 속한다. 예수님의 설명 방식이다. 설교를 선포하기 위한 진리의 성육화 과정 중 하나다. 주의해야 할 것은 목사의 알레고리가 성경의 진리를 드러내는 수단이어야 한다는 것이다. 주연을 돋보이게 하는 조연의 역할에 충실해야 한다.

설교를 위한 목사의 독서는 절대 교양 수준에 머무를 수 없다. 연구녹서로 훈련된 사고로 진리와 세상의 주제들을 연결시켜 가야 한다. 분명한 논리를 세우고 성경의 의미를 담아내는 일에 성공해야 한다. 목사의 공부 자리, 기도와 간구의 자리여야 한다. 설교 한 편을 위한 목사의 노력은 말씀의 연구독서에 다양한 주제의 교양독서를 더해 가는 노력의 과정을 거쳐 탄생되어야 한다.

천지창조의 세계로 행진하라

그렇다면 목사의 연구독서는 무엇에 대한 공부여야 하는가? 세상의 다양한 주제들에 대해 성경적 자기 의견을 세워 가는 것을 목표로 한다. 지식의 스케일을 넓혀 가는 과정 학습이다. 스페셜리스트로 추구하는 제너럴리스트적 관심은 얕팍한 지식에 머물지 않는다. 변화와 성숙을 이루는 지혜로움, 문제 해결의 역량으로 열매 맺는다.

세상의 철학사조에 대해서도 관심을 가져 보라. 진리는 아닐지라도 우리 삶을 뒤덮고 있는 인생의 중요한 관(觀)들에 대해 확인할 수 있다. 사회과학 분야에도 관심을 기울여 보라. 경제, 사회, 정치, 법, 교육, 국방의 문제 등 어느 것 하나 크리스천들의 삶에서 분리되어 있는 주제가 없다. 자연과학은 어떠한가? 사람들의 관심이 우주 바깥을 향하고 있다. 화성에 이주 시설을 건설하겠다며 로켓을 발사하는 일로부터 수많은 과학 분야에서 진일보를 꿈꾸고 있다.

우주 만물을 창조하신 하나님에 대한 관심이 피벗되어 확장될 필요가 있지 않을까? 크리스천 전문가들의 문제일 수도 있겠지만, 목사로서 변해 가는 세상을 알아 가기 위한 노력, 자기만의 의견을 세우는 노력은 진행되어야 한다. 생명과학, 식물과 동물에 대한 관심과 연구도 하나님의 말씀을 증거하는 일에 도움이 되는 피벗 플레이 중 하나다. 그 옛날 솔로몬의 관심도 율법에만 머물지 않았다. 그는 하나님의 천지창조 세계로 피벗하며 연구하는 배움의 삶을 살았다.

의학과 농학, 건축과 기계공학, 그림, 사진, 음악, 공연예술, 스포츠를 포함한 예술 전 영역, 언어와 다양한 문학작품들, 교회 역사를 넘어 한국 역사와 세계사, 인물사, 어느 것 하나도 중요하지 않은 것이 없다. 기도와 말씀 사역에 집중해야 하는 목사의 사역에 반하는 배움의 추구가 아니다. 말씀을 증거하기 위한 관심의 확장이다. 인생사 다양한 주제들에 대한 앎은 진리 탐구 및 믿음의 삶에 인사이트를 제공하는 기회를 부여한다.

우리가 살아가는 세상은 천지창조의 세계다. 목사는 성경의 전문가인 동시에 천지창조의 세계, 이 세상의 다양한 주제들에 대해 성경적인 견해를 세워 가는 지도자여야 한다. 목사의 공부는 지식과 상식 수준에 머물러서는 안 된다. 세상의 무수한 주제들, 지식의 홍수 시대를 살아가는 이들에게 성경적인 기준을 제시해 주기 위한 사랑의 관심이다. 기준이 제시되면 질서가 잡힌다. 질서가 잡히면 '바른 힘'을 행사할 수 있게 된다. 세상 속 크리스천들이 자신의 분야에서 파워 크리스천으로 살아갈 수 있도록 돕는 서포터, 목사의 중요한 사명 중 하나다.

어떤 이들은 목사는 성경 말씀과 기도하는 일에만 집중해야 한다고 말한다. 세상의 다양한 주제들에 대한 관심은 시간 낭비라 여긴다. 다시 강조하지만, 지적 욕심의 추구를 강요하는 것이 아니다. 대상에 대한 사랑에 뒤따르는 관심으로서의 추구다. 목사의 관심은 하나님의 나라, 천지창조의 세계를 지향해야 한다. 성경을 읽고 연구하며 선포하는 것도 세상 속 크리스천을 향한 것임을 기억해야 한다. 콘텍스트(context)의 이해 없이 텍스트(text)를 이야기할 수 없듯, 하나님이 주신 말씀도 우리가 살아가는 천지창조의 세계라는 콘텍스트 속에서 이해되고 선포되어야 한다.

목사의 제일 과제는 성경을 바로 아는 것이다. 하나님의 형상으로 창조된 인간 존재에게 주신 하나님의 선물, 그분의 논리다. 하나님의 논리는 인간의 논리를 넘어선 것이지만, 그 출발은 인간의 논리를 세워 가는 일로부터 시작해야 한다. 이 역할을 잘 감당해 내는 이들의

'눈높이 기도와 노력'은 힘이 있다.

목사의 연구독서, 그것은 하나님을 알고 세상을 알고 자신을 알아가는 수단이요 기술이다. 어떻게 연마하느냐에 따라 날카로운 칼날이 될 수도, 무딘 연장이 될 수도 있다. 독서 하나 잘한다고 충실한 목사라 말할 수는 없다. 다만 잊지 말자. 목사에게 독서의 능력은 필수불가결한 도구이며 능력이라는 사실을 말이다. 하나님의 말씀을 바로 보고 바로 전하기 위해 독서가 필요하다면 우리가 독서에 시간을 쏟고 관심을 가져야 하는 것은 마땅한 일이다. 그 독서는 즐거움을 추구하는 독서를 넘어 하나님의 뜻을 추구하는 이들의 연구독서여야 함 또한 잊지 말자.

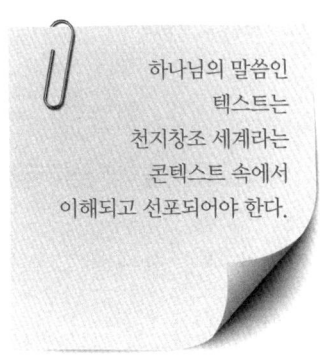

하나님의 말씀인 텍스트는 천지창조 세계라는 콘텍스트 속에서 이해되고 선포되어야 한다.

5

임계점을 넘어서라:
하루 10시간 연구독서에 도전하라

낭중지추(囊中之錐). '주머니 속의 송곳'이라는 말이다. 뾰족한 송곳은 가만히 있어도 반드시 주머니를 뚫고 나오듯, 뛰어난 재능을 가진 사람은 다른 이들의 눈에 띄게 된다는 의미다. 준비된 자는 때가 되면 사람들 앞에 인정받는 기회를 얻기 마련이다. 문제는 그 '때'가 언제냐는 것이다.

하나님의 때를 기다림: 꿈과 현실

"때가 차매 하나님이 그 아들을 보내사 여자에게서 나게 하시고 율법 아래에 나게 하신 것은 율법 아래에 있는 자들을 속량하시고 우리로 아들의 명분을 얻게 하려 하심이라"(갈 4:4-5).

성경도 '때'에 대해 강조하고 있다. 그중에서 갈라디아서 말씀은 하나님이 약속하신 때가 이르러 예수님이 이 땅에 오신 것에 대해 이야기한다. 우리에게 구원의 소식이요, 기쁨의 소식이지만 그 '때'는 결코 우리가 바라고 원하던 때만은 아니었다. 구약시대의 그 누군가에게는 2,000년 뒤의 일이었다. 성취된 '때'에 대한 이야기는 아름답고 감사가 넘치지만, 기다리는 이들에게는 고난과 인내가 동반되어야 하는, 알 수 없고 기약 없는 '때'로 여겨지곤 한다. 구원의 문제에 있어서만 약속한 '때'가 더디게 느껴지는 것은 아니다. 인간의 생애, 모든 영역에서 일어나는 삶의 이야기다.

인간의 우주에 대한 도전은 요즘 들어 더욱 활발해진 듯하다. 국가의 항공우주국만이 아니라 민간 기업이 참여한 후로는 더욱 그렇다. 38만 4,400km 떨어진 달에 대한 도전은 여러 가지 차원에서 지속되고 있다. 가장 가까울 때의 거리가 5,460만 km인 화성에 대한 인간의 열망은 인류의 로망처럼 간절함 속에 진행되고 있다. 우주를 향한 인간의 도전이 시작된 이래 1969년 닐 암스트롱(Neil Armstrong)이 처음으로 달을 밟은 이후 우주 탐사의 노력은 계속되었다. 닐 암스트롱이 타고 간 아폴로 11호의 영광을 재연하는 것을 넘어 그다음으로 도약하기 위한 시도들이 진행되어 왔다.

그 시도가 항상 성공적이지는 않았다. 1986년 나사(NASA)가 발사한 우주왕복선 챌린저호는 발사 후 73초 뒤에 폭발했다. 우주 탐험의 꿈에 부푼 승무원 7명은 우주인의 꿈을 이루지 못한 채 한 줌의 재로 변해 버렸다. 2003년 콜롬비아 우주왕복선도 우주 탐사를 마치고 복귀하던 중 대기권 진입 과정에서 폭발하며 7명의 비행사가 안타까운 최후를 맞이했다. 이런 상황이 반복되는 가운데 유인 우주왕복선 프로젝트는 발사에 들어가는 천문학적인 비용을 감당하지 못하고 2011년 종료되기에 이르렀다.

사람들은 낭중지추를 이야기하며 꿈을 향해 나아간다. 열정과 도전, 꿈과 비전 이후의 성취를 이야기한다. 도전의 아름다움과 역사적 성취의 영광이 큰 것은 사실이다. 그러나 성취되기 이전, 그것을 추구하는 이들에게 도전의 과정은 희망의 청사진만 그려지는 시간이 아니다. 고난이 지속되고 절망 속에 비전을 상실한 채 또 다른 일상을 살아가곤 한다. 포기하지 않으려 했지만 되돌릴 수 없는 실패로 마무리된 도전도 허다하다.

우리는 출애굽 사건의 은혜를 이야기한다. 가나안을 향해 가는 이스라엘의 불순종, 범죄와 타락 이야기는 단골 메뉴다. 조급함에 인내하지 못한 그들을 어리석다 평하는 자리에 어렵지 않게 서게 된다. 우리가 하루면 족히 읽어 내려갈 수 있는 구약 출애굽기의 역사 기록은 그들에게는 살아 내야 했던 40년의 현실이었다. 우리에게는 한두 장의 역사 기록이지만 누군가에게는 죄악 가운데 가문(家門)이 사라져 간 고통의 순간이었다. 수많은 이스라엘 백성이 광야의 힘겨운 여정 속에 그것을 하나도 빠짐없이 지켜보아야 했던 지극히 현실 속 사건과 사고였다. 눈 깜짝할 사이에 다다른 가나안 땅이 아니었다.

성경은 우리에게 할리우드식의 성공과 영광을 선포하는 교과서가 아니다. 하나님의 은혜가 이스라엘 백성 가운데 있었기에 40년의 '현실 광야'를 거쳐 약속의 땅 가나안에 입성할 수 있었다. 하나님의 때에, 하나님의 인도하심 가운데 말이다.

보이지 않는 작은 발걸음, 하나님이 이루시는 하나님의 큰일

신앙의 삶의 기본 원리는 성경의 역사 이후로도 크게 변한 것이 없다. 하나님의 뜻을 추구하는 삶이 우리의 나아갈 방향이다. 열심을 다하고 최선으로 살아가며 하나님의 나라와 그분의 의를 구한다. 초대교회 선교에 있어 바울이 심고 아볼로는 물 주는 사역을 했던 것처럼, 각자의 역할을 찾고 사명을 감당해야 한다.

잊지 말아야 하는 것은 일의 성취, 자라나게 하는 것은 하나님의 몫이라는 것이다. 하나님의 때에 하나님의 방법으로 이루어진다. 때로는 인간의 논리로 받아들이기 힘든 시간의 연속일 수 있다. 성경이 전하는 역사도, 인류 믿음의 선진들의 삶도 그것을 전해 준다. 동시에 그 가운데 우리가 할 일은 하나님의 말씀에 집중하고 묵상하며 삶을 살아 내는 인내라는 사실도 이야기해 준다. 일상을 살라는 것이다. 그 일상이, 인생의 여정이 목사의 사명 감당의 자리다.

목사의 성경 연구 자리가 그러하다. 한 사람으로서의 목사의 독서와 성경 연구, 기도의 자리는 심히 미약해 보인다. 끝이 없이 반복되는 일상, 목표에 다다를 수 없는 작은 발걸음처럼 여겨지곤 한다.

사람들이 왜 노력하지 않는가? 하던 노력을 왜 멈추는가? 노력의 결과가 보이지 않기 때문이다. 결과를 이끌어 낼 노력이라는 사실을 확신하지 못하기 때문이다. 다른 관점에서 본다면 노력이 주는 참된 성장, 변화와 성숙의 의미와 기쁨을 모르기 때문일 수 있다. 큰 성공을 바라보느라 일상의 작은 성공, 과정의 진보의 참된 의미를 깨닫지 못했기 때문일 수도 있다. 노력도 노력의 결과, 과정의 진보를 아는 사람에 의해 진행된다. 최종 결과는 아니지만 오늘의 발걸음과 최종 목표가 관계있음을 아는 이들에게 인내함 속의 열심이 지속될 수 있다.

아폴로 11호를 타고 달에 첫발을 내디딘 닐 암스트롱은 말했다.

"한 인간에게는 작은 발걸음이지만 인간 전체에게는 거대한 도약입니다."

그는 자신이 서 있는 자리, 그날의 사건이 지닌 의미를 분명히 인지하고 있었다. 하나님의 일을 맡은 지체로서의 목사 된 우리가 가져야 하는 것도 이것이다. 하나님의 큰일, 사명에 대한 인식과 더불어 오늘의 작은 일의 참 의미를 깨닫는 것이 필요하다. 그것이 우리를 오늘 참 목사로 살게 하는 하나님의 은혜다.

하루 10시간 연구독서와 글쓰기

목사의 공부에 있어서도 이 작은 발걸음이 필요하다. 다만, 연구독서의 작은 발걸음의 목표는 임계점을 넘어서는 것이다. 무엇보다도 집중하는 연구 분야에 있어서 임계점을 넘어선 '과정의 진보'의 경험이 필요하다. 제일의 목표는 성경이다. 한 걸음 더 나아가 삶의 제 문제들에 대한 관심이 교양독서, 학습독서의 추구를 넘어 연구독서로 그레이드 업을 추구해야 한다.

임계점을 넘어서기 위한 연구독서를 위해 가장 필요한 것은 무엇일까? 절대 시간의 투자다. 동기와 태도가 준비된 자의 독서에서 학습독서와 연구독서의 차이를 만드는 것은 양과 시간이다. 이전과는 다른 노력이 요구된다.

모든 일에 있어 더 좋은 방법, 더 좋은 기술이 있다. 모든 영역에서 최선을 다하는 이들에게 왕도는 있는 법이다. 간절함이 있는 이들에게는 동기를 넘어 구체적인 방법과 기술로 한 단계 진보해 나갈 수 있는 지침을 제공해 줘야 한다. 그러나 그 시작은 절대 시간의 투자여야 한다. 많은 시간을 투자한다고 임계점을 넘어서는 결과가 보장되는 것은 아니다. 그러나 절대시간의 투자 없이 넘어설 수 없는 것이 임계점임을 알아야 한다.

필자가 저술한 책을 읽고 편지를 보내거나 찾아오는 이들이 있다. 사람들은 말한다.

"독서와 글쓰기에 대한 통찰이 대단하시네요."

"저뿐 아니라 자녀 교육에 있어 많은 도움이 되었습니다."

모든 이가 이와 같은 생각을 하지는 않을 것이다. 필자조차도 이들의 과한 칭찬을 선뜻 받아들이지 못한다. 필자의 글에 대해 스스로 부정하는 것이 아니다. 현실을 직시하고 있다고나 할까. 필자가 인정하고 자신하는 것은 시간 투자에 대한 것이다. 그래서 사람들에게 말한다.

"도움이 되었다니 도리어 감사합니다. 이 책에 다른 책과는 다른 작은 부분이 담겨 있는 것은 사실입니다. 그것을 위해 노력했고 그 이야기를 담기 위해 책을 쓴 것입니다. 다만, 제가 투자한 만큼의 시간을 여기에 쏟는다면 당신도 크게 다르지 않은 결과를 낼 수 있다고 생각합니다. 제가 독서와 관련하여 작은 차이를 만들어 내듯 당신은 또 다른 분야에서 그런 일을 감당하고 있으리라 생각합니다."

이것이 실제다. 필자는 독서를 주제로 한 일에 많은 시간을 투자했다. 시간으로 계산하기보다 세월로 가늠해 보아야 할 만큼의 시간이 흘렀다. 25년 가까운 세월을 독서를 중심에 놓고 살았다. 개인 공부 차원의 일만이 아니었다. 독서가 취미였고 일이었다. 독서가 의무였고 원함이었다. 목회 중심에도 독서가 놓여 있다.

그렇게 25년여의 시간을 보냈다. 지금도 진행 중이다. 하루 13시간 이상은 책상에 앉아 책을 읽고 글을 쓴다. 먹고 자는 일, 건강을 위해 아침 시간 자전거를 타고 가끔 체육관에 나가 주짓수란 운동을 하는 시간 이외의 대부분의 시간은 읽고 쓰며 생각하는 일에 쏟는다. 원고

마감을 앞에 둔 한두 달 동안은 그것도 조절하며 일에 집중한다. 차를 타거나 자전거를 탈 때에도 어떤 생각이 나면 가던 길을 멈추고 생각을 글로 남긴다. 자리 잡은 상태에서 쓴 원고 글이 아닌 이동 중 문자로 남기는 생각의 흔적이 매일 A4 두 장 분량이 넘는다.

요즘의 시대를 대변해 주는 여러 가지 용어가 있다. '욜로'(YOLO)가 그중 하나다. 'You Only Live Once'(당신의 인생은 한 번뿐이다)의 머리글자를 딴 말로, 현재의 행복, 누림을 강조하는 삶의 방식을 뜻한다. 욜로족들은 말한다.

"현재를 즐겨라!"

"미래를 위해 현재를 희생하기보다 현재를 누려라!"

모두는 아닐지라도 "욜로"를 부르짖으며 다니던 회사에 사표 내고 세계일주를 한다거나 수입이 얼마 없음에도 고가 자동차와 자전거 구입에 돈을 쓰는 이들도 있다. 그들은 말한다.

"인생은 한 번뿐이야!"

욜로족의 선택과 그런 삶이 무조건 잘못되었다는 것은 아니다. 다만, 그런 선택을 통해 자신이 속한 분야에서 임계점을 넘어서는 능력과 영향력을 동시에 가질 수는 없음을 알아야 한다. 무엇보다 목사의 삶은 욜로적 추구여서는 안 된다. 목사의 자리, 부르심의 이유가 그것을 강조한다. 무엇보다 목사의 공부 시간은 취미를 넘어 일처럼 진행되어야 한다. 누가 시켜서 하는 의무적인 일을 넘어 원함으로서의 과정이어야 한다.

성경을 연구하고 하나님의 뜻을 찾는 일에 있어 만족도, 완전함도 있을 수 없다. 매일 그 방향을 향해 나아갈 뿐이다. 목사의 공부, 연구 독서는 차이를 만들어 내는 과정이어야 한다. 우리의 기도 제목이어야 한다. 남이 하는 만큼, 보통의 노력으로는 차이를 만들어 낼 수 없다. 원함의 크기만큼 원함이 요구하는 구성 요소를 채워야 한다. 일상적인 노력 이상의 노력, 방법과 기술이 필요하다. 성경 연구가 그러하며, 세상의 학문도 그러하다. 간절하게 기도할 뿐 아니라 간절한 마음으로 공부해야 한다. 하루 10시간의 연구독서에 도전하라. 성경을 연구하고 그것을 위해 필요한 수변 학문 연구독서에 시간을 투자하라.

로켓을 우주로 보내기 위해서는 대기권을 뚫고 나갈 강력한 추진력이 필요하다. 그 추진력을 얻기 위해 우주 로켓 전체 중량의 90%를 연료로 채운다. 수백 톤의 로켓을 4-5분 안에 대기권 바깥 우주로 보내기 위해 대부분의 에너지를 쏟아넣는다. 목사의 연구독서는 목회의 추진력을 얻게 하는 연료와 같다. 하나님을 알아 가고 나를 알아 가는 일에 필요한 에너지다. 그것은 일상의 취미 차원일 수 없다. 말씀 연구와 전파를 위해 목사의 시간은 관리되어야 한다. 오늘의 기도와 노력을 통해 임계점을 넘어서는 준비된 사람, 하나님의 말씀을 맡은 사람으로서 부족함 없는 존재로 자신을 세워 가야 한다.

"나는 오늘 살며 사랑하며 배우며 나누는 삶을 살겠습니다!"

분당에 위치한 도서관교회 1층 도서관 강당 정면에 붙어 있는 표어다. 이 표어가 이 땅에 세움 받은 모든 목사의 고백이기를 기도한다.

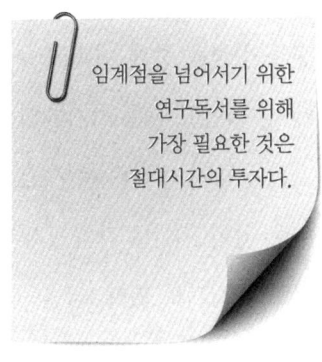

6

글쓰기는 예배다:
설교를 살리는 목사의 글쓰기

하나님의 꿈을 디자인하는 목사의 글쓰기

프린스턴대학교 총장과 미국 제28대 대통령을 역임한 우드로 윌슨 (Woodrow Wilson)은 말한다.

"모든 위대한 사람들은 꿈의 사람들이다. 그렇지만 그중 일부는 자신들의 꿈을 죽게 내버려 두었다. 당신은 당신의 꿈을 보살피고 보호해서, 어렵고 힘든 시기에서 햇빛이 비치는 시기로 옮겨 가야 한다."

꿈을 죽게 내버려 둔 사람, 멀리 있지 않다. 필자가 그 사람이다. 지나온 삶이 후회로 가득했기 때문이 아니다. 열심을 다했다. 인정도 받았고 즐겁기도 했다. 꿈을 좇아 살아왔다고 생각했다. 내가 사는 삶이 최선이라 여기며 살았다. 그러는 사이에 보호되어야 할 나의 꿈의 일부는 충분히 보호되지 못한 채 방치되어 있었다. 오랜 기간, 최선의 선택이 아닌 나름대로 좋은 차선의 선택들이 내 삶을 채워 왔음도 알 수 있었다.

최선이라 여겨졌던 삶은 무계획에 가까운 삶이었다. 믿음 안에서 주도적이기보다는 주어진 상황에 반응하며 살아온 삶이었다. 2007년 출간한 첫 책 『비전을 디자인하라』의 프롤로그 "수련회만 못한 인생"에 그때의 마음을 담았다.

"수련회를 계획하고 준비하던 시간을 떠올려 봅니다. 수개월 전에 장소를 예약합니다. 교사들과 함께 3박 4일의 일정을 논의하며 계획하는 데 몇 달을 투자합니다. 때로는 며칠 밤을 새워 가며 그날을 준비합니다. 이러한 노력은 너무도 당연한 투자이기에 누구도 이의를 달지 않습니다. 그렇게 철저히 준비했음에도 수련회를 앞두고 다시 한 번 빠진 것이 없나 점검합니다.

수련회가 진행됩니다. 그렇게 준비하고 손을 맞췄건만 계획대로 진행되지 않습니다. 그리 길지 않은 일정 속에서 왜 그리 돌발 상황이 많이 일어나는지 모르겠습니다. 그러나 그 모든 일을 우리는 일상으로 받아들입니다. 그리 특별하지도 않은, 인간이 살아가다 보면 겪게 되는 어쩔 수 없는 상황으로 받아들이고 살아갑니다.

그런데 여기 이상한 사람들이 있습니다. 3박 4일의 모임을 위해 수많은 시간을 투자했던 바로 그들입니다. 이상한 것은 삶을 계획하는 이들을 찾아보기란 쉽지 않습니다. 나의 인생의 목적은 무엇이며 주어진 인생은 무엇을 하며 보낼 것인가에 대해 구체적으로 고민하는 이들을 만나 보기가 쉽지 않습니다. 마음의 근심과 걱정 속에서, 때로는 기대와 환희 속에서 미래를 마음속에 그리기도 하지만 그것은 어디까지나 생각에 지나지 않는 듯합니다. 3박 4일의 일정을 위해 만든 매뉴얼은 한 권의 책을 이루면서도 우리의 인생을 위한 계획서는 어디에서도 한 장 찾아볼 수가 없습니다."

목사의 글쓰기는 멋진 문장, 그 이상이어야 한다. 목사의 글쓰기는 하나님의 꿈을 현실에 디자인하는 그분의 일하심이어야 한다. 하나님이 마음에 소원을 두고 살게 하신 하나님의 꿈을 보호하며 살게 하는 힘의 원천이어야 한다.

글쓰기를 통해 목사가 살고, 목사의 글을 통해 성도의 삶이 세워져 갈 수 있음을 깨달아야 한다. 하나님은 자신의 뜻을 전함에 있어 '글'을 선택하셨다. 목사는 그 글을 통해 하나님의 마음을 알고 말과 글, 삶으로 진리를 증거하는 증거자요, 언어의 직공으로서의 삶을 준비하며 살아가야 한다.

글쓰기는 예배다

페르시아 시대 이스라엘 민족의 지도자 에스라는 율법에 익숙한 학자였다. 성경은 그를 학사 에스라로 소개한다. 학사는 영어 'scribe', 'secretary'로 번역할 수 있는데, 단순히 문서를 기록하고 필사하는 사람이 아니다. 글을 다룰 줄 아는 전문가이자 지도자로서의 자질을 갖춘 사람이다. 그 옛날에 글을 다룬다는 것은 지금 우리가 아는 그 이상의 능력이었다. 생각을 정리하고 가르치는 수단, 나랏일을 보살피고 계획할 정도로 사고에 능한 소수자의 도구였다.

구약성경은 "에스라가 여호와의 율법을 연구하여 준행하며 율례와 규례를 이스라엘에게 가르치기로 결심하였었더라"(스 7:10)라고 전한다. 공동번역본은 같은 구절을 "에즈라는 야훼의 법을 깨쳐 몸소 실천할 뿐 아니라, 그 법령들을 이스라엘 사람들에게 가르치고 싶은 마음밖에 없었다"라고 번역하고 있다. 에스라만이 아니라 이스라엘 민족의 지도자들은 읽고 쓰며 율법을 백성에게 가르치는 일을 하나님이 맡기신 사명으로 여겼다.

기독교교육을 이야기함에 있어서 유대인의 교육은 우리의 비교 대상, 때로는 이상처럼 언급되곤 한다. 유대인들이 온 세상에 보여 준 성취와 그 특별함은 우리뿐 아니라 비신자들에게도 관심의 대상이다. 『유대인을 만든 책들』의 저자 애덤 커시(Adam Kirsch) 교수는 유대인 창의성의 비결이 무엇인가 묻는 기자의 질문에 답한다.

"유대인에게는 문해력(literacy), 연구, 지성을 중시하는 오랜 전통이 있다. 유대인은 읽고 쓰기에 관심이 많다. 그들은 글을 통해 유대 문화를 표현해 왔다. 정치나 예술 등 관심이 다양한 영역으로 분산된 이슬람이나 기독교계와 달리 유대인은 읽기와 쓰기에 집중했다. 유대인은 그들의 나라가 없었고 지어야 할 건물도 없었기 때문이다. 그래서 유대인에게는 책이 그들을 표현하는 주요 수단이었다."

애덤 커시 교수는 책과 독서, 글쓰기를 유대 문화를 구성하는 일부로 보지 않았다. 그것 자체가 방법과 기술을 넘어 유대인의 정체성을 구성하는 뼈대라고 본다. 안타까운 것은 그가 평가한 기독교의 모습, 읽기와 쓰기에 집중하지 않는 모습은 부인할 수 없는 사실이라는 것이다. 읽기는 물론이거니와 글쓰기는 더욱 그렇다.

글쓰기의 방법과 기술보다 중요한 것은 글쓰기를 바라보는 우리의 시각이다. 글쓰기에 대한 태도가 결정되면 글을 쓰는 방법과 기술의 문제는 시간의 문제다. 목사에게 책을 읽고 글을 쓰는 행위는 어떤 의미를 갖는가?

목사의 설교는 기도와 성경 읽기로 시작하여 글로 정리되고 다듬어지는 과정을 거쳐 말로 선포된다. 그렇다면 목사에게 있어 글쓰기는 분명 예배의 일부다. 목사의 글쓰기는 '글쓰기는 하나님을 향한 예배의 도구요, 예배'라는 태도 정립으로부터 시작되어야 한다.

언어의 직공이 되라

목사의 사명은 영혼 구원, 사람 낚는 어부가 되는 것이다. 부정할 수 없는 제일의 사명이다. 중요한 것은 무엇을 통해 그것을 이루어 가는가다. 목표가 중요하다면 과정의 수단과 방법의 준비는 우선되어야 할 과제다. 글을 다루는 능력이 바로 그것이다. 글쓰기는 목사의 유일한 수단은 아니지만 결코 배제되어서는 안 되는 제일 된 '목사의 기술'이다.

목사는 성경의 사람으로 부름 받았다. 글로 된 하나님의 말씀을 읽고 해석하는 일은 그 어떤 일보다 우선되어야 할 목사의 '일'이다. 가장 중요한 영혼 구원이 목사의 일만은 아니다. 모든 크리스천의 사명이다. 그 사명 감당을 위해 모든 크리스천이 목사가 될 필요는 없다. 자신의 삶의 자리에서 기도하며 그 목표를 이뤄 가면 된다. 이때 필요한 것이 하나님의 말씀에 대한 바른 이해다.

영혼 구원은 맹목적인 노력, 사랑의 실천의 결과가 아니다. 우리의 순종, 사역의 실행은 하나님의 마음을 이해하고 따르는 이들의 선택이어야 한다. 거기서 목사의 사명 감당의 자리가 요구된다. 성경교사로서 말씀을 읽고 연구하여 하나님의 뜻을 가르쳐 지키게 하는 것은 크리스천의 모든 일에 앞서야 한다. 목사가 글로 된 하나님의 말씀을 읽고 해석하는 일에 능통해야 하는 분명한 이유다.

그것을 위해 준비 과정의 글쓰기는 피해 갈 수 없는 목사의 과제다.

목사는 원저자이신 하나님의 뜻에 집중하며 바른 뜻을 자신만의 글로 요약할 수 있어야 한다. 한다는 사실 자체가 중요하지는 않다. 바르고 잘해 내야 한다. 거짓 복음이 판치는 세기 말이기에 더욱 그렇다. 목사의 깨달음과 의견이 중요하다면 그것은 성경 원문에 대한 바른 이해를 전제한 것이어야 한다.

성경은 주어진 복음인 동시에 감추어진 비밀을 포함한다. 이미 소유한 선물인 동시에 아직 풀지 못해 접근할 수 없는 금고와도 같다. 성경을 연구하는 이들은 많아도 복음의 진리, 그 진면목을 마주하는 것은 그들 모두의 축복이 아니다. 진리 앞에서 하나님의 뜻을 만나고 순종하는 삶을 사는 이들보다 말씀 앞으로 나아갔지만 자기 소견에 옳은 대로 해석하여 하나님께 싫어 버린바 된 이들이 더 많음을 믿음의 역사는 우리에게 증거해 주고 있다.

설교는 하나님의 언어, 창조자의 뜻을 분명하고 명확한 인간의 언어로 선포하는 하나님의 도구여야 한다. 두렵고 떨리는 마음으로 기도와 연구로 준비해야 한다. 설교는 정리된 설교문 없이 머리에 정리되었다고 여겨지는 생각의 선포여서는 안 된다. 하나님의 말씀을 대언하는 것이기에 그렇다. 설교는 한두 번의 선포, 한두 해 진행하는 과제가 아닌 평생의 과제다. 목사의 설교는 성경의 통일성 가운데서 항상 점검되어야 한다. 현실을 반영해야 하지만 성경의 맥을 떠나서는 안 된다. 선포가 중요하다지만 자기 소견에 옳은 대로의 해석이어서는 안 된다. 성경 속 이스라엘 백성의 비극은 거기에서부터 시작되었다.

목사의 설교는 말로 된 선포이기 이전에 글로 된 '불타는 논리'여야 한다. 하나님도 그 질서를 따라 자신의 뜻을 전하셨는데, 인간에게 있어 더 탁월한 과정의 수단이 있을 수는 없다. 목사는 언어의 직공이 되어 신의 언어, 인간의 언어에 능통한 자가 되어야 한다. 세상 그 누구보다도 말이다.

마지막으로 강조하는 것은 목사의 설교 글쓰기는 단편 글쓰기가 아닌 책 쓰는 글쓰기여야 한다는 것이다. 25년 가까이 글을 쓰고 가르치는 사람으로 살아왔다. 그 가운데 확실하게 말할 수 있는 것은 글쓰기와 책 쓰기는 다르다는 것이다. 한 편의 글을 쓰는 것도 어렵지만 기조(基調)를 유지하며 한 권의 책을 짓는 것은 더욱 어렵다. 성경 66권은 각각의 주제를 가진 개별적인 책인 동시에 통일성을 이룬 한 권의 책이다. 한 주의 설교, 평생의 설교는 성경의 맥 위에 짓는 일관성과 통일성을 유지한 말씀의 집이어야 한다. 그 집을 잘 짓고, 잘 짓는 목사이기를 소망한다.

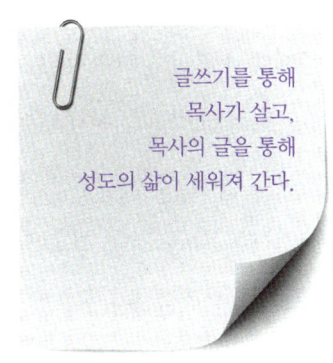

글쓰기를 통해
목사가 살고,
목사의 글을 통해
성도의 삶이 세워져 간다.

7

자신의 책을 가져라:
목사의 책 쓰기 디자인 5단계

목사의 설교, 책으로 거듭나다

설교는 말로 선포된 복음이다. 복음을 담아낼 말의 논리를 세우기 위해서는 설교 이전, 글로 된 설교문이 필요하다. 말의 실수를 줄이기 위함이며, 내용으로서의 복음의 정확성을 담보(擔保)하기 위함이다. 중심 주제에서 곁길로 빠지지 않기 위해서도 구조화된 설교문은 필요하다.

말로 설교하는 가운데 준비되지 않은 생각이 들고 그것을 전달하는 가운데 중심 생각을 놓친 경험이 누구나 있을 것이다. 어떤 설교자는 생각나는 모든 것을 설교에 포함시킨다. 말의 속도보다 생각의 속도가 빠르기에 설교자가 스탠스를 확실히 하지 않을 때 이런 일은 비일비재하게 일어난다. 뜻하지 않은 명설교가 이런 과정을 통해 탄생되기도 하지만, 대부분은 주제에서 벗어나 삼천포로 빠지게 된다. 설교의 논리가 무너지고 설교의 비논리가 진행된다. 실언의 횟수도 늘어난다. 확인되지 않은 내용이 선포되는 '설교 실패'가 반복된다.

설교 원고에 충실한 이들도 있다. 그들은 준비한 원고에서 벗어나지 않으려 노력한다. 설교 원고만을 들여다본다는 이야기가 아니다. 설교 자리에서 주시는 성령의 영감보다, 설교를 준비하는 과정에서 역사하시는 성령의 인도하심을 기대하며 기도하는 그들의 태도에 대한 이야기다.

목사의 글쓰기는 설교문 쓰기에서 한 걸음 더 나아가야 한다. 글쓰기를 넘어 책 쓰기 차원의 설교가 준비되어야 한다. 한 편의 설교를 넘어 하나 된 성경의 메시지를 담아낼 책 쓰기가 필요하다. 하나의 꼭지 글로서의 설교문에 머물지 말아야 한다. 서로 다른 본문, 다른 주제의 글들이 기조를 유지하며 일관된 성경의 메시지를 담아내는 책 쓰기 차원의 설교 준비가 진행되어야 한다.

설교는 한 편 하고 끝내는 프로그램이 아니다. 성경 66권의 내용을 평생에 걸쳐 담아내야 하는 그릇이다. 교향곡과도 같은 성경의 내용을 담아내기 위한 설교는 문화센터 강좌식 단기 프로젝트로 준비해서는 안 된다. 일관성 없고 연속성이 지켜지지 않는 설교가 아닌, 창세기부터 요한계시록의 통일된 메시지를 담아낼 그릇으로의 설교가 필요하다.

기조를 유지하는 책 쓰기 차원의 설교 준비는 철저히 준비되고 연구가 뒷받침된 계획의 진행이어야 한다. 매주 진행되는 설교문을 모아 펴낸다고 책이 되는 것은 아니다. 목사의 책 쓰기가 형태로서의 책만이어서는 안 된다. 가치를 인정받을 수 있는 책이 되기 위한 준비가 필요하다.

한 걸음 더 나아가 목사의 책 쓰기가 성경 연구와 설교에 국한될 필요는 없다. 연구독서에서 살펴보았듯이, 진정한 마스터의 자리는 무엇 하나만 잘해서는 오를 수 없는 자리다. 중심 주제, 전공에 대한 전문성은 기본이다. 거기서 한 걸음 더 나아가 그것을 둘러싼 주변 학문, 주제들에 대한 식견이 있어야 한다. 그 식견은 교양 수준을 넘어 연구독서를 거친 준전문가적 견해여야 한다.

목사의 성경에 관한 전문성은 기본이다. 그 위에 천지창조의 다양한 주제들과의 관계를 연결 지어 갈 때 설교는 사람들의 마음에 하나님의 빛을 비추게 된다. 목사의 책 쓰기가 성경에 관한 주제에 머무는 것을 넘어 다양성을 추구해야 할 분명한 이유 중 하나다.

필자에게 있어서 이러한 생각은 작가로서의 지평을 넓혀 가는 기회를 제공해 주었다. 지난 시간 8권의 책을 저술하는 가운데 기독교 출판사에서 출간한 책보다 일반 출판사에서 출간한 책들이 더 많다. 독서, 글쓰기, 탈무드, 홈스쿨에 관한 책을 써 왔다. 세계사에 관한 책도 준비 중이다. 건강과 경제에 관한 책도 준비하고 있으며, 이후로 좀 더 다양한 주제들에 대해 연구독서를 진행하며 책 쓰는 독서, 책 쓰는 글쓰기에 집중할 계획이다. 감사한 것은 이러한 내용들 하나하나를 준비하는 가운데 성경에 대한 깨달음이 깊어지고 세상에 대한 이해의 폭도 넓어져 간다는 것이다.

목사의 책 쓰기 디자인 5단계

그럼 책을 쓰기 위해서 무엇을 준비해야 하는가? 자세한 설명이 필요한 과제이지만, 여기서 5단계로 간략히 준비 과정을 생각해 보려 한다. 분명한 사실은 이 단계를 머리로만 받아들여서는 아무 변화도 일어나지 않는다는 것이다. 실천으로 옮겨야 한다. 미래 어느 날의 실천이 아닌 '오늘 당장' 실천에 옮겨야 할 시급한 과제다. 목사에게 말씀을 증거하고 세상을 알아 가야 하는 과제는 내일의 사명이 아닌 오늘 감당해야 할 사명으로 주어졌기 때문이다.

1단계: 발상에서 글쓰기로

책 쓰기의 1단계는 글을 쓰는 것이다. 어떤 글이든지 쓰는 것으로 시작되어야 한다. 마음의 소리를 종이 위에 흘려보내는 연습을 통해 발상과 착상을 종이 위에 옮겨 놓는 일에 익숙해져야 한다.

'발상'(發想)은 '어떤 생각을 해내는 것'을 의미한다. '착상'(着想)은 '어떤 일의 실마리가 되는 생각이나 구상' 자체를 말한다. 책 쓰기는 마음에 든 생각, 발상과 착상을 글로 옮기는 일의 시작과 익숙함 뒤에 따르는 전문적인 글쓰기다.

대부분의 사람들은 책 쓰기는 고사하고 글쓰기를 실행하고 있지 않다. 여러 가지 이유 중에 두 가지만 살펴보겠다.

첫째, 글쓰기 자체를 두려워하기 때문이다.

글쓰기는 어렵고 힘든 것이라는 강한 선입견을 가지고 있다. 마음의 소리는 말의 옷을 입거나 손에 쥐어진 펜을 타고 종이 위에 흘러넘쳐 다른 이들의 마음속을 향해 나갈 때 의미가 있다. 글을 통해 자신의 견해를 밝히는 일에 우리는 성공해야 한다. 동방예의지국에서 자라서인지 자신의 생각을 솔직히 이야기하지 못해 왔다. 자신의 생각 드러냄을 예의 없음과 같은 의미로 받아들이곤 했다. 그래서 사람들은 잠잠하기를 선택해 왔다.

둘째, '글은 잘 써야 한다'는 생각을 갖고 있기 때문이다.

사람들이 글을 쓰지 않는 두 번째 이유는 '글은 잘 써야 한다'는 생각을 갖고 있기 때문이다. 그 생각에 사로잡혀 글 자체를 쓰지 못하는 상황 속에서 살아간다. 글은 잘 쓸 필요가 없다. 잘 쓰려는 마음이 잘못된 것은 아니다. 다만, 시작 지점에서의 이런 생각은 시작 자체를 하지 못하게 만드는 요인이 된다는 것이 문제다.

글은 '잘 쓰기' 전에 '그냥 쓰기'로부터 시작해야 한다. 처음 쓰기는 브레인스토밍 쓰기로 시작하라. '브레인 스톰'(brainstorm)은 우리의 생각 속에서 완성되지 않은 생각들이 쏟아져 나오는 상황을 말한다. 무수한 생각의 파편들이 쏟아져 나오는 상황이다. 브레인스토밍을 통해 생각이 정리되고 완성되며 확장되어 간다.

  대체로 우리의 브레인스토밍은 말로 진행되어 왔다. 글로 하는 브레인스토밍에 도전해 보라. 정리된 생각이 아니어도 좋다. 완성된 퍼즐이 아닌 낱개의 퍼즐 조각 같은 생각일지라도 우선은 종이 위에, 컴퓨터 화면에 쓰여야 한다.

2단계: 구상에서 구성으로

  2단계는 구상에서 구성으로 나아가는 것이다. 글쓰기에서 책 쓰기로 나아가기 위한 중요한 과정이다.

  첫째, 중심 생각을 세워라.

  중심 생각은 책의 주제요 콘셉트다. 주제는 책을 통해 전하고자 하는 바요, 콘셉트는 주제를 전달하기 위한 전술이다. 중심 생각을 풀어 갈 논리, 책의 구조를 세우는 과정이 중요하다. 모든 구상, 발상과 착상된 내용들은 구조를 따라 재서술되어야 한다. 주제를 앞세워라. 글의 서두에 자신의 주장하고자 하는 바를 이야기하라. 핵심이 무엇인지를 독자에게 알려 주라. 왜 그것이 필요한지를 설명하라. 이유가 공감을 불러일으켜야 하고 근거로 신뢰를 얻어야 한다.

  둘째, 책의 구조, 글의 구조를 만들라.

  중심 생각에 질서를 부여하라. 브레인스토밍 글쓰기가 구조 없는 생각이라면, 2단계는 생각으로서의 글에 질서를 부여하는 단계다. 중심 생각, 주장은 있는데 그것을 논증하여 증명하지 못한다면 아무도 설

득되지 않는다. 작가는 생각을 하는 사람을 넘어 생각을 만드는 사람이어야 한다. 작가, 집을 짓는 사람이다. 생각의 집을 짓는다. 언어의 집을 짓는다. 작가는 지나가는 생각을 붙드는 사람일 뿐 아니라 질서를 부여하며 확장시키는 일에 익숙한 자다.

말과 글의 차이는 생각의 디테일이다. 말은 머리로 생각하고 즉석에서 표현되는 경향이 있다. 글은 시간이 주어진다. 나의 생각을 돌아볼 기회가 주어진다. 생각의 질을 높여 갈 기회다. 분석적으로 주장과 근거, 논리를 점검할 수 있다. 구조를 만드는 과정은 나의 생각과 글에 가치를 부여히고 높이는 노력이다.

셋째, 누락, 반복, 오류를 피하라.

1단계가 생각나는 대로 적는 단계라면, 2단계는 정리된 생각을 쓰는 과정이다. 정리된 생각은 4가지 요소를 갖춰야 한다. 주제 + 핵심 키워드 + 연관 키워드 + 글의 구조(논리)다.

1. 이야기하려는 주제를 정하라.
2. 전달하려고 하는 주제의 핵심 키워드를 찾아라.
3. 핵심 키워드를 뒷받침하는 연관 키워드를 찾아라.
4. 핵심 키워드별 주제를 문장화하라.
5. 핵심 키워드와 연관 키워드를 결합한 뒷받침 내용을 문장화하라.

이 과정에서 주제를 강조하기 위해 꼭 필요한 내용 중 빠진 것은 없는지 누락을 살펴야 한다. 반복을 통한 강조는 글쓰기에 꼭 필요한 기술이지만, 같은 말의 반복은 피하는 것이 좋다. 반복의 핵심은 같은 말의 반복이 아닌 의미의 반복 전달임을 기억해야 한다. 무엇보다 논리의 오류를 점검하기 위해 정보의 정확성, 논리의 구조는 세밀하게 살펴야 할 부분이다.

3단계: 초고 쓰기에서 초고 완성으로

첫째, 책을 쓰기 위해서는 부족한 글을 용납해야 한다.

글쓰기의 성장을 위해 완벽하지 않은 초고 쓰기에 성공해야 한다. 발상에서 글쓰기로 나아가지 못하는 것과는 또 다르다. 글은 쓰는데 글을 마무리 짓지 못한다. 책을 쓰기 위해서는 초고가 필요하다. 중심 생각에 세운 구조를 따라 초고를 써야 한다. 초고는 완성된 글이 아니다. 미완의 글이다. 책을 이루는 구조의 꼭지 글 하나하나를 정성껏 써야 하지만 그것이 처음부터 완성된 글을 목표로 해서는 안 된다. 100% 완성된 글보다 60-70%의 미완된 초고를 쓴다는 목표로 가볍게 글을 이어 가라. 3단계는 이것으로 족하다.

둘째, 책 쓰기는 독자에게 집착하는 과정이어야 한다.

'Write something people want.'

책은 저자가 전하고자 하는 이야기를 독자의 필요를 충족시켜 가는 글쓰기로 완성해 가야 한다. 내가 쓰고 싶은 이야기와 독자가 듣고 싶어 하는 이야기 사이에서의 고민과 갈등, 조율화 과정이다. 책은 당연히 저자가 담고 싶은 이야기라 생각할 수 있지만, 그것은 목적이다. 책의 방향성이다. 목표는 독자의 마음을 얻는 것이어야 한다. 공감을 불러일으켜야 한다. 독자의 마음을 얻지 못하는 책은 의미 없다.

내용 자체가 의미 없다는 말이 아니다. 의미를 발생시킬 기회를 얻지 못한다는 뜻이다. 아무도 인정해 주지 않는 나만의 글에 대한 자부심은 남들이 알아보지 못하는 보석이기보다 자기의 착각이기 쉽다. 글은 읽는 사람을 전제하기 때문이다. 뜻을 전하고 의미가 전달되어야 한다. 오해를 피할 수 있도록 의미 전달에 힘써야 한다. 글은 이해를 이끌어 내고 소통의 과정을 통해 납득시켜야 한다. 공감과 납득은 상대로 하여금 행동을 이끌어 내는 힘이 있다.

4단계: 퇴고에서 탈고로

책의 디테일을 만드는 것은 고쳐 쓰기다. 고쳐 쓰기 없는 글은 직관적인 말과 다를 바 없다. 처음 생각도 중요하지만 그것을 값지게 하는 것은 고쳐 쓰기의 노력이다. 고쳐 쓰기는 부족함을 보완하는 최선의 방법이다. 글을 쓰는 사람의 읽는 자들을 위한 예의다. 생각의 디테일을 창조해 가는 과정이 글 쓰는 이들이 지켜야 할 자존심이며 예절이다.

같은 내용의 글일지라도 디테일이 독자들의 다른 평가를 이끌어 낸다. 모든 이가 글쓴이의 노력을 알아주는 것은 아니다. 그 차이를 발견하는 소수의 독자를 위해서라도 의미 있는 노력이다. 미국의 시인 존 베리먼(John Berryman)은 이야기한다.

"자기 글을 가차 없이 대하라. 그렇지 않으면 독자가 그럴 것이다."

퇴고는 끝이 없다. 퇴고에 퇴고를 거치다 보면 볼품없는 문장이 명문장(名文章)이 되어 간다. 논리의 오류가 수정, 보완되고 중복된 내용들이 걸러져 문장이 깔끔해진다. 글쓰기와 책 쓰기의 황금률은 고쳐 쓰기다. 고쳐 쓰기의 과정이 있기 때문에 부족한 초고도 용납된다. 초고에서 시작하여 퇴고를 거친 글이 탈고에 이르며 책 쓰기는 마무리된다.

책 쓰기의 마무리는 탈고(脫稿), 원고 쓰기를 마치는 일인 동시에 탈고(脫苦), 괴로움에서 벗어나는 일이기도 하다. 고통스러운 괴로움만은 아니다. 창작의 괴로움이다. 해산에도 고통이 따르듯 책 쓰기의 과정도 고통이 따른다. 그 고통을 벗어나는 순간 산모가 새 생명을 얻고 위로를 얻듯, 작가도 완성된 책을 통해 위로를 얻게 된다.

5단계: 투고에서 계약으로

1-4단계가 작가의 역할이라면, 5단계는 작가가 쓴 글이 책이 되기 위해 파트너를 정하는 일이다. 원고는 작가가 쓰고 책은 출판사가 만든다. 자신이 쓴 글을 출판할 출판사를 선정하는 과정도 중요하다. 어떤 주제의 책이냐에 따라 출판사는 달라질 수 있다. 출판사의 의뢰를 받아 원고를 저술했다면 문제없지만 의뢰 없이 쓴 원고라면 마음과 뜻이 맞는 출판사를 찾아 출간 의뢰 과정을 거쳐야 한다. 이때 출간제안서를 출판사에 보내는 작업을 투고(投稿)라 한다.

동물농장 올림픽

평준화 교육 자체만으로도 축복이었던 시절이 있다. 교육 소외자들에게 기회를 부여해 주었다. 삶의 가능성 자체가 없던 이들에게 꿈을 꿀 수 있는 상황이 마련되었다. 시간이 지나며 평준화 교육의 단점이 부각되기 시작했다. 인간의 정체성을 세워 가기보다 무너뜨리고, 가능성을 세워 가기보다 기회를 축소시켜 가는 문제점에 주목하기 시작했다.

오늘의 교육을 '동물농장 올림픽'에 비유하곤 한다. 토끼와 거북이, 원숭이와 기린, 독수리와 고릴라가 한데 어울려 경주를 펼친다. 웃고 즐기는 운동회가 아니다. 성적으로 등수를 매기고 등급을 나누는 올림픽이다.

첫 번째 경기는 '육상 달리기'다. 토끼가 1등이다. 원숭이와 고릴라가 그 뒤를 잇는다. 거북이는 결승선도 통과하지 못한다. 두 번째 경기는 '해상 달리기'다. 거북이가 1등, 다른 동물들은 모두 죽다 살아난다. 세 번째 경기는 '나무 타기'다. 원숭이가 1등, 고릴라가 2등이다. 네 번째 경기인 '과자 따 먹기'에서는 기린이 1등이고, 다섯 번째 경기인 '하늘 날기'에서는 독수리가 1등, 모든 동물은 낙제다. 여섯 번째 경기인 '레슬링'에서는 고릴라가 1등이다.

모두 공평하게 한 경기에서 1등을 나눠 가지며 즐긴 것 같으나, 점수 환산과 등수는 통합 점수를 통해 결정된다. 어느 누구도 자신의 정체성과 가치를 인정받을 수 없는 경쟁이다.

교육의 이야기만은 아니다. 목사의 목회도 마찬가지다. 신학 교육에 있어서도 평준화된 교육이 진행되었다. 가르침은 있었지만 제대로 된 평가가 진행되지 않았다. 많은 가르침이 있었지만 큰 배움이 없는 상태로 신학교를 졸업했다. 목회 현장도 마찬가지다. 목사 각자의 목회가 준비되지 않았기에 '이것이 목회다' 여겨졌던 전형을 따를 수밖에 없었다.

목사는 예수 그리스도를 머리로 한 지체로서 부름 받았다. 직임은 같은 목사지만 각기 다른 색깔, 옷을 입고 사역하는 것이 자연스러움이다. 그러나 목회 현장은 다름을 인정해 주지 않았다. 정해진 목회 스타일, 전형적인 목회자상이라는 기준 위에서 평가받았다. 목사 개인적으로도 다른 대안을 준비한 적도, 가르침을 받은 적도 없었다. 그러한 기준 위에서 목회의 성공을 논했다.

말씀의 진리와 인생의 원리가 눈에 보이지 않기 때문일까? 교인 수로 교회의 등급이 결정되었다. 목사의 수준도 교회 사이즈에 비례하여 정해졌다. 성문화된 법은 아니었지만 목사, 성도 할 것 없이 모든 크리스천의 마음에 쓰인 불문법처럼 불변의 기준으로 작용했다. 그래서일까? 많은 목사가 교인 수 증가를 지향하는 목회를 추구했다. 진리가 선포되고 영혼 구원을 위한 전도의 차원이기에 당연한 목표일 수 있다. 그러나 어느 순간부터인지 영혼 구원보다 '수' 자체가 목표가 되어 버린 듯했다.

주객이 전도된 현상이 신자를 넘어 비신자들에게도 느껴지기 시작했다. 여러 가지 문제 요인이 있겠지만 지체다움을 세워 갈 기회를 주지 않은 목회에 대한 인식, 기준이 가장 큰 원인이었다. 각 사람의 부르심과 사명을 생각지 않고 '동물농장 올림픽'과도 같은 형태의 목회가 펼쳐졌다. 합력하여 선을 이루기보다는 하나의 기준 아래 경쟁하는 목회가 펼쳐졌다. 노력하면 할수록 예수께서 하나 되게 하신 교회의 교회 됨에 난 작은 틈의 균열은 더해만 갔다. 교회의 교회 됨, 목사의 목사 됨에 대해 고민하는 이들이 늘어만 갔다.

목사의 삶은 스토리 있는 삶이어야 한다

목사의 삶은 간증이 있는 삶의 순간들이어야 한다. 간증은 나를 자랑하는 것이 아니다. 나를 통해 일하신 하나님을 드러내는 행위다. 나에게도 유익하다. 남에게 자신을 드러내는 증거가 아니라 힘들고 어려울 때 기억해야 할 하나님의 은혜, 꺼내어 보고 다시 힘을 얻을 수 있는 임마누엘의 증거가 되어 준다. 뿌리 깊은 나무는 바람에 쓰러지지 않는다. 샘이 깊은 물은 가뭄에 마르지 않는다. 우리의 간증, 믿음의 삶과 스토리는 우리 삶의 뿌리요, 저 깊은 곳에 살아 있는 생명 샘이다.

목사가 되어 남의 은혜만을 전해서는 안 된다. 성경 인물이 받은 축복만 증거해서는 안 된다. 자신이 받은 은혜를 전해야 한다. 믿음 안에서 받은 축복도 전할 수 있어야 한다. 그 은혜는 매일의 삶에서 업데이트되어야 하고, 주 안에서 항상 감사하며 기뻐하는 자가 되어야 한다.

목사라고 특별히 위대한 존재는 아니다. 그런 삶을 살아야 한다는 것도 아니다. 목사의 일상 속 잔잔한 하나님의 일하심이 성도들의 눈에 목격되어야 한다. 항상 기뻐하는 자의 모습을 보여 주어야 한다. 가식적으로 살라는 것이 아니다. 과정 속에 고난을 마주할 수도 있다. 그때 불안해할 수 있다. 하나님이 원망스럽고 불평하고 싶을 때도 있다. 항상 기뻐하라는 것은 시간의 과정에 대한 이야기가 아니다. 결과에 대한 이야기다. 그러한 과정 속에서 살아감에도 기뻐하는 삶으로 마무리되어야 함을 말한다.

그러한 차원에서 목사의 삶은 한 편의 드라마가 되어야 한다. 고난과 역경, 슬픔과 괴로움이 있는 삶 가운데서 어떻게 기도와 간구로 나아가며 기뻐하는 존재로 마무리되어 가는지를 보여 주어야 한다. 그것을 보고 수많은 다른 이가 하나님께로 나아온다.

출판 시장은 목사의 새로운 미션필드다

목사의 설교는 교회 안 성도들을 위한 선포다. 교회 안에서 선포되는 복음으로서의 설교가 교회 밖 사람들에게 전달되는 경우는 많지 않다. 목사의 전도, 복음을 가르쳐 지키게 하는 진리의 선포가 설교

안에 머물러서는 안 된다. 변화하는 세상 속에서 좀 더 적극적으로 다가서야 한다. 그러한 차원에서 글과 책은 세상 사람들과 복음을 잇는 훌륭한 도구가 되어 준다.

지금까지는 책 읽기의 중요함과 다양성에 대해 이야기를 나누었다. 목사의 교양독서, 학습독서에 대해 이야기했다. 목사의 독서가 임계점을 넘어서기 위한 연구독서여야 함도 나누었다. 독자 입장에서의 목사의 책 읽기에 대한 이야기였다.

이제는 훌륭한 독자 됨을 넘어 저자로서의 목사에 대해 생각할 때다. 자신을 목사로 세워 가는 준비 과정으로서의 독서를 넘어 성도의 삶을 세우는 독서와 그것을 위한 목사의 책 쓰기에 대해 생각해 볼 때다. 세상 사람들을 주님 앞으로 인도하기 위해 설교라는 레토릭에 글쓰기와 책 쓰기의 레토릭을 더해 가기 위한 노력이 필요할 때다.

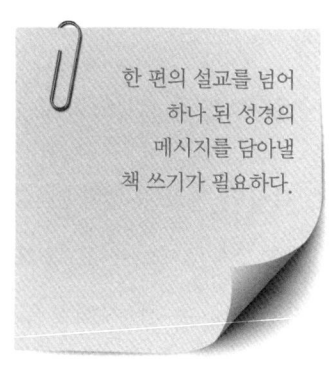

한 편의 설교를 넘어 하나 된 성경의 메시지를 담아낼 책 쓰기가 필요하다.

목사의 설교는 말로 된 선포이기 이전에
글로 된 '불타는 논리'여야 한다.
하나님도 그 질서를 따라 자신의 뜻을
전하셨는데, 인간에게 있어 더 탁월한
과정의 수단이 있을 수는 없다.
목사는 언어의 직공이 되어 신의 언어,
인간의 언어에 능통한 자가 되어야 한다.
세상 그 누구보다도 말이다.

연구독서 워크숍

개념

연구독서는 마스터 리딩(Master Reading)이다.

연구독서는 마스터 리딩이다. 목사로 성경의 마스터가 되게 하는 독서다. 교만이 아니다. 말씀을 향한 관심과 사명자의 태도를 전제한다. 목사가 그 어떤 이들보다 우월한 존재는 아니지만, 하나님의 사람으로의 변화와 성숙을 이루어 가는 증인이 되어야 한다. 두렵고 떨림으로 감당해야 하는 부름 받아 세워진 자리디.

연구독시는 학습독서에서 몇 걸음 더 나아가는 자리다. 같은 주제를 공부함에 있어서도 더 많은 책을 학습해야 한다. 성경은 물론이요, 주제를 넘나들며 연구하는 시간에 많은 투자가 있어야 한다. 연구독서의 자리는 '나름대로의 노력'이 허용되는 자리가 아니다. 최선을 다해야 하며 한 번도 경험한 적이 없는 임계점을 넘어서는 경험이 뒤따르는 도전이어야 한다.

방법

기존에 소개된 독서법 중 연구독서 차원의 방법들은 다음과 같다.

첫째, 만독(漫讀)이다.

한 책을 잘근잘근 씹어 먹는다는 슬로우 리딩(Slow reading)도 여기에 속한다. 제대로 된 만독을 위해서는 교양독서를 지나 학습독서를 거친 주제를 다루는 것이 효과적이다. 정독과 많은 부분에서 유사하나 독서 횟수와 주제 확장의 차원에서 차이가 발생된다. 만독은 자연스럽게 창독(아래 설명 참조)으로 연결된다.

둘째, 계독(系讀)이다.

특정 주제나 한 분야의 책을 정독하되 다독이 뒤따르는 독서다. 계보를 좇아가며 다양한 시각을 마주하는 독서다. 한 주제의 책을 여러 권 읽어 가며 학습하는 연독(連讀)도 연구독서에 속한다. 『독서의 기술』의 저자 모티머 J. 애들러(Mortimer Jerome Adler)가 제시한 '신토피칼 독서'(Syntopical reading)도 여기에 속한다. 호도애아카데미와 도서관에서 진행하는 "책 쓰는 독서 글쓰기 과정"도 연구독서다.

학습독서와 연구독서를 결정짓는 가장 큰 기준은 글쓰기의 질이다. 학습 차원의 초서를 넘어서 많은 양의 학습독서를 종합하는 글쓰기를 통해 사고의 역량, 지식과 지혜의 총량이 확장되어 가는 경험을 하는 것도 연구독서가 주는 선물이다.

셋째, 창독(創讀)이다.

진정한 연구독서다. 정독, 계독, 만독도 그 방향성은 창독이다. 솔직히 이러한 독서의 경계는 칼로 물 베기식이다. 인간의 지식 수용과 사고 표현이 물리적으로는 시간 차를 두고 발생하지만 내면에서는 동시적으로 일어난다.

레오나르도 다빈치(Leonardo da Vinci)나 다산 정약용의 독서는 자연스럽게 창독으로 연결된다. 하나를 배우되 절대로 그 자체의 학습으로 끝나지 않는다. 책 내용 안에 머물지 않고 다른 책, 다른 경험들과 연결된다. 기존 지식으로서의 스키마와 연결되어 가며 전혀 새로운 내용으로 탈바꿈하게 된다. 인공지능 시대, 변화의 속도가 가속화된, 특이점의 시대, 창독으로 나아가는 연구독서는 변화하는 시대에도 기회를 창출하고 블루오션을 만들어 가는 원천 능력이요 도구가 되어 줄 것이다.

적용

목사의 연구독서는 예측력을 높이는 독서를 추구한다. 예측이란 학습과 연구의 결과다. 예측력은 매우 일반적인 활용 능력인 동시에, 해당 분야에 있어 전문성을 가르는 특별한 능력이기도 하다.

우리는 생활 속에서 누구나 예측하며 살아간다. 학습 없이 진행되는 예측이 얼마나 많은가. 사람에 대한 판단도 그렇다. 잘 모르면서 판단한다. 선입견은 관계 속의 부정적 예측의 결과다. 사업에 있어서도 수많은 예측에 의해 의결이 이루어진다. 그러나 예측의 결과는 결코 같지 않다. 예측이 맞으면 부와 명예, 관계를 세우지만 예측이 실패하면 자신이 원하는 목표에서 점점 멀어지게 된다.

기독교교육에서의 연구독서는 단순히 세상의 성공을 위한 예측력을 세워 가기 위함이 아니다. 변해 가는 세상 속에서 크리스천의 포지션을 분명히 하기 위함이다. 사랑의 도구로 쓰임 받기 위함이다. 배려도 예측이 없을 때 상대방에게 피해로 다가간다. 연구독서는 학습에 머물지 않는다. 기존의 지식을 수용하는 것을 넘어 새로운 지식, 의견, 주장을 만들어 가는 과정이다. 제대로 진행된 연구독서의 결과로 제시된 의견과 주장, 예측은 분명한 근거와 전제를 가진 것으로 나와 이웃, 교회를 세워 가는 차이를 만드는 능력이 되어 간다.

● 연구독서 글 분석 워크숍

독서를 통해 사고력을 향상시키고, 임계점을 넘어선 트리비움의 역량을 세워 가기 위해서는 글 분석의 단계를 통과해야 한다. 인생의 어느 한 지점이 아닌 모든 글, 책, 상황을 바라보는 힘을 세우는 훈련이다. 사고력을 넘어 예측력의 토대가 되는 분석력은 한두 번의 글 분석을 통해 얻을 수 있는 힘이 아니다. 한 분야의 전문가가 되기 위해 1만 시간을 이야기하며 장기간의 지속된 노력을 강조하듯, 글 분석에도 오랜 시간, 많은 분석의 경험치가 쌓여야 한다. 즐거운 독서의 시간이 아닌 고뇌의 시간이다. 기억해야 하는 것은 그만큼의 노력을 기울일 정도로 가치가 있는 여정이며 목사에게 이 길은 선택지가 아닌 의무라는 사실이다.

다음에 소개하는 도식화한 글 분석의 절차가 연구독서, 글 분석을 진행하는 데 도움이 되기를 바란다.

	예측력을 세우는 **글 분석 7단계 워크숍**
1단계 내용 읽기	1. 본문 내용을 읽는다. 2. 본문의 주제와 의미를 파악하며 읽는다.("6단계 의미 읽기"에서 재확인한다).
2단계 어휘 읽기	1. 핵심 어휘와 연관 어휘를 찾는다. 2. 모르는 단어와 의미가 부정확한 단어를 찾아 나의 정의, 사전적 정의를 내린다.
3단계 문장 읽기	1. 주제를 드러내는 문장을 찾는다. 2. 문장의 의미, 문장 간의 관계를 파악한다.
4단계 문단 읽기	1. 의미 단위로 단락을 나눈다. 2. 단락별 핵심 키워드를 찾는다.
5단계 구조 읽기	1. 단락별 주제를 찾는다. 2. 단락 간의 관계를 파악한다. 3. 주제를 중심으로 구조를 정리한다.
6단계 의미 읽기	1. 내용 요약 : 주제와 글의 구조를 중심으로 요약문을 완성한다. 2. 의미 요약 : 글의 의미를 파악한다. 3. 의도 파악 : 글의 의도를 파악한다.
7단계 적용 읽기	1. 글의 주제와 의미를 현재 삶의 주제 키워드와 연결 지어 가며 적용점을 찾는다.

		예측력을 세우는 **글 분석 7단계 워크숍**(누가복음 15:1–17:10)
1단계 내용 읽기	본문 읽기	누가복음 15:1–17:10
	주제 읽기	하나님의 기쁨은 죄인들이 회개하고 돌아오는 것이며, 믿음은 하나님의 말씀에 순종함으로 자신들의 죄를 자복하고 회개한 형제를 용납하는 것이다.
2단계 어휘 읽기	\multicolumn{2}{l}{세리, 죄인, 양, 드라크마, 아들, 잃으면, 찾은 즉, 죄인, 빛의 아들들, 형제의 죄, 경계,회개, 용서, 기쁨, 마땅하다, 믿음을 더하소서, 겨자씨 한 알만 한 믿음, 하여야 할 일,서기관과 바리새인, 의인, 부자, 옳지 않은 청지기, 이 세대의 아들들, 불의의 재물, 작은 것, 큰 것, 돈을 좋아하는 자라, 비웃거늘, 아내를 버리고, 간음함, 실족}

3단계
문장 읽기
	\multicolumn{2}{l}{1. (세리와 죄인들이 말씀을 들으러 나아오니) 바리새인과 서기관들이 원망함(15:1–2)
	
	2. 세리와 죄인들이 회개했음을 드러내는 문장들
	
	   1) 말씀을 들으러 가까이 나아오니(15:1)
	   2) 죄인을 영접하고(15:2)
	   3) 죄인 한 사람이 회개하면(15:7, 10)
	   4) 잃은 양을 찾아내었노라(15:6)
	   5) 잃은 드라크마를 찾아내었노라(15:9)
	   6) 죽었다가 살아났으며 잃었다가 얻었기로(15:32)
	
	3. 잃었던 죄인을 찾은 기쁨이 표현된 문장들
	
	   1) 죄인 한 사람이 회개하면 하늘에서는 회개할 것 없는 의인 아흔아홉으로 말미암아 기뻐하는 것보다 더하리라(15:7)
	   2) 죄인 한 사람이 회개하면 하나님의 사자들 앞에 기쁨이 되느니라(15:10)
	   3) 죽었다가 살아났으며 내가 잃었다가 얻었기로 우리가 즐거워하고 기뻐하는 것이 마땅하다(15:32)}

4. 서기관과 바리새인을 나타낸 문장들

   1) 회개할 것 없는 의인 아흔아홉(15:7)
   2) 그가 노하여 들어가고자 하지 아니하거늘(15:28)
   3) 어떤 부자에게 청지기가 있는데 그가 주인의 소유를 낭비한다는(16:1)
   4) 이 옳지 않은 청지기(16:8)
   5) 지극히 작은 것에 불의한 자(16:10)
   6) 불의한 재물에도 충성하지 아니하면(16:11)
   7) 남의 것에 충성하지 아니하면(16:12)
   8) 돈을 좋아하는 자(16:14)
   9) 사람 앞에서 스스로 옳다 하는 자(16:15)
   10) 실족하게 하는 자(17:1)

5. 제자들이 생각하는 믿음과 예수님이 말씀하시는 믿음(17:5-6)

6. 불의한 청지기(16:1-13)와 명령한 것을 다 행한 종(17:5-10)

4단계 문단 읽기	1	15:1-2	예수님께 나아온 죄인들을 영접한 예수님을 비판하는 서기관과 바리새인
	2	15:4-7	잃었다 찾은 양의 비유를 통해 죄인들의 회개가 하늘의 기쁨임을 말씀하심
	3	15:8-10	잃었다 찾은 드라크마의 비유를 통해 죄인의 회개가 하나님의 사자들의 기쁨임을 말씀하심
	4	15:11-32	돌아온 탕자의 비유를 통해 죄인의 회개는 먼저 된 사람들의 기쁨이어야 함을 말씀하심
	5	16:1-13	불의한 청지기의 비유를 통해 먼저 된 불의한 청지기는 자신의 죄를 회개해야 하며 회개하고 돌아오는 죄인들을 용납하고 친구가 되어야 함을 말씀하심
	6	16:14-18	예수님의 교훈이 자신들에 대한 것임을 알고 비웃는 바리새인들. 그들이 장로의 유전으로 범한 죄를 지적하시며 복음의 때가 올 것을 말씀하심
	7	16:19-31	부자와 나사로의 비유로 회개하지 않는 청지기의 심판을 말씀하심
	8	17:1-10	겨자씨와 종의 비유를 통해 실족하게 하는 죄의 중함을 말씀하시며 회개하고 돌아오는 죄인을 용납해야 함을 강조하심

5단계 구조 읽기	사건-배경		15:1-2	회개하고 돌아온 세리와 죄인을 영접하고 친구가 되신 예수님을 바리새인과 서기관들이 나아와 비판한다.
	비유 | 교훈	1	15:4-7	잃었다 찾은 양의 비유	죄인이 회개하고 돌아오면 하늘의 큰 기쁨이다.
		2	15:8-10	잃었다 찾은 드라크마의 비유	죄인이 회개하고 돌아오면 하나님의 사자들의 기쁨이다.
		3	15:11-32	돌아온 탕자의 비유	죄인이 회개하고 돌아오면 먼저 된 사람들의 기쁨이 되어야 한다.
		4	16:1-13	불의한 청지기 비유	먼저 된 자로서 불의한 청지기는 자신의 불의한 죄를 회개해야 하며 죄를 회개하고 돌아온 나중 된 자를 용납하고 그들의 친구가 되어야 한다. 불의한 청지기에게 주어진 마지막 기회다.
	반응-경계		16:14-18		예수님이 자신들의 죄를 책망하자 예수님을 비웃는다. 마지막 회개의 기회를 포기한 사람들. 예수님은 그들이 율법을 지킨다는 명목으로 장로의 유전을 따르며 죄 범함을 경계하시며 하나님 나라의 진정한 복음이 도래할 것을 말씀하신다.
	비유 | 교훈	5	16:19-31	부자와 나사로 비유	회개하지 않는 불의한 청지기는 어떤 선지자의 권함도 듣지 않으며 심판을 피하지 못한다.
	교훈 | 반응 | 비유	6	17:1-10	겨자씨와 종의 비유	먼저 된 자로 나중 된 자를 실족하게 하는 것은 하나님의 뜻이 아니므로 죄인이 회개하고 돌아오면 용서함으로 용납하라.

workshop

6단계 의미 읽기	주제	하나님의 기쁨은 죄인들이 회개하고 돌아오는 것이며, 믿음은 하나님의 말씀에 순종함으로 자신들의 죄를 자복하고 회개한 형제를 용납하는 것이다.
	의미 요약	복음이 증거되는 곳에는 회개의 역사가 일어난다. 잃어버린 영혼이 돌아오는 것은 하나님의 기쁨이며 먼저 된 자들의 기쁨이어야 한다. 먼저 된 자로서 자신의 죄를 회개하지 않으면서 회개하고 돌아온 나중 된 자를 영접하지 않고 실족하게 하는 자들은 하나님의 심판을 피하지 못한다. 하나님께로 돌아오는 영혼을 용서하지 않고 정죄함으로 실족하게 하는 것은 용서받지 못할 죄다. 자신에게 주어진 하나님의 명령에 순종하는 것은 믿음의 크고 작음에 좌우되는 것이 아닌 믿음의 유무의 문제다. 말씀에 순종함(회개와 형제 사랑)은 모든 크리스쳔에게 주어진 의무요 마땅히 행할 바다.
	의도 파악	복음이 증거되는 곳에는 '먼저 된 자로서 나중 되고 나중 된 자로서 먼저 될 자'가 있음을 이야기한다. 하나님의 뜻 안에서 자신의 죄를 회개하고 주님께로 돌아오는 죄인을 용납하며 사랑하는 믿음의 사람, 순종의 사람이 되어야 함을 강조한다.
7단계 적용 읽기		생략

4부

목사의 기획독서

Education Design:
Back to the Bible

교회교육 디자인

교회교육 디자인은 성경의 원리를 따라 진행되어야 한다. 질을 높여 가는 목사의 독서를 시작으로 성경적 원리로 디자인하는 기독교교육, 교회교육의 큰 그림을 제시해 보고자 한다. 하나님의 형상을 회복하는 교육, 예수님을 닮아 가는 기독교교육을 위한 큰 그림이다.

1

교회교육 방법 디자인: 조금 가르치고 많이 배우기

심사숙고와 즉시 행동의 사이에서

중요한 일일수록 심사숙고하라 말한다. 깊이 생각하고 신중히 살피는 과정의 중요성은 아무리 강조해도 부족함이 없다. 잊지 말아야 하는 것은 심사숙고의 결과는 행동하는 것이어야 한다는 사실이다. 그 과정으로서의 심사숙고는 부분적인 살핌이 아닌 모든 것을 살피고 고려하는 시간이어야 한다.

교육은 백년지대계(百年之大計)를 강조한다. 잠시, 잠깐의 추구가 아닌 먼 미래를 내다보며 세우는 큰 계획이다. 그렇기에 그 무엇보다 심사숙고한다. 심사숙고라고 해서 무조건 긍정적인 것만은 아니다. 심

심사숙고해야 할 때 즉시 행동하는 것도 문제지만, 즉시 행동해야 할 때 심사숙고하는 것도 문제일 수 있다.

교회교육의 문제가 바로 그렇다. 교회교육이 딜레마에 빠졌다. 교회교육을 통해 이루어졌던 영향력이 예전만 못하다. 어제오늘 벌어진 일이 아니다. 교회교육의 오랜 심사숙고 과정에서 언급되고 다루어졌던 문제들이다. 한번 세워진 교회교육의 방향을 쉽게 바꾸지 못했다. 문제에 대한 확실한 대안도 없는 상태다. 그러는 사이 교회교육의 딜레마는 한국 교회의 딜레마가 되어 버렸다.

가르쳤는데 배우지 못했다면 나는 가르친 것이 아니다

학교나 교회 할 것 없이 교육의 현장에서 이상한 일들이 반복되고 있다. 가르침은 있는데 배움은 일어나지 않고 있다. 갑자기 드러난 결과는 아니다. 예전부터 있어 왔던 일이다. 작은 문제로 여기고 넘어가기에는 교육 현장의 변화가 심상치 않다. 학교와 교회의 권위도 전과는 다르다. 목사와 교사를 대하는 사람들의 태도에도 큰 변화가 일고 있다.

대한민국 국민 누구나 학창 시절부터 영어를 배우기 시작한다. 초등학교로부터 대학을 졸업하기까지 16년 동안 쉼 없이 영어를 배운다. 놀라운 것은 투자하고 노력한 만큼 변화가 나타나지 않는다는 것이다. 일주일에 5시간 영어 공부를 한다고 가정해 보자. 1년 52주, 16년간 영어 공부를 했다고 했을 때 4,160시간 영어에 투자하는 셈이다. 물론 실제로는 이보다 더한 노력이 진행 중이다. 4,160시간은 하루 24시간씩 잠도 자지 않고 공부한다고 했을 때 173일 동안 공부할 수 있는 시간이다. 학창 시절 매일 3시간 이상 영어 공부에 시간과 에너지를 투자했는데 결과는 어떠한가? 외국인을 만나도 영어 한마디 하지 못하는 이들이 대다수인 현실을 마주하고 있다.

학교만의 일은 아니다. 교회교육과 크리스천은 어떠한가? 설교를 예로 들어 보자. 설교는 신앙생활 중에서 빼놓을 수 없는 배움의 통로다. 설교를 일주일에 한 번만 듣는다고 가정하자. 그가 초등학생 시절부터 대학을 졸업할 때까지 16년 동안 듣게 되는 설교의 횟수는 832회다. 주일 오후예배를 참여한다면 1,664회, 수요예배를 참여한다면 2,496회의 설교를 들으며 대학을 졸업하게 된다.

청년에게만 해당되는 이야기가 아니다. 성인 성도들, 집사, 권사들의 입장에서 계산한다면 그 횟수는 몇 배가 늘어난다. 그들의 신앙 연수, 믿음의 활동을 전제한다면 설교와 성경공부, 큐티에 들인 시간과 횟수는 가히 천문학적인 수라 말해도 과언이 아니다. 그런데 설교에 잠겨 평생을 살아온 크리스천과 교회의 변화와 성숙은 어떠한가?

설교에 국한된 문제가 아니다. 주일학교, 성경학교, 교회 전반에 걸쳐 모든 영역에서 벌어지고 있는 일이다. 교회의 모든 것에 대한 부정이 아니다. 교회의 선한 영향력을 이후에도 이어 가기 위한 자기 점검이며, 드러난 문제에 대한 지혜로운 자세다. 우리는 교회교육에 대해 더욱 심사숙고해야 한다. 그 심사숙고는 오늘 우리에게 변화로 이어질 어떤 선택을 요구하고 있다. '가르침이 있었는데 변화가 일어나지 않는다면 우리는 가르치지 않은 것이다'라는 생각이 필요할 때다.

이전 가르침에 대한 부정이 아니다. 가르치는 자로서의 책임감 있는 태도를 요구하는 고백이다. 두렵고 떨림으로 맡겨진 사역을 감당하는 크리스천의 바른 자세이기도 하다.

조금 가르치고 많이 배우게 하라

무엇으로부터 시작해야 할까? 교회교육 방법에 변화를 줄 필요가 있다. 진리는 변함없는 것이지만 교육의 방법은 대응하며 변화시켜야 할 영역의 문제다. 내면의 변화 없는 외부의 변화를 이야기함이 아니다. 진리를 추구하는 교회교육 속에서 진리의 가르침이 우리 내면에 더 큰 영향력으로 자리 잡아 가도록 하기 위한 교회의 간절한 기도다. 교육의 큰 틀 안에서 3가지 방향성을 제시해 본다.

첫째, 듣기 중심에서 읽기 중심으로 전환해야 한다.

교회는 듣기 문화를 중심으로 교육이 디자인되어 왔다. 그 중심에는 설교가 있다. 매우 효과적이었고 강한 영향력을 나타내 왔다. 문제는 설교 자체에 있지 않다. 균형이 무너진 채 설교에만 의존한 교회교육이 진행되어 왔다. 하나님의 말씀을 전달하고 가르쳐 지키게 하는 일에 가장 효과적인 가르침인 설교는 이후로도 귀한 도구로 사용될 것이다. 다만, 교회교육의 현장, 제한된 주일학교의 사역 현장에서 지금처럼 설교만 의존하는 형태의 교육은 다음 세대를 주의 자녀로 세워가는 일에 있어 유익보다 실이 큰 선택이다.

교회교육, 그중에서도 주일학교는 성경 읽기를 중심으로 교회교육 시스템이 재편되어야 한다. 가정에서 성경을 읽지 않는 이때에 설교 시간을 줄여서라도 읽기 시간을 확보해야 한다. 설교를 통해서만 이해할 수 있는 성경의 본문도 많지만 읽기 자체만으로도 수용 가능한 성경 본문이 결코 적지 않다.

진정한 교육은 언제, 어디서나 읽기를 중심에 두고 진행되었다. 교육이 대중화되며 읽기를 중심으로 하기에는 인프라가 마련되지 않은 상태였다. 모두가 책을 읽을 수 없다 보니 책은 교과서로 바뀌게 되었고, 교육과정이 짜이며 교실에서의 가르침은 강의를 중심으로 한 진도가 중요한 요소로 자리 잡았다.

교회 안에도 이러한 문화는 그대로 적용되기 시작했다. 신앙 훈련이 아닌 대중 교육으로서의 주일학교가 자리 잡아 가기 시작했다. 성경을 읽고 연구하기보다는 목사의 설교를 통해 성경을 배워 나갔다. 설교자 한 사람의 영향력, 설교의 영향력이 교회의 가장 큰 힘과 영향력으로 자리 잡았다. 문제는 성도에게 신앙적으로 의존적인 태도가 자리 잡아 갔다는 것이다. 설교를 통해 복음은 증거되었지만 성경 안에서의 가르침과 지켜 행하는 일에 있어서는 여전히 어린아이와 같은 모습에 머물러 있다.

교회교육 속에 책을 읽을 수 있는 환경을 디자인해야 한다. 핵심은 일관성, 지속성이 유지된 책 읽기를 어떻게 진행하는가 하는 문제다. 주일학교의 교육 시스템을 새롭게 디자인해서라도 읽기의 의무적인 환경을 디자인하는 것이 필요하다. 물론 방향성은 원함으로서의 읽기로 나아가는 것이다. 설교도 성경 읽기의 바탕 위에 진행되어야 하며, 그러할 때 그 효과가 배가되기 마련이다.

언택트 시대가 되며 책의 중요성과 독서의 필요성이 더욱 늘어나고 있다. 비대면 모임이 늘어나는 가운데 인터넷 방송을 통해 그들을 지도히는 것의 한계는 분명하다. 콘택트 환경에서도 마찬가지다. 책과 읽기는 목사의 도구요, 모든 크리스천의 도구가 되어야 한다. 책과 읽기는 주일학교의 중요한 교육 방법이요, 다음 세대를 세우는 하나님의 도구가 되어야 한다.

듣는 교육에서 한 걸음 더 나아가 읽는 교육이 주일학교에 자리 잡아야 한다. 설교를 듣는 것으로 끝내지 말고 성경을 읽을 수 있는 배움의 장으로 교회와 가정을 세워 가야 한다. 나아가 주일학교의 읽기는 성경을 중심으로 하되 폭넓은 천지창조의 세계, 다양한 주제의 책을 읽고 나누는 형태로 확장해 진행되어야 한다.

둘째, 공과공부 시간 운영에 변화가 필요하다.

조금 가르치고 많이 배울 수 있는 교육 환경이 디자인되어야 한다. 많은 시간 아이들로 질문하게 하고, 읽게 하고, 쓰게 하고, 토론하게 하라. 이것이 어렵다는 것을 안다. 분명한 것은 교육의 결과, 그 차이는 이것의 성공 여부에 있다는 것이다. 교사가 바쁘고, 교사가 가르치는 것은 가장 쉬운 선택이다. 교사의 일이 쉽다는 말이 아니다. 그것이 지속되며 교사는 소진되어 간다. 최선을 다했기 때문이다. 그러나 아이들에게는 변화가 일어나지 않는다. 이 사실에 교사는 다시 한 번 좌절하게 된다.

교회 소그룹의 목표는 한 사람, 한 사람의 영혼을 어루만지고 그들의 성숙을 지원하는 것이다. 그렇다면 그들의 변화를 이끄는 알고리즘으로 새롭게 디자인되어야 한다. 힘들고 어려운 과제, 이전에 실패를 맛보았던 시도라고 해서 손 놓고 있어서는 안 된다. '조금 가르치고 많이 배우기'는 요령이 아니다. 진정한 배움을 위해 나아가야 할 고민의 자리를 요구하고 있다.

셋째, 글쓰기와 말하기가 일상이 되는 배움터가 되도록 해야 한다.

소모임에서 말하기는 소통의 기본 전제다. 여기에 잃어버린 기독교교육 쓰기를 적용하는 노력이 필요하다. 목사에게만 글쓰기가 필요한 것이 아니다. 성도 한 사람, 한 사람에게 읽기가 필요하듯, 쓰기를 통한 하나님의 어루만지심을 교회교육 안에서 누리도록 해야 한다.

글쓰기 교육의 출발은 환경이다. 자연스럽게 자신을 표현할 수 있는 분위기를 마련해 주어야 한다. 그것은 어린 시절 배움의 과정으로부터 시작되어야 한다. 동기를 부여하는 일에서부터 출발해야 한다.

읽는 것, 말하는 것도 힘들지만 글을 쓰는 것은 더 부담스러운 작업일 수 있다. 그러나 글쓰기를 포기하는 것은 단순히 글을 쓰지 않는 것으로 끝나지 않는다. 사회를 향한 영향력을 포기하는 것과 마찬가지다. 오늘의 세대가 다음 세대와 우리나라를 넘어 세계를 향해 영향력을 나타내기 원한다면 글을 쓰는 문화를 확립해야 한다.

대단한 글쓰기의 요구가 아니다. 초기값으로부터 시작하면 된다. 한 줄 글쓰기도 효과적인 글쓰기 방법이다. 설교 후 한 줄 요약, 한 줄 감상문을 쓰는 환경을 만들라. 공과공부 시간 이후의 한 줄 글쓰기에도 도전하라. 목표는 양을 늘려 나가는 동시에 글에 담긴 생각의 방향을 디자인하는 것이다.

글에는 생각이 느러난다. 가치관, 인생관, 신앙관이 묻어난다. 교회교육에서의 글쓰기는 풀어야 할 숙제요, 성공해야만 하는 과제다. 글쓰기를 통해 아이들의 영혼을 어루만질 기회가 주어진다면 우리의 고민은 좀 더 구체적이며 실현 가능한 계획으로 이어져야 한다.

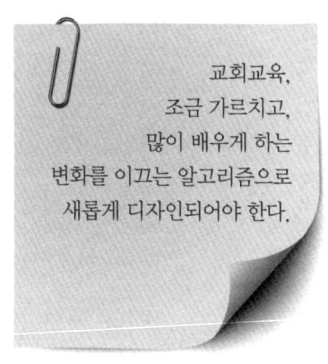

교회교육,
조금 가르치고,
많이 배우게 하는
변화를 이끄는 알고리즘으로
새롭게 디자인되어야 한다.

2

교회교육 내용 디자인:
프로그램 넘어 커리큘럼

교육과정의 디자인은 크게 3가지 차원에서 생각할 수 있다. 첫째는 교육과정의 형태이며, 둘째는 대상, 셋째는 내용에 대한 것이다. 그중에서도 내용 디자인은 중요하다. 교육과정의 내용 디자인은 교회교육이 다뤄야 할 지식의 전체상에 대한 것이어야 한다. 다양한 전제 속에 여러 가지 형태로 디자인할 수 있지만, 크게 두 영역으로 나누어 생각해 볼 수 있다. 하나는 목적적 지식이며, 또 하나는 도구적 지식이다.

교회교육은 하나님을 알아 가고 나 자신을 알아 가는 과정이다. 인생의 참된 목적은 바른 신앙이 세워질 때 추구할 수 있다. 신앙의 배움은 우리가 바라보아야 할 방향성에 대한 것으로, 목적적 지식에 해당한다. 교회교육을 디자인함에 있어 가장 중요한 것은 방향을 정하고 그곳을 향해 갈 과정을 설계하는 것이다. 우선 '왜 교회교육, 기독교교육이 필요한가?'에 대한 분명한 답변이 준비되어야 한다. 목사의 분명한 교육 가치와 철학, 방향성의 설정 없는 교육은 배가 산으로 가게 한다.

교육의 방향, 주춧돌이 세워졌다면 이제 필요한 것은 '어떻게' 그것을 실현할 것인가 하는 것이다. 교육과정은 목표한 방향을 향해 어떻게 나아갈 것인지에 대한 지도요 프로세스다. 교육 현장에서 열매를 맺기 위해 준비한 교육의 모판이라고나 할까. 한마디로, 교육의 큰 그림이다.

교회교육은 목적적 지식을 세우는 교육과정이어야 한다

목적적 지식은 크게 3가지 유형으로 나눌 수 있다. 신앙, 가치, 비전이다.

신앙을 세우기 위한 교육과정의 첫 번째 목표는 모든 크리스천을 성경의 사람으로 세우는 것이어야 한다. 성경 66권 모두에 대한 것이며, 주기별 교육과정은 그것을 충실히 지원해 줘야 한다. 중요한 것은 기획의 실행이다. 우선되어야 하는 것은 커리큘럼의 기획, 디자인이지만, 중요한 것은 어떻게 현장에 적용해 가느냐는 것이다. 내용 디자인의 첫 번째 과제인 목적적 지식 중 신앙을 세워 가기 위한 도서관교회의 커리큘럼 사례를 소개해 본다.

호도애 주간 성경학습 커리큘럼 3년 과정

호도애 성경학교 1년 차 주간 매일 30분				호도애 성경학교 2년 차 주간 매일 30분				호도애 성경학교 3년 차 주간 매일 30분			
1	1	창세기		13	49	이사야		25	97	사복음서 종합	
	2	출애굽기			50	예레미야			98	사도행전	
	3	주기철			51	윌리엄 캐리			99	워너메이커	
	4	창조론 1			52	선교란 무엇인가			100	성령님은 누구신가	
2	5	레위기		14	53	예레미야애가		26	101	로마서	
	6	민수기			54	에스겔			102	고린도전후서	
	7	손양원			55	조지 휫트필드			103	존 뉴턴	
	8	창조론 2			56	기독교강요 1			104	사도신경	
3	9	신명기		15	57	다니엘		27	105	갈라디아서	
	10	여호수아			58	호세아			106	롬-고후 종합	
	11	허드슨 테일러			59	길선주			107	C. S. 루이스	
	12	창조론 3			60	기독교강요 2			108	복음이란 무엇인가	
4	13	사사기		16	61	요엘		28	109	에베소서	
	14	룻기			62	아모스			110	빌립보서	
	15	안창호			63	김익두			111	마틴 루터 킹	
	16	십계명			64	소요리문답 1			112	교회란 무엇인가	
5	17	사무엘상		17	65	오바댜		29	113	골로새서	
	18	사무엘하			66	요나			114	데살로니가전후서	
	19	존 칼빈			67				115	어거스틴	
	20	신학이란 무엇인가			68	소요리문답 2			116	초대교회사 1	
6	21	열왕기상		18	69	미가		30	117	디모데전후서	
	22	열왕기하			70	나훔			118	디도서	
	23	존 웨슬리			71	이승훈			119	F. W. 스코필드	
	24	하나님은 누구신가			72	소요리문답 3			120	초대교회사 2	
7	25	역대상		19	73	하박국		31	121	빌레몬서	
	26	역대하			74	스바냐			122	엡-몬 종합	
	27	조나단 에드워즈			75	드와이트 무디			123	김익두	
	28	성경과 5대 제국 1			76	소요리문답 4			124	중세교회사 1	
8	29	에스라		20	77	학개		32	125	히브리서	
	30	느헤미야			78	스가랴			126	야고보서	
	31	존 칼빈			79	링컨			127	에릭 리들	
	32	성경과 5대 제국 2			80	성경지리와 지도			128	중세교회사 2	
9	33	에스더		21	81	말라기		33	129	베드로전후서	
	34	역사서 종합			82	선지서 종합			130	요한1서	
	35	마르틴 루터			83	구약 종합 1			131	마포 삼열	
	36	성경과 5대 제국 3			84	구약 종합 2			132	한국교회사 1	
10	37	욥기		22	85	신구약 중간사 1		34	133	요한2서	
	38	시편			86	신구약 중간사 2			134	요한3서	
	39	김교신			87	신구약 중간사 3			135	길선주	
	40	성경이란 무엇인가			88	신구약 중간사 4			136	한국교회사 2	
11	41	잠언		23	89	마태복음		35	137	유다서	
	42	전도서			90	마가복음			138	히-유 종합	
	43	조지 뮬러			91	한상동			139	찰스 피니	
	44	성경 독서법			92	예수님은 누구신가			140	이단이란 무엇인가	
12	45	아가		24	93	누가복음		36	141	요한계시록	
	46	시가서 종합			94	요한복음			142	구약종합	
	47	언더우드			95	조지 워싱턴			143	신약종합	
	48	성경과 문학			96	주기도문			144	신구약종합	

도서관교회의 교육과정인 "호도애 주간 성경학습 커리큘럼"은 1년 48주를 기준으로, 3년 144주 주기로 순환 학습할 수 있도록 디자인했다. 3년을 주기로 하여 반복 학습할 수 있도록 기획했으며, 단계가 반복될수록 질을 높여 가며 학습할 수 있도록 디자인했다. 관련 주제들에 대한 단계별 교재를 개발하는 일에 많은 관심을 쏟고 있다.

신앙 학습은 크게 3가지 차원으로 진행되는데 첫째, 성경, 둘째, 신앙 인물 독서 학습, 셋째, 교리와 신학, 역사 및 다양한 주제로 나뉘어 있다.

예를 들어, 매월 1-2주는 성경 학습을 진행한다. 3년 72주에 걸쳐 구약, 신약 동독 및 기본 질문 학습지를 통해 개관하는 것을 1단계(3년) 목표로 삼고 있다. 3년 주기로 내용은 같지만 교재의 단계를 높여 가며 진행한다. 매월 3주는 인물 학습이다. 한 주간 동안 한 명의 신앙 인물을 다루도록 기획했다. 3년 36주에 걸쳐 36인의 국내, 세계 신앙 인물들의 삶을 책과 질문 교재로 학습해 가게 된다.

매월 4주는 3년 36주에 걸쳐 교리, 신학, 역사 등 다양한 신앙의 주제들을 다루고 있다. 1년 차 1-3월은 창조론, 4월은 십계명, 5월은 신학이란 무엇인가, 6월은 하나님은 누구신가, 7-9월은 성경과 5대 제국, 10월은 성경이란 무엇인가, 11월은 성경 독서법, 12월은 성경과 문학 등의 주제로 편성되어 있으며 2년 차, 3년 차 각각 다른 주제들을 다룬다. 신앙의 메인 커리큘럼인 성경을 좀 더 깊이 이해할 수 있도록 돕는 배경지식 습득 차원에서 진행 중이다. 각 주차 주제들은 월-금, 주중 5일 동안 하루에 최소 30분의 시간을 투자하도록 기획했으며 주일학교에서는 주중 학습 주제를 보수, 점검하는 것을 제일 과제로 삼고 있다.

가치를 세우기 위해서는 성경적 가치관의 토대 위에 인문학적 교육의 원리를 적용해야 한다. 역사 교육이 중요하다. 세계와 한국 교회사, 인류의 역사와 철학을 성경적 관점에서 바로 세워 가는 것도 교회교육의 과제다. 가치 세우기는 성경적 커리큘럼을 디자인해 주일학교와 주중 교회학교를 통해 진행해 간다.

비전 세우기는 삶의 목적과 목표, 가치와 사명을 세워 가는 단계다. 인생의 방향성에 대한 확인 과정이며 목적적 지식을 세워 가는 모든 과정을 통해 비전을 세워야 한다. 목적적 지식이 바로 세워질 때 세상 속에서 주도적인 크리스천으로 살아갈 수 있다.

교회교육은 도구적 지식을 세우는 교육과정이어야 한다

도구적 지식은 크게 두 가지 유형으로 나눌 수 있다. 사고 역량 강화와 진로 디자인이다. 도구로서의 사고 역량(수용 이해-논리 사고-창의 표현)은 목적적인 지식의 토대 가운데 세워져야 한다. 이를 위해 듣기 중심의 교회교육 시스템에 변화를 줘야 한다. 읽기 중심, 질문 중심, 토론 중심, 글쓰기 중심의 교육 시스템이 함께 가동되어야 한다. 하나님의 형상을 회복하는 기독교교육의 진행을 위해 체계적으로, 질을 높여 가며 실력을 세우는 통합적 교육이 필요하다.

진로 디자인이란 성경적 가치 위에서 세상의 다양한 직업 세계와 주제들에 대한 성경적인 관점을 정리하는 것으로 출발한다. 십진분류의 천지창조 세상 속 크리스천으로 살아가기 위한 바른 직업관과 윤리를 세워 가는 것이 필요하다. 재능 중심의 진로 찾기를 넘어 문제 속에서 비전을 발견하고 준비하는 성경적 진로 교육이 진행되어야 한다.

교육을 진행함에 있어 확인해야 할 4가지

교육 목표가 어떤 사람을 키울 것인가에 대한 것이라고 한다면 우선되어야 하는 것은 교육과정의 디자인이다. 목표를 이루는 것은 목표 그 자체가 아니다. 그것을 가능하게 하는 과정의 디자인이 필요하다. 교육 목표는 추상이지만 교육과정은 구체적이고 체계화된 시스템이다. 교육과정의 목표와 꿈을 향한 계획이다. 누구나 꿈을 꿀 수 있지만 그 꿈이 모두에게 자신을 내어주지는 않는다. 교육과정을 진행함에 있어서도 마찬가지다. 빠르게 변화하는 세상 속에서 나에게 요구되고 필요로 느껴지는 '보암직하고 먹음직한' 것들이 아닌 하나님의 때에, 하나님의 방법으로 진행하는 지혜가 필요하다. 이를 위해 교육과정의 디자인과 진행에 있어 확인해야 할 4가지 요소가 있다.

첫째, 방향성에 대한 확신이다.

우리가 나아가고자 하는 방향이 맞느냐 하는 것이다. 진리에 대한 고민이 아니다. 진리는 우리에게 주어졌고 인생의 목적으로 자리해 있다. 문제는 진리를 위한 교육과정 디자인으로서 바른 선택이 진행되었는가에 대한 물음이다. 인간의 미래를 넘어 교회의 미래를 준비할 커리큘럼으로 디자인되었는지를 확인해야 한다.

둘째, 커리큘럼의 실행 도구에 대한 질문이다.

추구하는 교육의 목표를 이룰 수 있는 도구인지 확인해야 한다.

셋째, 커리큘럼의 확장성과 지속가능성이다.

프로그램이 아닌 커리큘럼으로서의 가치는 지속가능성과 확장성이다. 커리큘럼을 만드는 것은 사람이지만 디자인된 커리큘럼은 하나의 생명체처럼 힘이 있어 사람을 하나님의 사람으로 세워 간다.

넷째, 교회교육의 초기값을 확인하는 일이다.

커리큘럼이 아무리 뛰어나도 출발 지점이 어디인지를 확인해야 한다. 교사와 학생, 교회 문화의 초기값에 따라 같은 커리큘럼의 실행을 통해 다른 결과에 이를 수 있기 때문이다. 초기값의 확인은 우와 열을 나누기 위함이 아니다. 과정의 진보를 이루기 위해 현실을 직시하려는 지혜다.

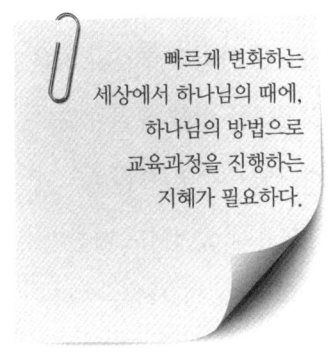

빠르게 변화하는 세상에서 하나님의 때에, 하나님의 방법으로 교육과정을 진행하는 지혜가 필요하다.

3

교회교육 학교 디자인:
주일학교 넘어 도서관(道序觀)학교

교회교육, 환경을 디자인하다

'돈이 돈을 번다'는 말이 있다. 이때 돈을 버는 '처음의 돈'은 '나중 버는 돈'의 환경이다. 사업을 하거나 투자를 할 때의 초기 자금인 '시드 머니'(Seed money)가 바로 '처음의 돈'이다. 목표한 결과를 얻기 위한 투자금은 사업과 투자의 처음 환경이다. 시드 머니가 돈을 버는 일에서 성공하기 위한 유일한 요소는 아니지만 초기 환경의 중요한 요소 중 하나임은 분명하다.

교육에 있어서도 마찬가지다. 사업과 투자를 위해 '처음의 돈'인 시드 머니가 필요하듯, 교육의 시드 머니를 구축해야 한다. 돈에 대한 이야기가 아니다. 구성 요소에 대한 이야기이며 우선순위의 문제다. 교육의 내용과 추구하는 목표가 중요하다면 교육 환경은 우선해야 할 최선의 선택이다. 가치를 추구하는 이들이 환경적 요소를 신경 쓰지 않아 낭패를 보는 일은 우리 주변에서 어렵지 않게 발견할 수 있다.

'환경이 사람을 만든다'는 말이 있다. 환경에 따라 결과는 천차만별이다. 교육은 환경을 넘어서야 한다고 말하는 이들도 있다. 물론 열악한 환경 속에서도 인재는 나오는 법이다. 비록 고통스럽지만 그 여정을 견디어 내고 극복한 이들 속에서 분야의 성공자, 세계적인 지도자가 나오곤 한다. '위기가 기회'라는 말은 이러한 이야기들을 전제로 한다. 그러나 환경을 넘어서는 의지와 믿음을 강조하는 순간조차도 교육 환경의 중요성을 부정할 수도, 부정해서도 안 된다. 예수님도 이를 위해 기도하셨다.

"우리를 시험에 들게 하지 마시옵고 다만 악에서 구하시옵소서"(마 6:13).

시험에 드는 상황은 피해야 할 위기요 환경이다. 마음의 시험, 관계의 시험, 일상의 다양한 시험에 들지 않기 위한 노력이 우리 신앙의 과제다. 악에 빠졌을 때의 위험은 스스로 극복하기 힘든 환경이다. 내가 악을 벗어나는 것이 아니라 "구하여 주시옵소서" 간구해야 할 위기다. 오늘 우리의 최선은 시험에 들지 않음이요, 악에 빠지지 않음이다.

교회교육을 통한 변화와 성숙을 원한다면 교회교육의 환경을 디자인해야 한다. 교육 환경이 우리로 시험에 들게 하는 것이어서는 안 된다. 다만 악에서 우리를 구하시는 하나님의 인도하심의 손길, 환경 디자인을 통해서도 준비되어야 한다. 환경 디자인은 시작이 반이 되는 구조를 만드는 것이다. 개인의 믿음과 역량을 넘어 한 단계 성숙으로 나아가도록 돕는 은혜는 환경을 통해서도 임한다.

인적 환경을 디자인하라

교회교육을 위한 환경의 1순위는 인적 환경을 세우는 것으로부터 시작되어야 한다. 그중에서도 부모는 교회교육의 히든 커리큘럼이다. 참된 교회교육, 성경적 신앙교육을 추구한다면 이 문제를 어떻게 해결해 갈 것인가에 대해 고민해야 한다.

목사가 훌륭하다 한들, 교사의 실력이 뛰어나다 한들 부모의 자리를 대신할 수는 없는 법이다. 목사와 교사의 역할을 낮추어 봄이 아니다. 목사와 교사의 진정한 실력은 교육 대상의 부모 환경을 어떻게 디자인해 가느냐에 의해 결정된다고 해도 과언이 아니다. 부모 환경을 디자인할 때라야 교육의 통일성, 연계성, 지속성이 이루어지기 때문이다. 가정에서의 부모, 교회에서의 교사의 자리는 아무리 강조해도 지나침이 없다. 아무리 좋은 프로그램이 있다 해도 부모와 교사를 대신할 수는 없다. 그들이 바른 인적 환경이 되어 줄 때 커리큘럼도, 프로그램도 의미 있다.

아이들의 동료 환경도 중요하다. 부모와 교사를 통한 가르침과 영향도 크지만 우리의 자녀들은 자신을 둘러싼 동료 관계 속에서 영향을 받는다. 모든 교육적인 노력은 그들의 관계를 세우는 일과 동시에 진행되어야 한다. 관계가 바로 설 때 교육의 내용과 방법, 설교도 그들에게 의미 있는 것이 되어 간다.

도서관학교를 디자인하라

필자는 교회학교는 '도서관(道序觀)학교'여야 함을 강조한다. 책을 보관, 정리하고 대여하는 도서관을 의미하지 않는다. '길 도'(道), '차례 서'(序), '볼 관'(觀)을 써서 '천천히 차례를 지켜 가며 진리와 이치와 원리를 바라보도록 돕는' 학교를 의미한다. 그렇다면 교회교육의 방향성은 도서관학교다. 종합적인 커리큘럼을 디자인하고 천천히 차례를 지켜 가며 하나님의 때에, 하나님의 방법으로 진리를 가르치며 다음 세대를 세워 가야 한다.

도서관(道序觀)학교를 추구해 갈 때 책의 보고 도서관(圖書館)은 교회학교의 소중한 공간이 되어 간다. 도서관은 세상의 모든 지식을 10가지 영역으로 나눠 정리, 관리하고 있다. 한국의 십진분류체계인 KDC는 000 총류, 100 철학, 200 종교, 300 사회과학, 400 자연과학, 500 기술과학, 600 예술, 700 언어, 800 문학, 900 역사 등 10개의 주류로 나누고 있다.

필자는 도서관의 지식 관리 체계인 십진분류를 천지창조의 세상을 바라보는 창문 삼아 교회교육과 연결 지어 가는 일에 많은 노력을 기울여 왔다. 십진분류의 세계는 천지창조의 세계를 담아낸 최고의 그릇이다. 성도들의 직업도 그 안에 있다. 우리 자녀들, 다음 세대들이 살아갈 세계도 십진분류의 세계 어딘가에 있다.

책을 통해 모든 문제를 해결할 수 있다는 이야기가 아니다. 여기로부터 출발하자는 것이다. 도서관을 교회교육, 신앙교육의 인프라로 삼자는 것이다. 성경적 신앙교육은 성경만 가르친다고 되는 것이 아니다. 성경의 가르침을 삶과 세상과 연결 지어 가는 일에 성공해야 한다.

도서관의 수많은 책은 단순한 지식의 보고, 대출, 열람의 대상만이 아니다. 하나님이 창조하신 세계를 알아 가는 마중물이요, 크리스천 인재 양성을 위한 커리큘럼의 초기값이 되어야 한다. 십진분류의 창문을 넓혀 가며 배움의 질을 높이는 교회교육, 교회 도서관을 디자인하는 일로부터 시작될 수 있다. 천천히 차례를 지켜 가며 진리와 이치와 원리를 바라보는 하나님의 사람을 세워 가는 도서관(道序觀)학교를 세워 감에 있어 천지창조의 흔적을 담고 있는 도서관(圖書館)의 존재는 교회학교에 없어서는 안 될 소중한 하나님의 선물임이 분명하다.

주중 교회학교를 디자인하라

교회교육의 인적 환경은 교육의 출발인 동시에 방향성이며 교회교육의 목표다. 이 목표를 이루기 위해 필요한 것이 구체적인 대안이며 방법과 기술로서의 생활 환경, 학습 환경의 구축이다.

교회학교는 크게 3가지 형태로 나눌 수 있다. 주일 교회학교와 주중 교회학교, 계절 캠프학교다. 주일학교는 주일 1회 모임을 기본으로 한다. 대상은 모든 학생 교인이다. 주일날 주어진 1-2시간 속에서 찬양과 설교, 공과공부를 통해 모임이 진행된다. 여러 가지 다양한 시도가 있을 수는 있지만 핵심은 설교를 통한 복음 선포와 가르침, 친교다.

주일학교는 교회학교의 부흥과 발전을 이끈 교회교육의 심장인 동시에 한계가 분명한 신앙교육 시스템이다. 주일학교 자체의 문제가 아니다. 주일학교만이 그 자리를 지키고 있기 때문이다. 또 다른 자리에서 신앙교육을 위한 구체적인 움직임이 진행되어야 할 때다. 주일학교를 넘어설 때 교회교육에 희망이 있다. 교회 방과후학교, 대안학교는 이전에도 있어 왔다. 이전의 답습이 아닌 한 단계 도약이 필요할 때다. 교회학교의 목표가 학교 학습의 지원이나 문화센터여서는 안 된다. 방과후학교를 디자인함으로 교회학교의 질을 높여 가는 일에 관심을 가져야 한다. 성경적 커리큘럼이 디자인되고 진행되어야 한다. 이때 교회 도서관은 주중 교회학교의 중요한 필드가 되어 준다.

도서관교회에는 주중 교회학교인 아침학교와 빌더스쿨이 있다. 아침학교는 방과 후가 아닌 등교 전 교회학교다. 매주 5일(월-금) 1시간(오전 7:45-8:45) 동안 진행된다. 참여자는 교인이 아니어도 가능하다. 지역의 초등학생이라면 누구나 참여할 수 있다. 적게는 20명, 많게는 매일 40여 명이 참여한다.

아침학교의 핵심 커리큘럼은 독서다. 성경이나 신앙도서만 고집하지는 않는다. 요일마다 다른 주제를 제시한다. 도서관의 십진분류 주제 중 192개의 주제를 선정하여 순차적으로 읽기를 진행한다. 매일 아침학교를 통해 천지창조의 세계, 다양한 주제들에 대한 성경적 관점을 세워 가는 과정은 소중하다. 주일학교에서 다루기 힘든 폭넓은 주제 교육이 진행되는 시간이다. 대부분의 시간은 듣기보다는 읽기에 집중한다. 스스로 지식과 정보를 수용하는 배움이 길을 만드는 것을 목표로 한다. 주제에 대한 신앙적 관점은 5분 정도의 가치관 강의를 통해 제시한다. 기도로 모임이 마무리되면 아이들은 등교한다.

또 다른 주중 교회학교는 빌더스쿨이다. 매주 금요일 방과 후 모임으로 진행된다. 주일학교와 아침학교가 모두에게 열린 모임이라면 빌더스쿨은 참여를 원하는 자녀의 부모가 부모교육과정 8주 과정(24시간)을 이수해야 한다. 가정에서 교회학교와의 연속성을 가지고 지속해 갈 수 있는 환경 설정을 위한 노력이다.

매주 금요일 오후 5시부터 밤 10시까지 진행된다. 아침학교가 읽기를 통한 수용에 중점을 둔다면, 빌더스쿨은 독서를 기본으로 하되 요약을 통한 논리 세우기와 에세이와 토론을 중심으로 레토릭을 강화하는 데 집중한다. 주일학교, 아침학교보다 질을 높여 가는 교육이 진행된다. 구성원을 구별하여 받는 이유이기도 하다.

커리큘럼은 다양하다. 자체적으로 제작한 성경 지도안으로 진행되는 성경 분석, 글 분석이 진행된다. 자신이 원하는 하나의 주제를 3개월, 6개월 집중 연구하며 글을 써 가는 책 쓰기 주제 학습도 진행된다.

모임에는 가정의 어머니들도 참여한다. 어머니들은 준비해 온 재료로 저녁 식사를 담당한다. 자녀들의 학습 시간에는 독서 모임, 퀼트, 대화 등을 통해 자체적인 교제를 이어 간다. 공통 교육과정을 이수했기에 아이들의 모임만큼이나 부모 모임의 연대감도 끈끈하다.

교회 개혁의 모멘텀

코로나19를 지나며 교회 가운데 교회학교의 과제 한 가지가 더해졌다. 온라인 교육과정의 개발과 진행이다. 코로나19로 인해 나라 전체가 오랜 기간 비대면 생활을 해야 했다. 학교와 관공서, 교회도 예외는 아니었다. 예전보다는 나아졌다고는 하지만 앞으로 살아갈 사회 속에서 비대면 문화 가운데 진행될 교육에 대한 준비는 더욱 구체적이어야 한다.

모두가 맞이한 지난 시간의 비대면 상황은 온라인 교육과정의 모판을 까는 시기가 되어 주었다. 비대면 온라인 문화는 소수의 누림과 활용이 아닌 국민 모두에게 익숙한 형태의 초기값, 문화로 자리 잡아 갔다. '위기가 기회'라는 말은 이러한 상황을 두고 하는 말일 것이다.

오프라인의 강점은 유지, 강화시켜 가되 온라인을 통해 오프라인의 단점을 보완해 가는 데 힘을 기울여야 한다. 교회교육의 위기일 수도 있지만 전에 없던 기회로 삼을 수도 있는 상황에 직면해 있다. 예전이라면 비싼 장비와 시스템으로만 가능했던 일들이 유튜브와 줌(Zoom)과 같은 프로그램을 활용하면 누구나 별도의 비용을 들이지 않고 온라인 교육과정을 개설할 수 있는 시대가 되었다.

위기 속에 걱정만 할 것이 아니라 교육의 지속성, 연속성을 세워 가는 교회교육의 온라인 교육과정의 디자인을 시작할 때다. 언제, 어디서나 활용 가능한 교회교육 콘텐츠를 기획해야 한다. 성수주일, 성경일독이 크리스천의 비전이어서는 안 된다. 무엇 하나 잘한다고 교회교육의 갑작스런 개선이 이루어지지는 않겠지만 교회교육은 주일학교를 넘어 주중 교회학교, 온라인 과정으로 확대시켜 가며 성경적 콘텐츠를 담아내는 일에 성공해야 한다.

'모멘텀'(momentum)이란 '일의 진행에 있어서의 탄력과 가속도'를 의미하는 말이다. 그런 의미에서 코로나19의 위기 속에 찾아든 비대면의 상황은 2보 전진을 위한 1보 후퇴의 상황이며, 교회 개혁의 모멘텀을 형성해 가는 좋은 기회로 만들어 가야 할 것이다.

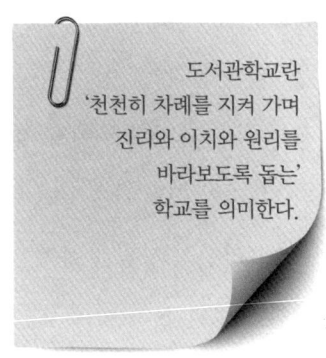

도서관학교란 '천천히 차례를 지켜 가며 진리와 이치와 원리를 바라보도록 돕는' 학교를 의미한다.

4

교회교육 캠프 디자인:
성경학교, 성경이 중심이 되게 하라!

교회교육에 대한 고민은 어제오늘의 일이 아니다. 수많은 학자, 지도자가 교회교육 커리큘럼을 디자인하고 제시해 왔다. 개교회의 노력은 눈물겹다. 형편을 넘어서는 많은 예산과 인력을 교회교육에 투자한다. 그럼에도 결과는 만족스럽지 못하다.

성도들을 향한 세상 교육의 영향력은 커져만 가고 있다. 문화를 넘어 교육의 주도권마저 세상에 내어주는 것은 아닌지 걱정하는 이들도 적지 않다. 교회교육을 포함한 신앙교육, 여전히 수많은 목사와 부모의 미해결 과제로 남겨져 있다.

이기는 교육을 디자인하라

교회교육은 이기는 교육이어야 한다. 세상 교육은 물론이거니와 악한 영의 세력에 대해 승리를 선포하는 교육이어야 한다. 이를 위해 성경의 원리를 따라 교육이 진행되어야 한다. 하나님의 사람을 세워 가는 교육이 진행되어야 한다.

현실은 정반대의 길을 달려가고 있다. 세상을 앞서가기는커녕 세상 교육의 뒤꽁무니를 좇고 있다. 처음부터 그러했던 것은 아니다. 역사 속의 기독교교육은 언제나 세상을 앞에서 선도했다. 기독교가 전파되는 곳에서는 성경의 원리가 살아 역사했다. 교육은 물론이거니와 사회, 경제, 문화, 예술, 어느 영역이건 커다란 족적을 남겼다.

그런데 언제부턴가 교회가 세상을 흉내 내기 시작했다. 기독교교육의 원리보다 보암직하고 먹음직한 세상 교육 프로그램을 선호하기 시작했다. 천천히 하나님의 사람으로의 변화와 성숙을 추구하기보다 당장 눈앞에 보이는 변화를 원했다. 하나님의 마음을 시원케 하기보다 사람의 마음을 흡족하게 할 프로그램에 마음을 두었다. 세상의 빛과 소금이 되기 위한 노력인 것은 사실이나 추구한 방법과 커리큘럼은 그것을 이룰 수 없는 기법과 프로그램에 지나지 않았다.

필자의 독서는 1998년 전과 후로 나누어진다. 1998년 이전의 독서는 개인 독서였다. 책 읽기의 즐거움에 흠뻑 빠져 살았다. 자투리 시간도 나의 독서 시간이었다. 길을 걸을 때도 손에서 책이 떨어지지 않았다. 1998년 이후 독서는 개인의 독서를 넘어 필자의 사역이 되었다.

25년 가까운 시간 교사와 부모, 아이들을 가르쳤다. 교회학교, 대안학교 컨설팅을 통해서 수많은 교회, 목회자와 소통했다. 그러는 가운데 여러 독서 프로그램들을 운영하고 컨설팅해 왔다. 방학 기간을 이용해 진행한 독서캠프도 그중 하나다. 여름과 겨울방학 기간 동안 빠짐없이 진행해 왔다. 자녀를 캠프에 보내거나 교육과정을 통해 캠프를 접한 목사들은 하나같이 이야기한다.

"목사님이 진행하는 캠프는 무식한 캠프입니다."

필자가 진행하는 독서캠프는 짧으면 10박 11일, 길면 17박 18일, 3주간 진행되는 프로젝트 캠프다. 그들이 '무식한 캠프'라 부르는 이유는 캠프 스케줄 때문이다. 정말 먹고, 자고, 예배드리는 것 이외의 시간은 모두 읽고, 쓰고, 발표하는 시간으로 짜여 있기 때문이다.

"아이들은 하루 11시간 이상 책 읽고 글 쓰는 공부를 어떻게 견뎌 내나요?"

캠프를 접한 목사들의 공통된 질문이다. 교회 캠프면 아이들이 좋아하는 프로그램들로 채워지기 마련인데, 필자가 진행하는 독서캠프는 오로지 읽기와 쓰기만 진행하기 때문이다. 필자는 이야기한다.

"아이들이 놀고 먹는 것만 좋아한다고 생각하지 마세요. 아이들도 차원이 다른 즐거움을 알게 되면 이전의 즐거움보다 그것을 더 기뻐합니다."

목사로서의 바람을 이야기하는 것이 아니다. 25년 동안 현장에서 항상 보아 왔던 모습이다. 차원이 다른 즐거움 중 가장 큰 것은 자신이 변화되는 즐거움이다. 과정의 진보를 확인한 아이들은 더욱 독서에 집중하고 힘든 글쓰기를 견디어 낸다. 읽히지 않던 책이 읽히고, 써지지 않던 글이 써지며, 나지 않던 생각이 나고 생각이 드는 과정의 진보를 느낀 아이들의 반응이다. 자신의 변화에 자신이 놀라고 부모가 놀라는 일들을 수없이 보아 왔다.

교회학교다운 성경학교와 캠프로 승부하라

우리 교회가 진행하는 성경학교를 돌아보자.
"진정한 성경학교가 진행되어 왔는가? 성경학교라 부르는 행사를 통해 추구하는 바는 무엇인가? 성경학교는 교회교육의 목표를 이루기 위한 적절한 커리큘럼을 진행해 왔는가?"

이 질문에 대해 "우리 성경학교는 성경학교라는 이름에 걸맞은 학교다" 자신 있게 말할 수 있는 목사가 과연 몇이나 될까?

아이들과 함께 즐기는 공동체 캠프가 잘못되었다는 이야기가 아니다. 다양한 캠프가 있어야 하고 그 속에서 누리는 즐거움도 결코 작지 않다. 다만 "붕어빵에 붕어가 없다"는 우스갯소리처럼 '성경학교에 성경이 없는 현실'이 문제다. 붕어 모양을 했기에 붕어빵이듯, 교회에서 진행되고 설교와 프로그램 중 성경과 관련된 것이 있기에 성경학교라 불리는 형식적인 성경학교가 자리 잡은 지 벌써 오래다.

목사들이, 부모와 교사들이 다음 세대를 판단하는 기준에 문제가 없는지 돌아봐야 한다. 우리가 사실이라고 믿고 있는 내용들을 전제로 교회학교의 큰 결정들이 이루어지고 있다.

"우리 아이들은 독서와 글쓰기를 싫어해."

"우리 아이들은 성경공부를 싫어하니 그들이 좋아하는 프로그램으로 그들에게 다가가야 해."

틀린 이야기들은 아니지만 맞는 이야기도 아니다. 부분적인 사실임에도 그것만이 진실이라 믿고 교회학교의 많은 선택이 이어져 왔다.

이러한 상황 속에서 필자는 교회교육, 신앙교육의 해법을 '기본으로 돌아가는 것'으로부터 찾아야 함을 권한다. 무엇보다 계절학교로 진행되는 성경학교는 전반적으로 새롭게 디자인되어야 한다. 이름만 성경학교가 아닌 진정한 성경학교로 거듭나야 한다. 성경학교는 성경학교로, 독서캠프는 독서캠프로, 또 다른 목표를 가진 공동체 문화캠프는 다양한 형태의 캠프로 진행하면 된다.

우선, 아이들은 성경을 싫어할 것이라는 선입견을 버려야 한다. 그리고 성경학교를 위한 커리큘럼을 디자인하라. 도서관교회의 경우 계절학교는 성경학교와 아침학교로 나누어 진행된다.

방학 매일 아침학교에 도전하라

아침학교는 방학뿐 아니라 학기 중에도 진행되는 연중 매일 교회학교 프로그램이지만, 학기 중에는 월-금 매일 1시간(7:45-8:45), 방학 기간에는 매일 2시간(9:00-11:00) 진행된다.

4-5주간 매일 2시간씩 진행되는 매일 아침학교이기에 프로그램이 다양하게 진행된다. 독서와 글쓰기는 바탕 학습이다. 어떤 내용을 다루든지 독서와 글쓰기는 기본 학습으로 진행된다.

방학 아침학교는 요일을 달리하며 진행된다. 예를 들어, 월요일은 사회과학(경제, 정치, 법, 교육 등) 중 주제 선택 책 읽고 글쓰기, 화요일은 성경 필사와 신앙 도서(신앙 인물) 읽고 글쓰기, 수요일은 기술과학(의학, 농업, 기계, 전자, 생활과학 등) 등 주제 선택 책 읽고 글쓰기, 목요일은 문학(동화, 소설 등) 독서 및 글쓰기, 금요일은 역사 독서 및 글쓰기 등으로 진행한다. 매일 2시간의 모임 중 강의 시간은 10분을 넘지 않는다. 아이들이 스스로 배우고 익히도록 하기 위해 말을 듣는 상황보다는 글을 읽고 씀으로 생각하는 환경 속으로 그들을 인도한다.

매일 아이들이 읽기와 쓰기를 하면서도 즐겁게 프로그램에 참여하는 것은 앞서 언급했듯이 과정의 진보가 있기 때문이다. 또 한 가지 중요한 사실은 공동체 분위기 자체가 그것을 당연한 것으로 받아들이는 환경이라서다.

진행자로서의 기도 제목이었고 끊임없이 노력해 온 부분이다. 소수의 집중 못하는 아이들이 분위기를 흐릴 수 있는 공동체가 아니라 이곳에 오는 모든 아이가 진행되는 학습과 교육에 집중하며 동참할 수 있는 분위기, 자신에게 준비된 기본보다 좀 더 배움의 동기를 갖고 참여할 수 있는 분위기를 만들기 위해 노력했다.

성경학교는 성경에 집중하라

방학 중 진행되는 성경학교는 방학 기간 중 3주간 매일 1시간씩 진행된다. 대부분 아침학교에 참여했던 아이들이 성경학교에 이어서 참여한다. 방학 때마다 성경학교의 주제 본문은 바뀐다. 대체로 하나의 성경을 선택해 3주간 이어 간다. 여름성경학교는 에베소서, 겨울성경학교는 빌립보서, 다음 방학은 로마서 등 성경 본문 자체에 충실해 가는, 말 그대로 성경학교다.

요일마다 진행은 달리 이루어진다. 본문 읽기, 성경 내용 질문 학습지, 성경 토론 학습지, 성경 암송의 날 등 정해진 주제 본문 성경을 다양한 방법으로 접근해 들어간다. 물론 모든 과정 학습에는 읽기와 쓰기가 병행된다.

아이들에게 이런 성경학교가 가능한가 의문을 제기할 수 있다. 전혀 새로운 것은 아니다. 곳곳에서 진행되고 있다. 다만 대다수의 교회가 어려움을 느끼며 실행하지 못하는 것이 현실이다. 이해하지 못하는 것도 아니다. 현재 교회가 마주한 세상, 교회 위상의 변화 가운데 과연 이러한 시도가 열매 맺을 수 있을까 의문을 가질 수 있다.

핵심은 교회의 교회 됨을 회복하자는 것이다. 기본으로 돌아가자는 것이다. 성경으로 돌아가 성경으로 승부하는 것이 이기는 교회교육을 위한 첫걸음이다. 단, 형태만 취해서는 안 된다. 준비된 성경학교여야 한다. 지속성을 유지할 수 있는 교육 계획이 마련되어야 한다. 무엇보다 이 모든 것을 지휘할 목사의 독서 역량, 교육 역량이 준비되어야 한다.

성경학교, 독서캠프의 옷을 입다

갑작스럽게 성경학교에서 성경만 다루는 것이 힘들다면 독서캠프도 하나의 중요한 연결 고리가 되어 줄 수 있다. 아침학교와 성경학교가 방학 중 매일, 긴 기간 동안 진행되는 프로그램이라면 독서캠프는 2박 3일, 3박 4일의 단기 숙박 캠프로 진행된다.

주제와 형식, 참여 대상에 따라 다양한 독서캠프가 가능하겠지만, 성경학교를 대신할 캠프라면 성경 인물 캠프를 추천한다. 교회 캠프에서 진행하는 것처럼 저녁 집회, 찬양 등의 프로그램은 진행해도 된다. 다만 오전 3시간, 오후 4시간 정도는 온전히 주제 책을 읽고 글을 쓰고 나누는 시간에 할애하는 것이 좋다. 성경 인물 한 사람을 정하고 그 인물에 대해 연구하는 방식으로 진행하면 된다. 교회에서 준비해야 하는 것이 여러 가지 있겠지만 신앙 인물, 성경 인물에 관한 책, 인물에 관한 질문 교재, 책을 읽고 기록할 수 있는 다양한 워크시트 등이면 충분하다.

교회학교를 통한 교육이 힘들다는 분들을 자주 만나게 된다. 그런 분들에게 이야기한다.

"다른 어떤 것을 하지 않아도 좋습니다. 지금의 교회 현실에 아이들이 신앙 위인 전기를 지속적으로 읽고 나누는 과정만 추가하십시오. 그 일만큼은 성공해 내십시오. 아무것도 아닌 이 작은 일이 가져다주는 변화는 결코 작지 않습니다."

사실이다. 아이들의 마음에 신앙의 감동이 넘쳐 난다. 신앙 인물들의 꿈을 자신들의 꿈으로 꾸기 시작한다. 그때가 목사에게는 기회다. 새로운 신앙교육의 모판이 마련되는 순간이기 때문이다. 지금의 강조가 신앙 인물 독서 하나로 교회교육의 문제를 해결할 수 있다 말하는 것이 아니다. 이러한 방법도 우리의 선택지 중 하나이며 교회교육의 개혁을 위한 마중물로 삼을 수 있음에 대한 강조다.

이 장에서 추천하는 모든 프로그램의 핵심은 '조금 가르치고 많이 배우기'다. 설교나 강의가 필요 없다는 것이 아니라 비중을 조절할 필요가 있음을 강조하고 싶다.

그룹 모임에서도 교사의 말보다 아이들이 많이 읽고 쓰고 발언할 수 있는 시간을 확보해야 한다. 교사의 발언은 가르치는 것을 목표로 하기보다는 아이들의 학습과 발언에 대한 피드백, 코칭에 집중하는 교육이 진행되어야 한다.

지금까지의 성경학교는 교사만 기도하고 공부하고 준비하는 행사였다. 이제는 바뀌어야 한다. 어떻게 하면 아이들로 하여금 배울 수 있도록 할지에 대해 고민하는 캠프가 되어야 한다.

무엇보다 교회학교다움을 회복한 계절캠프, 수련회, 성경학교가 진행되어야 한다. 화려하지 않아도 좋다. 남의 떡이 커 보이고 세상 프로그램이 세련되어 보여도 사람을 세우는 것은 단순한 원리, 기본에 충실한 것을 통해 이루어진다는 사실을 기억하자.

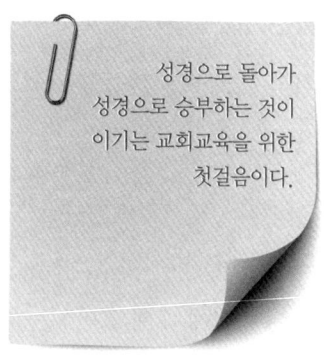

성경으로 돌아가 성경으로 승부하는 것이 이기는 교회교육을 위한 첫걸음이다.

5

교회교육 교사 디자인:
영적 PTSD 극복하기

영적 PTSD에 걸린 사람들

"하나님의 꿈이 나의 비전이 되고
예수님의 성품이 나의 인격이 되고
성령님의 권능이 나의 능력이 되길
원하고, 바라고, 기도합니다!"

"원하고 바라고 기도합니다"라는 찬양의 가사다. 우리 모든 크리스천의 바람이기도 하지만 교육 현장에서 만나는 부모, 교회학교 교사들이 그토록 원하고 바라며 기도하는 소원이다. 하나님의 꿈, 예수님의 성품, 성령님의 권능으로 자신의 삶을 세우길 원한다. 자녀와 다음 세대가 그러한 삶을 살기 위해 그들은 할 수 있는 최선을 다한다.

그런 그들이 오늘 우울증에 걸려 있다. 영적 PTSD(post traumatic stress disorder, 외상 후 스트레스 장애)로 인해 더 이상 어떤 노력도 할 수 없는 상황 가운데 있는 부모, 교사들을 교회교육 현장에서 만나곤 한다.

우울증을 흔히들 '마음의 감기'라고 부른다. 우울증에 걸린 이들은 의욕이 저하되고 아무 이상 없던 사고 능력과 신체 대사에도 이상 증상이 나타난다.

영적 PTSD도 마찬가지다. 최선을 다했던 교회교육의 현장에서 뜻대로 되지 않는 현실에 그들은 많은 상처를 받았다. 그것은 마치 트라우마처럼 작용하여 교사이기 이전에 크리스천으로서의 영혼을 무너뜨리기도 한다. 그런 상황 속에서 우선되어야 하는 것은 교육 현장을 살리기 위한 프로그램의 시도가 아니라 자기 자신의 영적 건강을 회복하는 일이어야 한다.

우리는 우는 아이에게 "울지 마라! 뚝!" 외치곤 한다. 현상으로서의 울음을 그치는 일에 집중한다. 아이가 왜 우는지 살피고 문제 요인을 해결하기보다 현상 해결에 집중한다. 교회학교 교사들도 마찬가지다. 너무나도 열악한 상황 속에서 교사의 직무를 감당한다. '이기는 교회교육'을 디자인하고 실행하라 했지만 현실에서는 '항상 지는 교회교육', '교회와 부모에게 을이 된 교사'의 모습일 때가 더 많다. 사회에서는 역량을 인정받는 인재인데 교회 안에서는 항상 좌절감을 맛보는 무력한 교회학교 교사로서 괴로워하곤 한다.

아픈 기억이 있는가? 아픔이 고백되어야 한다. 슬픔이 있는가? 사역과 관계 속 고난으로 힘겨운 상태인가? 그렇다면 울어야 한다. 괴로워해야 한다. 패배의 쓴잔을 마셨다면 아픔을 느껴야 한다. 슬럼프가 찾아와서 우리로 늪에서 허우적거리게 할 수 있다. 고통스러워해야 한다. 그것이 목사와 교사의 할 일이다. 새 힘을 내기 전에, 위로가 있기 전에 우리의 현실을 있는 그대로 직면하는 순간을 거쳐야 한다. 그렇게 충분히 고통을 느끼고 힘들어하고 슬퍼할 때 우리는 은혜 또한 마주하게 된다.

세상 사람들은 "이제는 끝났다" 괴로움의 탄성을 내지를 때 우리에게는 새로운 기회가 열린다. 새로운 각오를 다지게 되고 다시 일어설 힘을 얻게 된다. 하나님이 우리의 아픔이 지속되도록 내버려 두지 않으신다. 우울증에 걸린 교사, 영적 PTSD에 걸린 크리스천 교사에게 아직 희망이 있는 이유다.

'시간과 고난은 꿈의 저울'이라는 말이 있다. 시간의 흐름이 우리의 꿈을 시험하고 고난이 우리를 유혹한다. 나의 꿈의 무게를 재고 꿈으로부터 나를 멀어지게 하는 일은 얼마든지 있을 수 있다. 교회학교 교사는 그러한 현실을 직면하고 아파한 사람이어야 한다. 모든 일에 성공한 사람의 자신감도 필요하지만 현실의 아픔을 공감할 수 있는 사람, 우는 자의 위로가 될 수 있는 교사, 그들을 통해 하나님은 역사하신다.

누군가 필자에게 "교회학교 교사는 어떤 사람이어야 합니까?"라고 묻는다면 이야기한다.

"힘내라는 말보다 힘을 주는 교사, 사랑을 가르치기보다 사랑을 주는 교사, 아는 것을 가르치기보다 알아내는 능력을 세워 주는 교사, 예수님을 믿으라 전하는 것을 넘어 믿어지게 만드는 마중물이 되는 교사입니다."

그런 이들이 목사요 교사이기를 원한다. 아픔을 너무 잘 알기에 바라봐 주고 기다려 주며 손 내밀어 주는 그런 목사와 교사이기를 원한다.

한계 넘어서기: 교사에게 스승이 필요하다

1992년 경기도 부천에서 교육전도사 사역을 처음 시작했다. 첫사랑에 빠진 사람처럼 일했다. 대부분의 시간을 교회에서 먹고 자며 맡겨진 사역에 온 힘을 쏟았다. 한계 상황은 그리 오래 지나지 않아 다가왔다. 준비된 것으로는 더 이상 할 것이 없었다. 열심만 가지고 감당할 수 있는 일이 아니었다. 즐거웠던 사역이 부담스러워지기 시작했다. 주일이 다가오는 것이 두려웠다. 신앙의 위기는 아니었다. 여전히 믿음 안에서의 갈급함이 있었다. 다만 준비되지 못한 사역자로 직면한 한계 속의 고통이었다.

저절로 기도가 흘러나왔다. 성경 읽는 시간이 늘어 갔다. 동시에 힘쓰기 시작한 것이 있었는데, 독서를 통한 자기 계발이었다. 위기를 맞이했지만 은혜 가운데 지혜로운 선택을 할 수 있었다. 무엇인가 채워 넣지 않으면 안 된다는 위기감 속에 시작되었다. 앉으나 서나 책을 읽었다. 길을 걸을 때도 책을 놓지 않았다. 분야를 가리지 않고 읽었다. 위기 속 의무감에서 시작한 일이 어느 순간 즐거움이 되었다.

교육전도사 시절의 책 읽기, 책에 빠져 살았다는 표현이 결코 과하지 않다. 미혼이었기에 사례비의 대부분을 책을 사는 데 투자할 수 있었다. 구입한 책 모두를 읽지는 못했다. 책을 읽는 기쁨도 컸지만 솔직히 사는 기쁨, 소유의 기쁨도 적지 않았다.

책과 독서에 대한 갈급함에 수년간 몸부림쳤던 교육전도사 시절, 사역하는 교회마다 독서 모임을 진행했다. 시간이 지나며 개인 독서의 한계에 부딪혔다. 제한된 시간 동안 더 잘 읽고 싶었다. 독서의 더 좋은 길에 대해 관심을 갖기 시작했다. 1998년 독서 스승을 만나게 되었다. 혼자 몸부림쳐도 넘지 못하던 경계를 약간의 지도를 받으니 어렵지 않게 넘어설 수 있었다. 5년간 한 공동체에서 스승과 살며 배움의 길을 조금씩 넓히고 뻗어 가는 기회를 누렸다. 그때로부터 독서는 필자에게 사적 배움을 넘어 공적 사역이 되었다. 개인의 성숙을 넘어 다른 이들의 삶의 변화를 이루는 마중물 인생을 살기 시작했다.

교사에게도 스승이 필요하다. 아이들에게 부모를 대신할 수 있는 존재는 어디에도 없다. 부모의 존재가 버티고 있을 때 다른 이들의 도움이 부분을 채우고 삶을 윤택하게 만든다.

1년이면 한두 차례의 교사교육 시즌이 찾아온다. 소문난 외부 강사를 초청해 교사교육을 진행한다. 성공했다는 교회의 프로그램을 벤치마킹하기 위한 노력이 진행된다. 모든 것이 필요한 노력이기는 하지만, 먼저 필요한 것은 강한 동기 부여와 탁월한 콘텐츠를 가진 프로그램이 아니다. 강한 동기 부여는 현실 속 장애물에 부딪히면 금세 꺾이고 만다. 좋은 프로그램도 원천 기술이 아닌 이상 오래 지속되지 않는다. 모든 일이 이전에 없던 새로운 시도가 아니다.

교사에게는 유명한 강사보다 덜 유명하더라도 스승이 되어 줄 존재가 필요하다. 멋지고 부자인 친구 부모가 아닌 소박한 삶을 살지만 나를 사랑하고 보살펴 줄 부모가 필요하다. 잠시, 잠깐 먹는 화려한 외식이 아닌 매일 즐기고 누릴 주식이 필요하다. 잠시, 잠깐 진행되는 외부의 수혈이 아닌 심장으로부터 끊임없이 공급되는 자가혈(自家血)이 필요하다. 그런데 교회교육에 있어서만큼은 항상 유명한 강사가 스승의 자리를 대신하게 한다.

교회교육의 대상은 다음 세대만이 아니다. 교육의 모판이 건강해야 씨앗이 자라 줄기를 뻗고 열매를 맺을 수 있다. 교사교육 과정이 디자인되어야 한다. 연례적으로 진행되는 단회적 행사가 아닌 상설 과정이 되어야 한다. 맨바닥으로부터 시작할 필요는 없다. 교육과정 디자인의 필요성을 느낀 목사들에게 도움이 될 만한 요소들은 이미 우리 주변에 가득하다. 다만, 그것을 학습하고 연구하는 과정을 거쳐 자기화해 가야 한다.

목사는 성도의 스승, 교회학교 교사들의 스승이 될 훈련에 힘써야 한다. 천 리 길도 한 걸음씩 나아간다는 자세로 임한다면 오늘이 교육과정 디자인의 첫날이 될 수 있다. 살며 사랑하며 배우며 나누는 스승으로서의 목사의 자리가 든든히 지켜지고 관리될 때 우리 교사들의 사역은 빛과 소금의 사명 감당의 자리가 될 것이다.

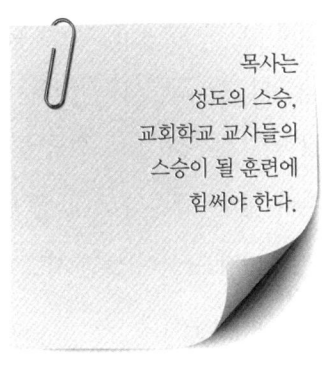

목사는 성도의 스승, 교회학교 교사들의 스승이 될 훈련에 힘써야 한다.

6

교회교육 부모 디자인:
의무에서 원함으로

세계를 여행하며 느끼는 것이지만, 우리나라처럼 대도시에서 산을 볼 수 있는 나라, 도시는 많지 않다. 정말 앞산, 뒷산이라는 말이 이상하지 않을 정도로 우리나라에는 산이 많다. 우리나라 어디를 가든지 울창한 삼림을 바라보게 된다.

이토록 많은 산봉우리와 울창한 삼림을 자랑하는 우리나라지만 원래부터 풍부한 삼림 자원을 가지고 있던 것은 아니다. 6·25전쟁이 발발하기 전후만 해도 전국 도시 근처의 산은 대부분 민둥산이었다고 한다. 삼림 훼손의 가장 큰 원인은 연료 확보를 위한 벌목이었다. 나무로 땔감을 하며 살던 시절이었고, 요즘과 같은 삼림 보호 정책이 있었을 리 만무하다.

6·25전쟁 이후 UN의 원조를 받아 가며 묘목을 심기 시작했다. 비가 오면 산에서 밀려 내려오는 빗물로 홍수가 빈번하게 일어나는 문제를 해결하기 위해서였다. 우리나라만이 아니라 같은 형편에 있던 국가들에도 비슷한 상황이 펼쳐졌다. UN의 이러한 원조 속에 민둥산이 울창한 삼림으로 바뀐 예는 거의 찾아보기 힘들다고 한다. 나무를 심어도 그 나무가 자리 잡아 가는 비율은 높지 않았다. 얼마 지나지 않아 벌목의 대상이 되기도 했다. 그런 가운데 유독 우리나라만은 울창한 삼림을 회복하는 일에 성공했다.

현재 국내 49개 댐의 총 저수 용량이 140억 톤인데, 우리나라 삼림의 저수 능력은 180억 톤이 넘는다고 한다. 가끔 홍수로 거주지가 침수되는 일은 발생하지만 수많은 산의 나무들이 홍수를 막아 주는 역할을 담당하고 있다. 그 많은 물을 자신들의 뿌리로 흡수하지 않았다면 더 큰 홍수 속에 사람들의 일상은 무너져 내렸을 것임이 분명하다.

이렇듯 삼림을 성공적으로 회복할 수 있었던 요인은 UN의 원조를 받은 묘목을 심는 데 그치지 않았기 때문이다. 울창한 산이 민둥산이 된 원인, 벌목을 해야만 하는 이유를 살피고 문제의 원인 해결을 위한 노력을 동시에 진행해 나갔다.

첫째, 삼림 훼손의 가장 큰 적인 땔감 문제를 해결해 나갔다. 생존을 위해 나무를 베는 일이 일상이었던 사람들을 위해 탄광을 개발했다. 겨울을 지나며 땔감으로 사라져 가는 나무의 수는 어마어마했다. 심는 것 이상의 나무가 사라져 갔다. 탄광이 개발되고 석탄이 보급되며 땔감을 위해 벌목하는 수가 현저히 줄어들었다.

둘째, 화전민의 수를 줄여 나갔다. 산속에서 나무를 태우고 밭을 일구며 생활하는 화전민들도 하나의 문제 요인으로 보았다. 정부는 산 밑에 화전민을 위한 정착촌을 만들고 그곳에 이주해 살 수 있는 길을 열어 주었다.

셋째, 집을 만들어 주는 데서 끝나지 않았다. 그들의 자녀들을 위해 학교를 세웠다.

넷째, 일거리가 없는 그들에게 일거리를 만들어 주었다. 묘목을 가꾸고 양봉을 치거나 환경미화원으로 살며 생계를 유지할 수 있는 환경을 조성했다.

이러한 정책들은 성공적으로 자리 잡아 갔다. 대한민국의 삼림은 빠르게 복원되기 시작했다. 화전민뿐 아니라 국민의 생활이 나아지고 산업화를 이루며 한강의 기적을 넘어 세계 선진국들과 어깨를 나란히 하는 선진 국가로 도약해 갈 수 있었다.

교회교육의 내러티브를 디자인하라

교회교육이 지나온 길은 우리나라의 변화 성장과 맥을 같이해 왔다. 고도로 성장하는 사회 속 구성원들에게 교회교육을 통해 진리의 선포와 함께 선진화된 교육의 기회를 제공해 주었다. 지금도 교회교육을 통한 열심과 도전은 계속되고 있지만 예전과는 분위기가 사뭇 다르다. 가장 큰 어려움 중 하나는 부모의 마음을 얻지 못하고 있다는 것이다.

교회교육의 기대는 학생들만을 향해서는 안 된다. 학생들이 중요하다면 먼저 진행되어야 하는 것은 부모의 마음을 하나로 모으는 것이다. 자녀교육은 교회가 책임져 줄 수 있는 문제가 아니다. 가정과 협력해 가며 서포터로 지원하는 역할을 감당해야 한다. 사안이 중요하면 할수록 먼저 할 일을 먼저 해야 한다. 교육에 있어 자녀들의 변화와 성숙은 중요한 일이요, 부모와 교사, 교회와 가정이 하나 되는 일은 성공 교육을 위해 먼저 준비되어야 할 교육의 대전제다. 대부분의 실패는 단순한 이 원리를 따르지 않기에 발생하곤 한다.

부모들이 교회학교를 신뢰하고 있지 않다. 비신자 부모들만의 이야기는 아니다. 크리스천 부모들도 교회교육에서 마음을 돌리고 있다. 중직자, 교회학교 교사조차 교회학교보다 학교교육, 학원 스케줄을 더 우선시하는 일들이 비일비재하다. "어찌 그럴 수 있느냐" 탓하기보다는 문제의 원인을 직시해야 한다. 교회는 다음 세대들의 변화와 성숙을 바라는 구호만이 아니라 교회의 바람이 부모들의 기대가 되고 원함이 되는 상황을 마련해야 한다.

교회교육은 부모에게 꿈을 제시해 줄 수 있어야 한다. 오늘의 노력이 미래를 실재하게 만드는 요인이 될 수 있다는 꿈을 함께 꾸며 그 길의 동반자가 되도록 해야 한다. 현재는 꿈이 실현된 현실이 아니다. 현실의 여러 가지 문제들이 산적해 있다. 중요한 것은 기대와 믿음이다. 오늘의 꿈이 미래의 현실이 될 것이라는 가능성을 보여 주어야 한다. 오늘의 투자가 두려움을 넘어 기대가 될 때 실현되지 않은 미래를 향한 오늘의 노력은 즐거움이 된다.

교회교육의 성공을 위해 부모교육이 필요함을 강조하곤 한다. 그리고 그들을 가르치려고 한다. 부모교육은 가르치는 자리만이 아니다. '관'을 공유하는 자리다. 신앙관, 가치관, 교육관을 확인하고 공유하는 자리다. 비전을 공유하는 자리다. 오늘, 꿈꾸는 내일을 확인하는 자리요, 그래서 설렘과 기대감을 불러일으키는 자리여야 한다. 한 단계 나아가 대안을 제시하는 자리여야 한다. 교회교육이 꾸고 있는 꿈과 그것을 이루어 가기 위한 과정을 공유하는 자리여야 한다. 이때 관과 비전, 계획이 공유되며 교회와 가정, 목사와 교사와 부모는 한 목표를 가지고 자녀를 세워 나가는 일에 한마음 한뜻으로 공조하게 된다.

부모에게 필요한 것은 교회가 제시하는 좋은 프로그램만이 아니다. 교회교육의 내러티브가 필요하다. 하나님의 사람으로의 변화와 성숙, 예수 그리스도를 닮아 가는 자녀요 세상의 빛과 소금이 된다는 비전과 교회의 계획 속에 부모의 자리를 만드는 과정이 필요하다. 그때서야 프로그램도, 교사들의 어떠한 노력도 의미 있다.

꽃꽂이가 아니라 꽃을 키울 때다

영화 "콜드 마운틴"은 미국의 남북전쟁을 배경으로 한 영화다. 전쟁은 사랑하는 가족, 연인을 헤어지게 만들었고 친구와 총을 겨누게 했다. 영화는 인만(주드 로)과 연인 아이다(니콜 키드먼)를 주인공으로 한다. 인만은 전쟁에 차출되어 가게 되었고 아이다는 그런 그를 떠나보낼 수밖에 없었다. 영화는 전투 중 탈영하여 고향을 향하는 인만과 그를 기다리며 전쟁에 황폐화된 농장을 재건하기 위해 발버둥 치는 아이다의 이야기를 중심으로 전개된다.

인만은 전쟁 한가운데서 벌어지는 참혹한 일들, 인간의 존엄성과 생명이 무너져 내리는 상황을 보며 전쟁을 위한 어떤 명분도 찾을 수 없었기에 탈영을 결심한다. 고향인 콜드 마운틴의 아이다는 인만이 돌아오기만을 기다리며 농장 재건을 위해 노력하기 시작한다. 교양 있고 기품 있는 아가씨지만 전쟁의 한가운데서 생존을 위해 어떠한 일이라도 감당해야 했다. 황폐화된 농장 재건을 위해 팔을 걷어붙였지만 쉬운 일이 아니다. 할 수 있는 것이 아무것도 없다.

절망감에 휩싸여 있을 때 떠돌이 산골 처녀 루비(르네 젤 위거)가 나타나고 아이다의 농장 재건을 돕는다. 영화는 루비와의 관계를 통해 내적으로, 외적으로 성숙해 가는 아이다의 모습에 집중한다. 곱게 자란 아가씨를 넘어 대자연과 벗하며 살아갈 줄 아는 한 사람으로 성장해 간다.

이 영화에서 기억나는 한 장면은 농장을 재건하던 중 울타리를 만들 때 아이다와 루비가 나누는 장면이다. 루비가 아이다에게 묻는다.

"이 나무는 뭐지?"

"몰라."

"북쪽을 가리켜 봐! 이 농장에 적합한 허브 3가지 대 봐!"

"못해. 못한다구. 알았어? 농사짓는 법을 라틴어로 말할 수는 있어! 불어도 읽을 수 있고, 코르셋 끈도 잘 맬 수 있고, 유럽에 있는 강 이름도 댈 수 있지만 이 동네 시냇물 이름은 하나도 몰라! 수는 놓을 수 있지만 바느질은 못하고, 꽃꽂이는 자신 있지만 꽃을 키우진 못한다구. 뭔가 쓸모 있고 사는 데 필요한 일은 하면 되는 건 줄 알았다구."

"왜?"

"그런 질문은 얼마든지 해도 좋아. 이 울타리는 내가 태어나서 처음 만드는 쓸모 있는 물건이야."

아이다의 절규는 슬픔과 분노만이 아니었다. 어리석었던 자신에 대한 원망인 동시에 새롭게 인생을 배워 가며 한 단계 성숙해 가는 한 인간의 변화와 성숙, 가능성의 외침이었다. 아이다의 모습 속에서 부모를 보고 교사를 보게 된다. 교회를 보고 목사를 생각해 본다. 어쩌면 교회교육의 이름으로 진행되고 있는 것이 수놓기와 꽃꽂이였을 수도 있다.

아는 것 많고, 능력 있고, 모든 문제를 해결할 수 있으리라 생각했던 아이다가 할 수 있던 것은 꽃을 키우는 것이 아니었다. 오늘 우리에게 필요한 것은 꽃꽂이가 아니라 꽃을 키우는 일이다. 우리의 자녀를 온실 속의 화초로 키우는 것이 아닌 세상 속의 크리스천으로 세워 가는 일이다. 그 일을 진행함에 있어 아이다가 깨달음 속에 변화, 성숙해 가는 모습이 우리에게 있어야 한다.

부모가 변해야 하고, 목사와 교사가 변해야 한다. 나아가 교회가 아이다 곁을 지키며 동료와 친구, 인생의 스승이 되어 주었던 루비와 같은 역할을 감당해 내야 한다. 이 일에 있어 가장 큰 책임은 누가 뭐래도 목사가 져야 한다. 목사 혼자만 져야 할 짐도, 혼자만의 독단적인 결정을 통해 이루어질 일도 아니지만 목사의 변화로부터 이 일은 시작되고 진행되어야 한다. 그때 교회교육에 희망이 있다. 부모들에게도 교회교육을 통해 꿈을 꾸고 희망을 노래할 기회를 주어야 한다.

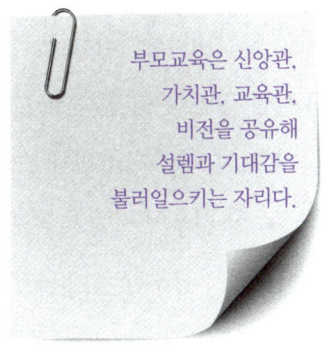

부모교육은 신앙관, 가치관, 교육관, 비전을 공유해 설렘과 기대감을 불러일으키는 자리다.

7

교회교육 원리 디자인:
유대교육 넘어서기

서당의 반란

한 주간지에서 이어령 교수를 인터뷰한 기사를 보았다. 그는 어릴 적 서당을 다닐 때의 기억을 회고하며 스스로 '서당의 반란'이라 명명했다. 1935년생인 그는 일곱 살 터울의 여동생이 있었지만 7남매 중 여섯째 막내아들이라는 프리미엄 속에 사랑을 듬뿍 받고 자랐다. 유교적인 집안 분위기 속에서도 막내인 자신은 말썽을 피워도 크게 혼나지 않고 지냈다고 한다. 그런 그가 서당을 처음 가게 된 것은 6살 때, 두 살 터울의 형을 따라가면서다.

서당에서 공부한 첫째 날, 『천자문』을 배우게 되었다.

"하늘 천, 땅 지, 검을 현, 누를 황!"

훈장님은 천자문 네 글자를 읽은 후 "하늘은 검고 땅은 누렇다"라고 설명해 주셨다. 이때 6살 꼬마 이어령은 질문을 던졌다.

"왜 하늘이 검나요? 제가 보기엔 하늘이 파란데요?"

"야, 이놈아, 밤에 보면 하늘이 검잖아."

"그럼 땅도 검어야지 왜 누렇다고 해요? 밤에 보면 다 깜깜한데요?"

"이 쥐방울만 한 녀석이 어딜 와서 따져? 옛 선현들이 다 그렇게 말한 걸 가지고."

6살 꼬마 이어령은 훈장님에게 꾸중을 들은 뒤 서당에서 쫓겨났다. 출석 첫째 날 서당에서 쫓겨난 그는 다시는 서당 문을 밟지 못했다고 한다. 흔히들 조선의 천재를 이야기할 때 언급되는 이들이 있다. 율곡 이이, 매월당 김시습, 초정 박제가 등이다. 누군가는 이어령을 그들과 견주며 '천재'라 추켜세우기도 한다.

사람들은 천재라 불리는 사람들의 특별성에 관심을 둔다. 한마디로 '타고남'이라는 것이다. 그들의 노력이 없던 것은 아니지만 그들을 천재로 만든 것은 남에게 없는 '타고난 그 무엇'이라는 데 마음을 모은다. 그렇게 평가하는 여러 가지 이유가 있겠지만 설명하기 힘들고, '보통'과 거리가 너무 먼 것이라 여기기에 '천재'라 표현하는 것이 가장 쉬운 선택이 아니었을까 생각해 본다.

기독교교육의 딜레마, 유대교육

기독교교육, 교회교육을 이야기함에 있어 빠지지 않는 것이 유대교육이다. 유대교육을 바라보는 시각도 천재를 바라보는 일반의 시각과 다르지 않다. 유대인을 소개하는 설명을 나열하다 보면 그러한 시각도 이해된다.

"뉴턴과 아인슈타인, 골드만삭스의 창립자 마르쿠스 골드만, 20세기 최고의 펀드 투자가 조지 소로스, 구글의 래리 페이지와 세르게이 브린, 페이스북의 마크 저커버그, 전 미국 국무장관 헨리 키신저, 경제학자 앨런 그린스펀, 언론인 조지프 퓰리처, 영화감독 스티븐 스필버그…. 각 분야에서 최고로 손꼽히는 그들의 공통점은 무엇일까? 바로 그들 모두 세계적으로 관심받는 민족 유대인이라는 점이다.
역대 노벨상 수상자의 약 25%가 유대인이며, 미국 유명 대학 교수의 30%가 유대인이다. 미국 100대 기업의 약 40%가 유대인의 소유다. 유대인의 인구가 약 1,500만 명으로 세계 인구의 0.2%에 불과하다는 사실을 떠올린다면 그들 유대인의 영향력은 실로 특별하다고 볼 수 있다."

필자의 저서 『새벽에 읽는 유대인 인생 특강』 프롤로그 첫머리 내용의 일부다. 여기 서술된 내용들은 일반인이 유대인을 떠올리거나 관심을 가질 때 이유가 되는 근거들이다. 교회교육 안에서도 크게 다르지 않다. 교회학교에서 유대교육 방식으로 프로그램이 진행되면 부모들이 좋아한다. 하브루타, 유대인 질문법, 유대인 가정교육의 이름으로 진행되는 교회교육 프로그램이 적지 않다.

아이러니하다. 예수를 십자가에 못 박은 유대인, 예수님을 닮은 사람으로 우리 자녀를 세우겠다는 교회교육 안에 깊숙이 파고든 유대교육. 분명 아이러니한 상황이다. 유대교육 자체를 반대하는 것이 아니다. 일반은총의 차원에서 얼마든지 배우고 익혀 사용할 수 있다. 문제는 세상 사람들이 천재를 바라보듯, 교회가 유대인 교육을 바라보며 유대교육을 흉내 내는 차원의 교육은 짚고 넘어가야 한다는 것이다.

이어령 교수는 자신을 천재라 부르는 이들에게 자신의 삶을 "물음표와 느낌표를 오고 간 삶"이라 말하곤 했다. 자신은 천재가 아니라 노력의 과정을 통해 성장해 온 사람임을 에둘러 표현한 말이라 생각된다. 필자의 생각도 마찬가지다. 그를 만든 것은 '서당의 반란'과도 같은 일의 반복을 통한 것이라고 말이다. 배움에 있어 항상 의문을 품고, 그 의문을 질문으로 던지며 답을 찾아 나가는 이 작은 차이가 천재라 불리는 사람들의 숨겨진 비밀임을 사람들은 믿으려 하지 않는다.

하나님이 주신 특별함을 부정하지 않는다. 동시에 우리에게 주신 하나님의 형상과 그 형상의 회복을 통해 주어질 가능성은 모두에게 열려 있는 하나님의 선물이라는 사실을 기억해야 한다. 기독교교육, 교회교육의 대전제다.

법의학자처럼 사고하기

유대인들에게만 주어진 어떤 특별한 능력이 있기에 그들에게 오늘의 결과가 주어진 것이 아니다. 우리는 유대교육의 결과만 보고 그것을 좇아가기보다는 원인을 밝히기 위해 힘써야 한다.

목사는 교회교육의 문제 앞에 법의학자와 같은 태도로 현실을 살피고 원인을 밝혀야 한다. 법의학자는 죽은 자들이 끝내 말하지 못한 이야기, 죽은 자가 남긴 마지막 진실을 찾고 듣기 위해 삶의 마지막에 등장하는 사람이다. 그들은 남들이 보지 못한 미세 증거를 찾기 위해 최선을 다한다. 이미 알고 있는 사실들의 여백을 채우려 기존의 지식 증거를 살피고 점검한다. 그래서 완벽을 추구한다. 모든 것을 잘해도 중요한 증거 하나를 찾지 못하면 사실에서 멀어지기 때문이다. 그것을 통해 감춰진 진실을 밝혀 나가는 것이 법의학자의 사명이다.

목사의 사명도 다르지 않다. 모든 것을 처음부터 창조하라는 것이 아니다. 하나님이 우리에게 이미 주신 하나님의 디자인을 찾아 누리라는 것이다. 세상의 방법과 기술이 아닌 하나님의 원리를 따를 때 약속된 하나님의 사람들의 놀라운 변화를 교회교육을 통해 이루어 가라는 것이다.

말할 수 없는 죽은 자의 육체와 범행 현장에서 사건의 원인을 밝혀 나가는 법의학자에 비해 우리에게 주어진 자료와 사례는 넘쳐 난다. 다만, 우리가 우리 손에 들린 하나님의 축복을 누리지 못하고 탕자와도 같이 세상의 방법을 찾아 각기 제 갈 길을 걷고 있는 것이 현실이다. 그런 측면에서 본다면 유대교육은 현재의 교회교육보다 더욱 성경적이다.

교회교육의 반란, 목사의 반란

비전은 미래 가능성에 대한 이야기다. 가능성을 바라볼 때 기대감을 갖게 된다. 기대는 기쁨을 가져다주고 오늘을 사는 의미도 제공해 준다. 기대가 오늘의 의미를 넘어 내일의 의미로 남기 위해서 필요한 것이 있다. 사실을 직시하는 것이다. 현실에 대한 바른 분석이 필요하다. 미래의 가능성은 현실이 아닌 방향성이다. 그 방향을 향해 나아가는 사람에게 출발선이 어디인지, 오늘의 상태가 어떠한지를 아는 것은 선택 항목이 아닌 필수 요소다.

많은 이가 원하는 꿈을 이루지 못하는 다양한 이유가 있겠지만, 그중 중요한 요인 중 하나가 가능성과 사실, 미래의 꿈과 현실을 직시하지 못하는 것이다. 현실을 직시하고 사실을 파악하는 이들에게 오늘과 내일의 거리, 현실과 꿈의 거리는 좁힐 수 없는 불가능한 과제가 아니다. 힘들기는 하겠지만 바른 인식에서 출발했기에 이제는 미래가 요구하는 것을 하나씩 충족시켜 가면 된다.

목사들에게도 반란이 필요하다. 서당교육에 의문을 품고 질문했던 이어령 교수처럼 분명 문제를 품고 있는 교회교육에 대해 의문을 품고 질문을 던져야 하지 않을까? 교회교육에 대한 의문, 던져져야 할 질문의 대상은 그 누구가 아니다. 교회 지도자들이다. 목사의 반란은 그 누구를 향한 반란이 아닌 자신을 향한 것이어야 한다. 목사와 장로, 교회 안의 의결권자들의 자기 성찰의 과정이어야 한다.

천상의 방법과 기술이 있을지라도 목사의 동기와 태도, 기준의 혁신 없이는 무의미한 시도에 불과하다. 동기를 재확인해야 한다. 교육의 기준을 재점검해야 하며 성경적 교육의 진행을 위한 디자인과 실행에 성공해야만 한다.

동시에 목사에 대한 교육의 질을 높여야 한다. 목사의 일을 거룩한 일이라고만 해서는 안 된다. 배움의 정도에 따라 더 잘할 수도 있고, 교회교육의 걸림돌이 될 수도 있다. 프랑스의 대통령이었던 샤를 드 골(Charles De Gaulle)은 이야기한다.

"정치는 기술이고 봉사이지, 이용해 먹는 것이 아니다."

목회는 사랑과 섬김이지 목사의 누림과 안주의 장이 아니다. 목사는 공부의 사람이 되어야 한다. 끊임없이 하나님을 알고 세상과 나를 향한 질문과 깨달음 사이의 여행자가 되어야 한다. 목사가 되는 과정의 교육 혁신도 필요하다. 목사가 된 이후의 목회와 자기 계발은 평생 교육의 차원에서 바라보고 디자인되어야 한다. 목사 한 사람의 문제가 아니기 때문이다.

교회가 살고 교회교육이 살기 위한 첫걸음, 목사의 변화와 준비는 공부의 자리로부터 시작됨을 기억하자. 목사의 공부 자리는 기도의 자리요, 전도의 자리이며, 하나님 나라의 확장을 위한 하나님의 큰일의 마중물임을 기억하자.

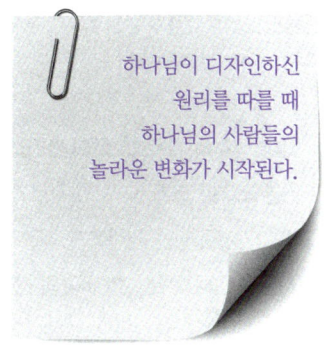

하나님이 디자인하신 원리를 따를 때 하나님의 사람들의 놀라운 변화가 시작된다.

교회교육 디자인 워크숍: 다음 세대 교육을 세우는 제언

교회교육, 성경의 원리로 디자인하라

교회교육 디자인은 성경의 원리를 따라 진행되어야 한다. 이 책에서 제시한 '목사의 독서법'은 그 밑바탕이 되어 줄 것이다. 질을 높여 가는 목사의 독서를 시작으로 성경적 원리로 디자인하는 기독교교육, 교회교육의 큰 그림을 제시해 보고자 한다. 유대교육이 아닌 하나님의 형상을 회복하는 교육, 예수님을 닮아 가는 기독교교육을 위한 큰 그림이다. 남은 여백은 현장의 연구자요 실행자인 목사들의 몫으로 남긴다.

전혀 새로운 것들이 아니다. 지금도 교회 현장 속에서 부분적으로 관심을 가져 오며 실행하고 있는 것들이다. 다만, 그대로는 안 된다. 질서를 부여하고 질을 높여 가기 위한 체계적인 계획과 실행, 지속성이 요구된다. 하나님이 준비시켜 오신 것들에 질서가 부여되는 일들이 각기 다른 목회의 현장 가운데 일어나기를 기도한다.

이 책을 통해 고민했던 '목사의 독서법'에 대한 내용들은 '독서'라는 단어에 국한시켜서는 안 된다. 하나님의 때에 하나님의 방법으로 하나님의 사람을 세워 가시는 하나님의 일하심의 도구요, 그런 목사와 크리스천을 세워 가시는 하나님의 일하심이어야 한다.

기독교교육, 교회교육을 세워 가기 위해 교회는 3가지 도구를 다음 세대들에게 세워 줘야 한다. 첫째는 성경적 기독교교육의 초기값, 기본 도구(Basic Tools of Christian Education)이고, 둘째는 성경적 기독교교육의 워밍업, 준비 도구(Preparation Tools of Christian Education)이며, 셋째는 성경적 기독교교육의 처방전, 실행 도구(Practice Tools of Christian Education)다.

첫째, 성경적 기독교교육의 초기값, 기본 도구다.

기본 도구는 크게 3가지 도구로 이루어져 있는데 역사 도구, 공동체 도구, 일상 도구다. 이 3가지를 다음 세대에게 세워 줘야 한다. 교회가 남길 믿음의 유산이요, 지상 명령의 감당을 위해 세워야 할 믿음의 삶을 위한 질서다.

1. 기독교교육의 역사 도구:

    이스라엘과 광야의 삶을 가르쳐야 한다. 오늘은 지난 역사의 연속선상에 선 것이다. 역사교육 자체가 성경교육은 아니다. 진정한 성경교육의 첫걸음에 역사교육은 매우 유용하다. 목사가 되는 신학교의 커리큘럼만이 아닌 성장하는 크리스천의 일상교육이어야 한다.

    1) 고난의 역사, 통제할 수 없는 과거를 기억하는 교육이어야 한다.
    2) 문제의 역사, 통제 가능한 현재를 살기 위한 문제 해결의 교육이어야 한다.
    3) 영광의 역사, 약속된, 보장된 미래를 소망하는 교육이어야 한다.

2. 기독교교육의 공동체 도구:

    삶의 환경을 디자인해야 한다. 교실과 학습실에서 진행되는 그 어떤 커리큘럼이 대신할 수 없는 교육 도구다. 삶의 환경을 디자인하는 일은 기독교교육의 최우선 과제다.

    1) 기독교 공동체로서의 교회, 가정, 학교의 신앙 풍토(風土)를 디자인해야 한다.
    2) 성경적 기독교교육의 핵심은 승복할 권위를 상속하는 것이다. 권위를 잃어버린 공동체는 아무것도 할 수 없다.
    3) 들어야 할 내용 하나님의 말씀, 논해야 할 여백 설교와 성경공부가 디자인되어야 한다.
    4) 미래를 디자인하는 공동체의 유산, 교회 도서관이 세워지고 관리되어야 한다.
    5) 크리스천의 역량을 디자인하는 교회학교(주일학교, 등교전학교, 방과후학교)와 기독교학교에 대한 교회별 비전이 세워지고 실행되어야 한다.
    6) 세상 교육에 내어주었던 의결권을 회복하기 위한 노력이 진행되어야 한다. 세상과 단절된 기독교교육, 교회교육이 아니라 세상교육을 끌어안을 수 있는 기독교

교육 커리큘럼이 디자인되어야 한다.

3. 기독교교육의 일상 도구:

가정환경을 디자인해야 한다. 신앙교육의 히든 커리큘럼이다. 교회가 가정을 대신할 수 없다. 가정을 도와야 한다. 가정과 연대해야 한다. 기독교교육의 커리큘럼은 교회학교, 가정학교를 모두 포함한 것이어야 한다.

1) 교육의 성공을 부르는 것은 아주 작은 일상의 힘이다. 부모와 연대하여 가정의 일상이 기독교교육의 현장이 되도록 하는 지혜와 실천 지침이 필요하다.
2) 유대교육을 이야기할 때 항상 등장하는 것이 가정 식탁과 베갯머리 교육이다. 이것은 유대교육의 산물이 아니다. 성공적인 자녀 양육이 펼쳐지는 가정 어디에서나 있어 왔던 삶의 실천들이었다. 기독교교육 안에서 이 실행에 대한 세밀한 연구와 구체적인 지침이 동반된다면 일상이 배움의 장이 되는 일은 불가능한 일이 아니다. 다만, 일회성 프로그램이 아닌 일상의 도구가 되기 위한 노력은 결코 쉽지 않다. 환경을 조성하고, 문화를 만들어 가며, 이 길을 함께 걸어갈 동료를 모아 가는 일이 중요하다. 교회가 도와야 할 부분이다.

둘째, 성경적 기독교교육의 워밍업, 준비 도구다.

준비 도구는 5가지 기본 역량(basics competence)과 6가지 핵심 역량(core competence)으로 나누어진다. 교육의 내용을 전달하고 세워 가는 것은 첫 번째 목표다. 동시에 하나님의 형상을 세워 가는 기독교교육은 배움의 과정 속에 하나님의 사람들의 역량을 세워 가는 일에 성공하는 교육이어야 한다.

1. 파워 크리스천의 5가지 기본 역량이다.

1) 주도력이다. 하나님의 뜻을 발견한 이들이 그것을 삶의 원칙으로 삼아 의결하고 실행하며 책임지는 삶을 살아가게 된다. 하나님은 말씀하시고, 믿음의 자녀들은 그것을 듣는다. 우리 마음에 소원을 두고 행하게 하시는 하나님의 인도하심을 따라 주도적인 삶을 살아갈 수 있도록 돕는 교육이어야 한다.

2) 이해력이다. 정보를 수용하고 이해하는 능력이다. 글을 다루는 능력과 일상적인 커뮤니케이션 능력의 질을 높여 가는 교육이어야 한다.

3) 사고력이다. '구슬이 서 말이라도 꿰어야 보배'라는 말이 있다. 정보와 지식을 분류하고 종합하며 평가하는 능력을 세워 주는 교육이어야 한다.

4) 표현력이다. 배운 지식들을 연결해 가며 새로운 지식을 창조하는 과정이다. 바른 지식 위에 상상이 더해지고 지식과 지식의 융합을 통해 창의적인 지식을 생산해 낼 수 있도록 돕는 교육이어야 한다.

5) 관계력이다. 믿음 안에서 하나 된 공동체의 하나 됨뿐 아니라 보냄 받은 세상 속에서 유연하게 사고하고 이해하며 포용해 가는 사람을 세우는 교육이 진행되어야 한다. 관계력의 기초는 배려이며 기독교교육의 모든 배움의 과정은 사랑으로 완성된다. 크리스천에게 있어 개인의 인성, 지체의 관계를 세워 가는 일은 어느 한 사람의 일이 아닌 공동체의 비전이다.

2. 파워 크리스천의 6가지 핵심 역량이다.

1) 독서력이다. 차이를 만드는 핵심 능력이다. 하나님의 마음을 읽는 능력인 동시에 세상을 이해하는 능력이다. 크리스천의 독서는 취미와 학습을 넘어서야 한다. 인생의 비전을 이루는 도구요, 다가온 인공지능 시대를 살아가며 영향력을 나타내는 크리스천의 핵심 역량이다. 하나님의 말씀이 글로 우리에게 전달되었다는 이유 하나만을 가지고도 우리에게 읽기는 다른 의미를 지닌다.

2) 청진력이다. 들어(聽) 보는(診) 것이다. 설교는 귀로 듣고 끝나는 것이 아니다. 귀로 듣고 하나님의 마음을 보는 것이다. 귀로 듣고 사람을 보며 세상을 보는 과정이어야 한다. 무엇보다 들음을 통해 읽기로는 알 수 없는 통찰을 얻기도 한다. 믿음의 사람들에게 듣기 능력을 세워 주어야 한다.
3) 요약력이다. 사실을 사실로 보는 힘이다. 거짓을 거짓으로 보는 힘이며 핵심을 찾아가는 능력이다. 우리의 생각은 요약을 전제해야 한다. 요약 없는 생각은 파편화되고 편향적일 수밖에 없다.
4) 논리력이다. 논리는 주제에 맞게 말하고 주장의 근거를 제시하는 과정이다. 크리스천은 논리적이어야 한다. 믿음은 논리의 다른 이름이다. 하나님이 디자인하신 질서다. 하나님의 논리는 비논리, 비상식이 아니다. 세상의 논리를 품은 강한 힘이다.
5) 질문력이다. 의문에서 질문으로 나아가야 한다. 자신의 여백을 채우는 힘이다. 질문은 느낌표를 부르는 물음표다. 질문 없는 교육은 세뇌이지 교육이 아니다. 잃어버린 기독교교육 질문, 교회교육에 던져진 과제다.
6) 문장력이다. 읽기의 완성은 쓰기다. 교육의 목표는 표현에 있다. 지식을 수용하고 조직화한 뒤 나만의 언어로 재창조하는 과정에 뒤따르는 결과다. 삶으로 표현되는 것, 살아 내는 삶이 기독교교육의 목표이지만, 말과 글로 표현하는 훈련은 배움의 과정 속에서 놓쳐서는 안 되는 중요한 과제다. 무엇보다 글쓰기는 하나님의 마음을 담아내는 도구로 하나님이 선택하신 것임을 기억해야 한다. 믿음의 사람들은 배움의 과정 속에서 글을 다루는 언어의 직공이 되어야 한다.

셋째, 성경적 기독교교육의 처방전, 실행 도구다.

실행 도구는 단순하다. 두 가지로 이루어져 있는데, 두 권의 책과 트리비움의 역량이다.

workshop

1. '두 권의 책'이다. 두 권의 책은 성경책과 천지창조의 책을 의미한다.

   1) 성경책이다. 두말할 것 없는 믿음의 책, 생명책이다. 하나님이 주신 선물이며 성경을 통해 하나님을 알아 가고 우리를 향한 계획을 마주하게 된다. 하나님의 언약과 성취의 기록이며 우리에게도 허락하신 은혜의 선물이다. 모든 크리스천은 성경의 사람이 되어야 한다. 지식으로서의 성경에도 능해야 하며 그것을 통해 역사하시는 하나님을 따라 사는 힘의 근원이 되어야 한다. 기독교교육, 교회교육의 주 교재는 성경이 되어야 하며, 성경을 배우고 익히는 일에 최선을 다해야 한다. 성경의 자리를 다른 것에게 넘겨주어서는 안 된다.
   2) 천지창조의 책이다. 하나님이 창조하신 자연과 그 세계를 살아간 사람들의 흔적을 담은 흔적으로서의 모든 책이다. 기독교교육은 자연을 살피고 돌보며 다스리는 교육이어야 한다. 일반계시로서의 자연 세계는 하나님의 축복이요, 그 속에서 하나님의 은혜를 체험하고 그분의 음성을 들을 수 있어야 한다.

   무엇보다 중요한 것은 도서관의 책이다. 문헌정보학자들은 세상 모든 지식을 십진분류라는 도구 안에 담아냈다. 000 총류, 100 철학, 200 종교, 300 사회과학, 400 자연과학, 500 기술과학, 600 예술, 700 언어, 800 문학, 900 역사와 같은 10개의 주류(主流)를 시작으로 강목(綱目), 요목(要目), 세목(細目) 등 수십만의 내용들로 분류된다. 천지창조의 세계를 살아간 사람들의 지식과 정보, 학문의 결과들에 질서를 부여한 것이다.

2. 트리비움(Trivium)의 역량이다.

   교육적인 관점에서 트리비움은 하나님의 형상의 실체다. 트리비움은 문법, 논리학, 수사학을 의미하는 라틴어다. 많은 것 가운데 하나가 아닌 인간지능을 세워 가는 본질적 인간의 힘이다. 인간 변화의 방향성이요 목표다. 트리비움의 준비된 역량

없이 하나님을 알아 갈 수 없다. 세상에 보냄 받은 사명을 감당할 수 없다.

하나님은 그 어떤 생명체에게도 트리비움의 역량을 허락하지 않으셨다. 동물도 생각은 한다. 주인을 따르고 기뻐하고 슬퍼한다. 그러나 인간의 생각과 다르다. 인간의 기쁨과 슬픔, 그 뒤에 따르는 삶의 선택과 같지 않다. 그것은 하나님이 우리 인간을 하나님의 형상으로 창조하셨기 때문이다. 트리비움은 그 형상의 그림자와 같다. 하나님의 능력을 볼 수는 없지만, 우리에게 주신 트리비움으로 그 그림자라도 이해하게 된다. 기독교교육, 교회교육은 트리비움을 세워 가는 교육이어야 한다. 그 일에 성공해야 한다.

w o r k s h o p

목사는 공부의 사람이 되어야 한다.
끊임없이 하나님을 알고 세상과 나를 향한
질문과 깨달음 사이의 여행자가 되어야 한다.
목사가 되는 과정의 교육 혁신도 필요하다.
목사가 된 이후의 목회와 자기 계발은
평생 교육의 차원에서 바라보고 디자인되어야 한다.
목사 한 사람의 문제가 아니기 때문이다.

| 에필로그

신앙인의 삶과 트로이 목마

　호메로스(Homeros)의 장편 서사시 『일리아드』에는 '트로이 목마'로 널리 알려진 그리스 연합군과 도시국가 트로이와의 전쟁 이야기가 담겨 있다. 그들은 트로이성을 사이에 두고 10년간 전쟁을 이어 간다. 전쟁은 끝날 기미가 보이지 않고 사람들은 지쳐 가기 시작한다. 그때 그리스의 용맹한 무장이자 지략가인 오디세우스(Odysseus)가 전쟁을 끝내기 위한 계획을 한 가지 세운다. 전쟁의 여신 아테나에게 제사를 드리기 위한 상징물로 목마를 제작하여 남겨 두고는 전선에서 후퇴한 것처럼 물러나기로 한 것이다. 물론 성안에 일부의 첩자를 들여보냈고 목마 안에는 자신을 포함한 훈련된 연합군 장수 30명이 매복한 상태였다.
　트로이성에 잠입한 몇몇의 군인들은 거짓 소문을 퍼트리기 시작한다. 목마를 트로이성 안으로 들이면 그리스 연합군과의 전쟁에서 트로이가 완벽한 승리를 차지하게 될 것이라는 거짓 예언이다. 트로이의 예언자들 가운데 몇 사람은 그리스 연합군의 속임수일 것이라 의심한다. 그중 한 사람은 목마에 창을 던지며 상황을 살피려 했으나 갑작스럽게 나타난 바다 괴물에 의해 죽임을 당한다. 트로이인들은 아테나 여신에게 드린 선물을 훼손한 자에게 임한 벌이라 생각하며 두려워한다. 사람들은 의심을 풀고 목마를 신의 선물로 여기며 트로이 성 안으로 들이게 된다.

트로이인들이 전쟁의 승리에 한껏 도취해 있던 캄캄한 밤, 목마에 숨어 있던 30명의 연합군 용사와 성안에 먼저 잠입하여 거짓 예언을 퍼트린 일행은 성문을 열고 그리스 연합군을 성안으로 끌어들인다. 10년간의 긴 전쟁을 버텨 온 트로이는 목마의 속임수에 넘어가 허무하게 함락된다.

그리스 신화 속의 트로이 목마는 현실 속 기독교 공동체와 신앙생활, 기독교 문화 가운데 벌어지는 사탄과의 전쟁을 묘사한 듯하다. 예수 그리스도의 십자가 보혈로 죄의 권세를 깨뜨렸으나 일상에서 벌어지는 사탄과의 영적 전투는 오늘 우리 삶에서 이어져 가고 있다. 예수께서 이미 싸워 이기신 전쟁이지만 심판의 날이 이르기 전 사탄의 궤계(詭計)는 트로이성에 들인 목마와도 같이 우리 삶의 중심에서 우리를 미혹하며 대적하고 있다.

우리 삶을 패망으로 이끄는 크리스천의 삶 속 트로이의 목마가 있다면 그것은 무엇인가?

첫째, 덮어놓고 믿는 습관이다. '무조건적인 믿음'과 '덮어놓고 믿는 태도'를 분별하지 못한다. 맹목적인 태도를 취하면서도 신실한 믿음이라 여기는 편향된 자세가 은연중에 우리 삶에 자리 잡혀 있다. 질문은 의심이고, 의심은 불신으로 여긴다. 조금이라도 다른 생각을 말하면 믿음의 반대편에 선 것으로 받아들이곤 한다. 그렇다 보니 지도자의 가르침에 순종한다는 명목 아래 무조건적으로 믿고 따르는 경향이 교회 안에 자리 잡았다. 그것이 교회 성장의 밑거름으로 작용하기도 했지만, 흐르는 시간 속에 교회를 사로잡는 올무가 되어 갔다.

무조건적인 믿음은 하나님의 말씀을 향한 것이지 사람에 대한 의지가 아니다. 성경에 등장하는 거짓 선지자들에 미혹된 이들을 보라. 그들은 하나님을 따르며 순종하는 삶을 살았다고 생각했다. 실상은 사람의 간교한 술수에 빠진 사람들일 뿐이다. 미혹한 자나 미혹당한 자나 모두 멸망에 이른다는 사실을 성경은 우리에게 증거한다.

트로이성 사람들에게 퍼진 예언은 거짓 예언이었다. 트로이의 목마는 그들에게 선악과와도 같았다. 보암직했고 먹음직했다. 목마를 사이에 두고 퍼진 거짓 예언에 도취되어 승리를 자신했다. 의심하는 이들도 있었다. 그러나 대세는 거짓 예언에 선동된 지도자들과 대중이었다.

믿음의 삶 가운데도 가짜 복음, 잘못된 소문이 판을 친다. 하나님의 율법이 아닌 인간의 율법이 하나님의 이름으로 선포되고 있다. 사람들을 미혹하고 하나님께 돌려야 할 영광을 가로채는 거짓 선지자들은 성경 속 존재만이 아니다. 오늘 우리 삶의 옆자리에서 사람과 문화의 옷을 입고 진리를 대신하여 자리를 차지하고 있음을 기억해야 한다.

둘째, 승리에 도취해 주위 경계를 풀어 버리는 자세다. 구원받은 자로서의 기쁨은 여유를 넘어 자만과 교만으로 나아가곤 한다. 사도 바울은 빌립보교회에 다음과 같이 편지한다.

"그러므로 나의 사랑하는 자들아 너희가 나 있을 때뿐 아니라 더욱 지금 나 없을 때에도 항상 복종하여 두렵고 떨림으로 너희 구원을 이루라 너희 안에서 행하시는 이는 하나님이시니 자기의 기쁘신 뜻을 위하여 너희에게 소원을 두고 행하게 하시나니"(빌 2:12-13).

바울의 두려움은 구원받지 못함에 대한 것이 아니었다. 이미 주어진 구원을 소유한 자로서 아직 주어지지 않은 영원을 향해 나아가는 세상 속 크리스천으로서의 자세를 권면하고 있다.

구원받은 자들이 품고 살아야 하는 것은 복음이요 하나님의 소원이나 사탄은 그 경계를 허물고 들어오려 한다. 복음의 자리에 거짓을, 하나님의 소원이 아닌 죄인 된 인간의 욕망이 대신하게 만든다. 트로이의 패배는 두렵고 떨림으로 승리를 쟁취하려 하지 않고 승리에 도취함으로 찾아든 자만과 교만, 경계를 풀어 버림으로 주어진 결과다.

성경 속 기드온의 군사들은 미디안과의 전쟁을 앞두고 시험대 앞에 서게 된다. 전쟁에 필요한 이들은 목마름에 사로잡혀 경계를 풀고 무릎을 꿇고 엎드려 개처럼 혀로 물을 핥아먹은 9,700명의 군사들이 아니었다. 주위를 경계하고 조심스럽게 살피면서 손으로 물을 떠 마신 300명의 용사였다.

오늘 우리에게 필요한 것은 종교적 전통이 아닌 하나님의 복음이다. 인간이 쌓아 온 방법과 기술만이 아닌 하나님의 디자인이다. 2,000년 전의 유대인은 하나님의 율법이 아닌 자신들이 세운 사람의 율법의 기준으로 예수님을 핍박했다. 세상 속 기득권을 지키려는 욕망에 사로잡혀 진리이신 예수님을 십자가에 못 박았다. 그런 일이 오늘 우리 삶에서 없으리라고 생각하는 것은 어리석음이다. 오늘을 살아가는 목사의 기도와 간구는 사도 바울의 고백과 같아야 한다.

"그러므로 나의 사랑하는 자들아 너희가 나 있을 때뿐 아니라 더욱 지금 나 없을 때에도 항상 복종하여 두렵고 떨림으로 너희 구원을 이루라"(빌 2:12).

목사의 독서는 방법과 기술을 통한 임시방편의 추구가 아니다. 하나님의 때에 하나님의 말씀, 하나님의 방법으로 세상과 승부하기 위한 연단의 자리다. 두렵고 떨림으로 사명을 감당하고자 헌신하는 목사의 일상이다.

비록 매일의 삶 속에서 반복되는 매우 작은 일이요, 변화와 진보도 확인하기 어려운 개인적인 일처럼 보이지만 바로 그 과정을 통해 하나님은 역사해 오셨다. 지금도 말씀이 읽히고 선포되는 곳에서 하나님의 나라는 확장되어 가고 있다. 그 일에 쓰임 받기 위한 사명 감당의 자리가 목사의 공부 자리다. 하나님을 알고 세상을 알며 나를 알아가는 목사의 독서의 자리, 공부 자리가 진리의 씨앗이 자라나는 복음의 모판 되기를 소망한다.

사명선언문

너희가 흠이 없고 순전하여……세상에서 그들 가운데 빛들로
나타내며 생명의 말씀을 밝혀 _ 빌 2:15-16

1. 생명을 담겠습니다
만드는 책에 주님 주신 생명을 담겠습니다.
그 책으로 복음을 선포하겠습니다.

2. 말씀을 밝히겠습니다
생명의 근본은 말씀입니다.
말씀을 밝혀 성도와 교회의 성장을 돕겠습니다.

3. 빛이 되겠습니다
시대와 영혼의 어두움을 밝혀 주님 앞으로 이끄는
빛이 되는 책을 만들겠습니다.

4. 순전히 행하겠습니다
책을 만들고 전하는 일과 경영하는 일에 부끄러움이 없는
정직함으로 행하겠습니다.

5. 끝까지 전파하겠습니다
모든 사람에게, 땅 끝까지, 주님 오시는 그날까지
복음을 전하는 사명을 다하겠습니다.

서점 안내

광화문점 서울시 종로구 새문안로 69 구세군회관 1층
02)737-2288 / 02)737-4623(F)

강남점 서울시 서초구 신반포로 177 반포쇼핑타운 3동 2층
02)595-1211 / 02)595-3549(F)

구로점 서울시 동작구 시흥대로 602, 3층 302호
02)858-8744 / 02)838-0651(F)

노원점 서울시 노원구 동일로 1366 삼봉빌딩 지하 1층
02)938-7979 / 02)3391-6169(F)

분당점 경기도 성남시 분당구 황새울로 315 대현빌딩 3층
031)707-5566 / 031)707-4999(F)

일산점 경기도 고양시 일산서구 중앙로 1391 레이크타운 지하 1층
031)916-8787 / 031)916-8788(F)

의정부점 경기도 의정부시 청사로47번길 12 성산타워 3층
031)845-0600 / 031)852-6930(F)

인터넷서점 www.lifebook.co.kr